서울 선언

도시
문헌학자
김시덕

한국
도시
아카이브
1

서울 선언

문헌학자,

도시 속으로 걸어 들어가다

추천의 말

시민 김시덕, 그리고 공화국의 수도 서울

2015년 4월 개성 공단을 방문한 적이 있습니다. 군사 분계선을 지나 북측 출입 사무소에서 방문증을 제시하고 서류 심사를 받았습니다. 몇 가지 질문을 던진 후 북측 담당자가 이렇게 말하더군요. 「공화국에 오신 것을 환영합니다.」

저도 공화국에서 왔습니다만?

대한민국 헌법 제1조 1항은 〈대한민국은 민주 공화국이다〉입니다. 이러한 원칙은 이미 1919년 중국 상하이에서 대한민국 임시 정부가 수립될 때 정해진 것입니다. 일본에게 빼앗긴 나라는 왕조 국가인 대한 제국이었지만 다시 만들고자 한 나라는 민주 공화국인 대한민국이었습니다. 영토와 국민, 언어와 문화는 이어받았을지 모르지만, 정치적으로는 분명히 이전과 다른 나라임을 이미 그 당시에 명확히 한 것입니다. 즉 대한민국은 조선을 계승한 나라가 아닙니다. 대한민국에는 왕도 없고 지배 계급도 없고 피지배 계급도 없습니다. 대통령이 있지만 엄연히 임기가 있고, 국민의 뜻을 따르지 않으면 임기 도중이라도 정해진 절차에 의해 그만두어야 합니다. 이러한 민주 공화국의 건국 이념이 제대로 작동되기 위해 그동안 무수한 희생이 있었습니다. 그 과정은 아직도 현재형이며 아마 앞으로도 그럴 것입니다.

대한민국은 건국 과정에서 수도를 옮기지 않았습니다. 한반도에 존재했던 여러 국가들이 건국을 계기로, 혹은 변천 과정에서 수도를 옮긴 것과는 대조됩니다. 이러한 사실은 지금도 서울이라는 도시를 인식하는 데 미묘한 변수로 작용합니다. 현재의 서울은 한때 백제의 수도였던 위례성과 고려의 남경, 조선의 수도였던 한양, 일제 강점기 일본의 한 도시였던 경성, 그리고 그 너머 지역을 모두 아우르는 도시입니다. 게다가 그 직접적인 영향력은 행정적 경계를 넘어 수도권이라고 불리는 방대한 권역에 미칩니다. 이렇게 역사가 깊고 수많은 층위가 있으며 변화와 생성을 계속하고 있는 도시임에도 불구하고, 종종 우리는 서울을 여전히 조선과 한양이라는 고정된 틀을 통해 이해하려고 합니다. 그러다 보니 한양 이전과 한양 이후의 서울은 서울이되 서울답지 않은 서울이 되고 맙니다. 그 과정에서 종종 공화국의 이념과 가치가 약화되거나 심지어 훼손되는 엉뚱한 상황이 만들어집니다.

이 책은 김시덕이라는 눈 밝고 부지런한 한 시민이 자기가 살아온 서울이라는 도시를 답사한 보고서입니다. 그는 문헌학자이면서 동아시아사와 관련된 여러 권의 책을 쓴 저자입니다. 하지만 이 책은 학자로서의 지적 탐구열 못지않게 시민으로서 자기의 도시에 대한 관심, 그리고 약간의 분노를 담아 쓴 것이라고 생각합니다. 그 분노는 바로 공화국의 수도인 서울이 그 공화국의 가치를 제대로 구현하지 못하는 상황에서 드러납니다. 예를 들어 전근대적 계급과 그것이 만들어 내는 차별적 가치관이 여전히 작동하고 있는 것을 발견할 때, 그의 분노는 좀 더 예리해집니다. 어떤 독자들은 그런 대목에서 당연히 불편함을 느낄 것입니다만, 저자는 적어도 이런 문제를 적당히 회피하려고 하지 않습니다. 그는 이러한 관점을 명확히 하기 위해 자신의 〈평범한〉 집안 내력까지 공개합니다. 허

위로라도 지배 계층의 후손임을 내세우고 싶어 하는 태도와는 거리가 먼 행동입니다. 그는 공화국의 수도인 서울이 어떠한 가치를 담고 있으며 또 그래야 할 것인가를 이야기하고자 합니다. 그가 이 책에 〈서울 선언〉이라는 단호한 제목을 붙인 것은 결코 우연이 아닐 것입니다.

그러면서도 이 책은 디테일과 서사를 모두 놓치지 않는 재미, 그리고 은근한 유머로 가득합니다. 연구하는 학자 못지않게 사랑에 빠진 연인의 모습을 보는 것 같습니다. 그는 관찰하고 상상하고 즐거워하고 안타까워하고 또 질투합니다. 상당 부분의 원고를 현장에서 스마트폰으로 썼기 때문에 마치 그가 바로 옆에서 이야기를 하고 있는 것 같은 느낌이 전해집니다. 글에서 날 것의 싱싱함, 그리고 고민과 사색의 깊이가 동시에 묻어 나옵니다. 새로운 형식과 새로운 내용이 맺는 역동적인 관계의 한 사례가 아닌가 합니다. 지도를 참고하면서 읽으면 이러한 현장감이 훨씬 커진다는 것 또한 말씀드리고 싶습니다.

저 자신이 여러 번 등장합니다만, 몇몇 답사에 동참하기도 했고 무엇보다 서울이라는 도시에 대한 공통의 관심을 나눌 기회가 많았던 덕입니다. 저는 2005년에 『당신의 서울은 어디입니까』라는 졸저를 펴낸 적이 있습니다. 누구에게나 자신만의 서울이 있으며 그 모든 이야기는 기록하고 읽을 가치가 있다고 믿었습니다. 지금도 그 생각에는 변함이 없습니다. 어쩌면 이 책은 저의 그런 소망에 대한 일종의 화답일지도 모르겠습니다. 물론 기쁜 일이지만 동시에 저를 긴장하게도 합니다. 그만큼 이 책을 통해 제 생각을 발전시키고 새롭게 깨닫는 것이 많기 때문입니다.

모쪼록 공화국 수도의 시민들이 서로를 이 도시의 주인으로 존중하는 데 이 책이 크게 기여하기를 바랍니다. 우리에겐 그럴 자격, 그리고 책임이 있습니다.

건축가 황두진

차례

제1장
여기도 서울이다

여러 시간이 중첩되어 있는 서울

(위) 백제, 근대, 현대를 한눈에 볼 수 있는 〈풍납 토성 삼문화 광장〉. 2010년 9월.

(아래) 개포 주공 1단지에서 바라본 타워팰리스. 20세기 후반 주공 아파트 단지 시대와 21세기 주상 복합 시대의 중첩. 2013년 2월.

농업 도시로서의 서울, 공업 도시로서의 서울

(위) 개화역 서쪽에는 김포 공항과 논밭, 버스
차고가 공존하고 있습니다. 2017년 10월.

(아래) 구로 공단 노동자들이 묵던 가리봉 시장
벌집촌. 2017년 9월.

주변 도시와 이어진 서울, 분단된 서울. 〈대서울〉의 바깥 경계는 어디인가?

(위) 보라매 공원쯤에서 서남쪽을 바라본 모습.
서울 서남부와 부천, 광명, 인천 등은 이처럼 끊김
없이 이어지며 〈경인(京仁)〉 지역을 형성하고
있습니다. 네이버지도 항공 사진.

(아래) 도봉산역에서 의정부 쪽을 바라본 모습.
서울 도봉구와 의정부시 사이에서 인위적인
단절이 확인됩니다. 네이버지도 항공 사진.

20세기 전기의 계획적 신도시와 20세기 후기의 비계획적 신도시

(위) 서말산에서 내려본 흑석동. 이 지역은 〈대경성〉 시대에 계획적으로 만들어진 신도시 명수대에서 비롯되었습니다. 2017년 10월.

(아래) 성남시 태평동. 이 지역은 〈대서울〉 시대에 비계획적으로 만들어진 〈광주대단지〉에서 비롯되었습니다. 2017년 10월.

1
여기도 서울인가?

어디까지 서울인가?

앞서 여덟 장 사진 속의 풍경은 모두 서울입니다. 이렇게 다양한 지역과 풍경이 왜 〈서울〉이라 불리고 있을까요? 도대체 〈서울〉이란 어떤 도시일까요?

서울에 관한 책은 수없이 많습니다. 그 사실을 알면서도 저는 서울을 테마로 하는 책을 쓰기로 결심했습니다. 2017년 7월의 일입니다. 서울에 관한 책을 쓰기로 했을 때, 저는 단순하게 생각하고 있었습니다. 한국을 떠나기 전에 서울에 대한 기록을 남기자는 것이죠. 자신들과 생각이 다르다는 이유로 저를 몰아내려 한 직장 내 일부 세력과의 싸움이 시작된 것은 2017년 3월이었습니다. 제 삶의 지반이 참으로 쉽게 흔들리는 현실을 경험하면서, 지금 서 있는 이곳을 휙 하고 떠날 수도 있다는 것을 온몸으로 느낀 몇 달간이었습니다. 서울이라는 공간을 언제든 쉽게 떠날 수 있다는 사실을 깨닫자, 지난 몇십 년 동안 서울을 걸으며 생각하고 느껴 온 점을 더 늦기 전에 정리하자고 생각하게 되었습니다. 분노를 가라앉히기 위해 무작정 서울을 걸어야겠다는 마음도 있었습니다. 이런 경우에 많은 한국 사람들은 산을 오르지만 저는 서울을 걷습니다. 이렇게 해서 저의 서울 걷기가 시작되었습니다. 대부분은 저

혼자, 때로는 몇몇 지인들과 함께 서울 구석구석을 걷기 시작했습니다. 명색이 서울에 대한 책을 쓰는 사람인데, 서울특별시 행정 구역에 들어와 있는 동서남북 끝은 밟아 봐야 하지 않겠는가 하는 생각에 마음이 급했습니다.

그런데, 걷다 보니 점점 저의 답사가 이상하게 느껴졌습니다. 여기도 서울인가? 어디까지 서울인가? 인위적으로 구획된 행정 구역인 서울특별시 안의 지역들을 걷는 것에 어떤 의미가 있나? 나는 왜 우연히 탄생한 것일 뿐인 행정 구역 서울을 이야기하고 싶어 하는 걸까? 첫머리부터 조금 이야기가 딱딱해져서 죄송합니다만, 베네딕트 앤더슨이라는 미국 학자가 『상상된 공동체』에서 쓴 이야기가 저의 의문에 답해 줍니다. 하나의 나라에 포함되어 있는 여러 지역은 처음부터 필연적으로 서로 간에 긴밀한 관계를 맺고 있는 게 아니라, 우연한 이유에서 특정한 국가에 편입된 뒤에야 그 특정 국가의 내부에 존재하는 다른 지역들에 대해 친근감을 느끼게 됩니다. 비유하자면 금천구와 도봉구 주민은 아주 오랜 옛날부터 깊은 관계를 가지고 있었기 때문에 함께 서울특별시 안에서 살고 있는 게 아니라, 우연히 함께 서울특별시에서 살다 보니 서로를 〈서울〉의 소속원으로 여기고 친근감을 느끼고 있다는 말입니다.

앤더슨은 자신이 가장 깊이 연구한 인도네시아의 사례를 듭니다. 네덜란드가 이곳을 식민지로 만들면서 차지한 지역들을 〈인도네시아〉로 묶은 것은 인위적이고 우연한 행동이었습니다. 하지만, 그러한 인위적이고 우연한 행동은, 이제까지 없던 〈인도네시아〉 국민을 만들어 냈습니다. 〈인도네시아 사람〉이라는 정체성이 처음으로 탄생한 것입니다. 인도네시아 지도를 보면, 중간 부분의 보르네오섬과 동쪽 끝의 뉴기니섬에 명백히 인공적인 직선이 그어져 있습니다. 이 두 개의 국경선

Kroonjuwelen uit Azië

's Lands Plantentuin te Buitenzorg
Bogor, Indonesië

Zuidoost-Azië is nog steeds het belangrijkste verzamelgebied van de Leidse Hortus. Toen Georgius Everhardus Rumphius in 1653 met de VOC op Ambon kwam, was hij de eerste Europeaan die daar de flora beschreef. Meer dan 150 jaar later werd 's Lands Plantentuin te Buitenzorg opgericht in het huidige Bogor. Voor de tuinmannen en wetenschappers in Buitenzorg was Rumphius de primaire bron van informatie voor planten uit Indonesië.

In de 19de eeuw kwamen de planten uit Indonesië naar de Hortus in Leiden. 'Kroonjuwelen uit Azie' laat een selectie van de planten zien die Rumphius al beschreef, in Buitenzorg gekweekt werden en nu in de Leidse Hortus te zien zijn.

South East Asia is still the most important focuspoint of the Hortus botanicus Leiden. When Georgius Everhardus Rumphius set foot on Ambon in 1653, he was the first European who made a thorough description of the Indonesian flora. Over 150 years later, the botanical garden Bogor, 's Lands Plantentuin te Buitenzorg, was founded. For the gardeners and scientists Rumphius was the most important source for information on the plants they grew.

In the 19th century the plants from Buitenzorg came to Leiden. 'Crown Jewels from Asia' shows a selection of the plants Rumphius described, which were grown in Buitenzorg, and are now on show in the Hortus botanicus Leiden.

Georgius Everhardus Rumphius (1628-1702) werd in Hanau geboren als Georg Everhard Rumpf. Na een korte carrière als architect trad hij eerst in dienst bij de West-Indische Compagnie om als soldaat naar Zuid-Amerika te gaan, om daarna bij de VOC op Ambon gestationeerd te worden. Hij kwam daar aan in 1653 en bleef tot zijn dood in 1702.

Tegenwoordig is de naam Rumphius onlosmakelijk verbonden met 'Het Amboinsche kruidboek': een beschrijving van 900 planten en hun gebruik. Voor de directeuren en medewerkers in 's Lands Plantentuin was Rumphius een heel belangrijke bron van informatie. Sterker nog, dat het originele manuscript nu in de Universiteits Bibliotheek van Leiden ligt, is te danken aan de inspanningen van Reinwardt.

Georgius Everhardus Rumphius (1628-1702) was born in Hanau as Georg Everhard Rumpf, after a short career as an architect he entered into service with the Dutch West India Company and travelled to South America as a soldier, after which he joined the Dutch East India Company and was stationed on Ambon. He arrived in 1653 and remained there until his death in 1702.

Nowadays the name Rumphius is inextricably linked to the 'Amboinsche kruidboek': a description of 900 plants and their uses. Rumphius was an important source of information to the directors and employees of the Botanical Garden Buitenzorg. What's more, the original manuscript currently residing in the Leiden University Library is the direct result of Reinwardt's efforts.

De Waringinlaan (Ficus Bengalensis) in 's Lands Plantentuin te Buitenzorg omstreeks 1890
© KITLV inv. 82456

Banyan lane (Ficus bengalensis) in the botanical Garden Buitenzorg around 1890.

네덜란드 레이던 대학의 식물원인 〈호르튀스 보타니퀴스Hortus Botanicus〉의 인도네시아 코너 입구에 걸려 있는 인도네시아 지도. 맨 오른쪽에 자를 대고 자른 듯 반듯한 국경선이 눈에 띕니다. 2017년 8월.

은 네덜란드가 영국, 독일과 거래하면서 그어진 것입니다. 처음에 이들 국경선은 인공적인 구분선이었을 뿐이고, 보르네오섬과 뉴기니섬 주 민들과는 상관없는 것이었습니다. 하지만 한반도 남북의 두 국가를 인 공적으로 나누는 38선과 휴전선이 이제는 두 국가를 서로 자신과는 무 관한 존재로 보게 만든 것처럼, 지금 이들 지역 주민들의 정체성을 지 배하는 것은 보르네오섬 또는 뉴기니섬이라는 자연적인 지역이 아니 라 인공적인 국경선에 의해 분리되어 있는 인도네시아, 말레이시아, 파 푸아뉴기니라는 국가입니다.

인도네시아와 서울을 비교하는 것이 낯설게 느껴질 수도 있겠습 니다. 하지만, 1914년의 군면 통폐합, 1936년의 행정 구역 개정, 그리 고 1963년의 행정 구역 개편 등을 통한 서울의 지리적 변화·팽창과 인 구 증가는 전 세계적으로 유례가 없는 규모와 속도였습니다. 그렇기 때 문에 〈서울〉이라는 지역의 정체성, 〈서울 시민〉이라는 구성원으로서 의 정체성은 아직도 완전히 정착하지 않았습니다. 특히 1963년 행정 구역 개편으로 편입된 도봉구, 노원구, 중랑구, 송파구, 강동구, 강남구, 서초구, 금천구, 관악구, 구로구, 강서구, 양천구 등이 그렇습니다. 여기 서 말하는 1914년 군면 통폐합이란 조선 총독부령 제111호 〈도의 위 치 관할 구역 변경 및 부군의 명칭 위치 관할 구역 변경에 관한 규정〉에 의하여 대대적인 행정 구역 개편이 이루어진 것을 가리킵니다. 1936년 의 행정 구역 개정이란 〈조선 총독부 경기도 고시 제32호 정동리의 명 칭 및 구역 중 개정〉에 의해 경성부 주변의 경기도 일부 지역이 대거 경 성부에 편입된 것을 가리킵니다. 1963년 행정 구역 개편이란 〈법률 제 1172호 서울특별시 도군구의 관할 구역 변경에 관한 법률〉에 의해 서 울 주변의 경기도 일부 지역이 대거 서울특별시에 편입된 것을 말합 니다.

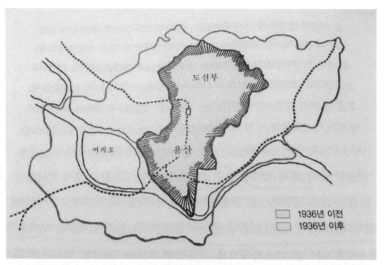

(위) 1936년의 행정 구역 개편을 통해 확대된
「대경성(大京城)」. 염복규 제작.

(가운데) 1963년 행정 구역 대개편 직전의 서울을
보여 주는 「1960년 서울특별시 지도」. 서울 역사
박물관 소장.

(아래) 1963년의 행정 구역 개편을 통해 확대된
「대서울greater Seoul」. 위키코먼스.

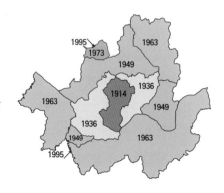

지금으로부터 20년 전, 영등포에서 나서 줄곧 살아온 사람을 만난 적이 있습니다. 그는 영등포로 상징되는 서울 서남부의 바깥으로는 한 번도 나간 적이 없다는 말을 했습니다. 비슷한 무렵에 고려 대학교에서 만난 어떤 학생은, 태어나서 줄곧 강남에서 살았고 한강 넘어 강북에 와본 건 대학에 입학하면서 처음이라는 말을 했습니다. 두 사례는 모두 극단적이라고 할 수도 있겠습니다만, 1936년에 경성에 편입된 영등포 지역의 주민, 그리고 1963년에 서울에 편입된 지금의 강남 지역 주민이 여전히 심리적·생활적으로 서로 별다른 교류를 맺고 있지 않다는 사실을 잘 보여 줍니다. 하지만, 이렇게 넓은 서울특별시의 동북쪽 도봉동 시민과 서남쪽 시흥동 사람 모두, 자신들을 서울 사람으로 인식합니다. 나아가 의정부시, 남양주시, 구리시, 하남시, 성남시, 과천시, 안양시, 군포시, 광명시, 시흥시, 인천시, 부천시, 김포시, 고양시, 파주시와 같이 서울특별시 주변에 자리한 경기도의 도시에서 서울로 출퇴근하는 사람들 역시, 스스로를 경기도민이라기보다는 확대된 서울특별시의 시민이라고 생각하는 경향이 있는 것이 사실입니다.

〈사대문 안〉만 진짜 서울인가?

한국학을 연구하는 어느 외국인 지인이 예전에 저에게 이런 말을 했습니다. 〈강남은 서울이 아닙니다. 사대문 안이 진짜 서울입니다〉라고.

이 지인이 말하는 〈사대문 안〉이란, 조선 시대식으로 말하면 한양 도성 밖 10리까지의 이른바 성저십리(城底十里)를 가리키는 것으로 생각됩니다. 이 지인의 말을 듣고 저는 속으로 이렇게 생각했습니다. 1914년, 1936년, 1963년에 행정 구역이 확대되면서 새로이 서울이라 불리게 된 지역들은, 〈진짜 서울〉이 아닌 게 아니라, 거대한 서울의 일부로서의 정체성을 여전히 만들고 있는 중이라고 말입니다. 그 지역의 주민들은 행정 구역 개편을 통해 서울에 편입된 지 100여 년밖에 되지 않았기 때문에, 〈사대문 안〉의 옛 한양 경성에서 자신들의 정체성을 찾으려고 한 결과, 자신들은 〈진짜 서울〉에 살지 않는다는 열등감과 소외감을 품게 되었습니다.

하지만, 이들 지역을 서울의 정체성 속에 편입시키려는 움직임 역시 꾸준히 이루어지고 있습니다. 예를 들어 서울 역사 박물관에서 2009년에 발행한 『시흥 행궁』이라는 책은, 금천구 시흥동에 있던 조선 정조 대의 시흥 행궁의 위치를 찾아내고, 이를 서울 역사의 일부로서 새로이 자리매김하려는 시도입니다. 1963년 행정 구역 대개편을 통해 경기도 시흥군 시흥리가 서울 영등포구 시흥동으로 바뀐 지 40여 년이 흐른 뒤입니다. 다음에 일부를 인용합니다.

오늘날 우리는 서울의 역사와 문화를 이야기할 때 주로 사대문 안팎의 역사와 문화 유적에만 관심을 기울여 왔습니다. 그래서 때로는 오늘날 서울에 행정적으로 편입되었던 양주, 광주, 시흥, 양천, 김포, 고양의 역사는 주변 지역의 역사가 되어 버리곤 합니다. 이러한 상황은 우리가 우리의 터전인 서울을 총체적으로 조망하기 어렵게 만들기도 합니다. (……) 이번 조사 대상 유적인 시흥 행궁도 그 가운데 하나로 도시화와 산업화로 인해 멸실된 것으로 알려져 왔습니다. 그 위치에 대해서도 정확한 문헌 자료를 확인할 수 없었으며, 금천구 주민들의 증언을 통해 어렴풋이 추정할 수 있는 정도였습니다. (……) 시흥이 서울의 영역에 편입되고 그 중심지가 서울의 1개 동으로 변하면서부터 그 위상은 크게 바뀌게 됩니다. 정조 임금이 하사한 시흥이라는 이름은 경기도 시흥시에 넘겨주고, 시흥의 상징과도 같았던 시흥로와 시흥 행궁은 세인들의 기

낙성대역 근처의 석유·얼음집. 저는 2013년 10월부터 관악구 낙성대동에 살았는데 이 동네를 산책하면서 이 석유·얼음집이 눈에 들어왔습니다. 왼쪽 상단부터 2013년 12월, 2015년 4월, 2017년 10월, 2018년 2월.

억 속에서 사라져 갔습니다. 또한 시흥동 은행나무라는 자연 지명
만이 시흥 행궁의 자취를 대변해 줄 뿐이었습니다. 이번 조사는 시
흥 행궁의 원래 위치를 복원하고 그 원형에 대한 추적을 주된 목적
으로 하였습니다. (……) 이러한 일련의 작업들은 주변사에 머물
렀던 단위 지역사를 서울의 역사로 끌어들이는 과정이라고 생각
되며, **이와 같은 연구 성과가 하나하나 집약될 때 올바른 서울의 역사
가 정립될 수 있다고 믿어 의심치 않습니다.** (강조는 인용자)

글 말미에 보이는 〈이와 같은 연구 성과가 하나하나 집약될 때 올
바른 서울의 역사가 정립될 수 있다〉라는 말에 저는 동의하지 않습니
다. 오늘날 서울이 1963년에야 지금의 형태를 띠게 된 것처럼, 현재 서
울의 역사라는 것도 원래부터 존재하던 것이 아니라 지금 이 순간에도
만들어지고 있다고 보는 것이 합당하기 때문입니다. 현재와 같은 형태
를 띤 서울특별시는 역사적으로 존재한 적이 없기에, 〈올바른 서울의
역사〉란 것도 애초에 존재하지 않는다는 말입니다. 하지만, 이 조사 보고
서가 1963년 이후 서울특별시의 정체성을 새로이 만들고 싶어 한다는
사실은 충분히 이해가 되고, 뜻깊은 일이라고 생각합니다. 이와 같이 서
울의 정체성과 역사는 바로 지금도 만들어지고 있는 중입니다.

문헌학자처럼 서울 걷기

평생을 사대문 밖 서울(마포, 잠실, 반포, 개포, 중계, 낙성대)과 근교(부
천, 과천, 안양, 일산)에서 살아온 문헌학자가 서울을 걸으면서 느끼고 생
각한 바가 적지 않습니다. 도시는 무심하게 보면 변하지 않는 것 같지만
유심히 관찰하면 늘 바뀌고 있습니다. 그렇기 때문에, 미슐랭 가이드처
럼, 론리 플래닛처럼, 서울 답사기는 해마다 새로 나와야 합니다.

1960~1970년대 서울의 모습을 사진으로 남긴 구와바라 시세이는, 이런 말을 한 적이 있습니다. 「역사는 반복된다고 하지만, 다큐멘터리 사진에 있어서는 그와 같은 비유는 무의미하다. 지나가 버린 하나의 사실과 영상은 영원히 두 번 다시 재현되지 않기 때문이다.」

그의 말은 불교에서 말하는 〈제행무상〉을 떠오르게 합니다. 이 세상의 덧없음을 깨닫기 위해서는, 산속에서 명상하는 것보다 도시의 한 블록을 오랜 기간에 걸쳐 관찰하는 것이 더 어울립니다. 시간이야말로 서울의 주인이고, 변화야말로 서울의 본질입니다. 서울과 근교로 이사 다닌 40여 년간, 저는 덧없음의 감각을 배웠습니다.

답사를 하다 보면 이런 생각을 할 때가 많습니다. 〈10년만 빨리 여기를 답사했다면 좋았을텐데……〉, 〈지난 번에 왔을 때 사진으로 찍어 두었으면 좋았을텐데, 설마 그사이에 없어지지는 않겠지 하다가 이번에 와보니 이미 헐려 버렸네……〉.

식민지 시대에 세워진 동대문 운동장과 경성 제국 대학 예과 건물이 2008년과 2015년에 철거되었고, 옛 조선 신궁 자리에 1968년에 세워진 남산 식물원이 2006년에 철거되었습니다. 동대문 운동장과 남산 식물원은 제가 일본에서 유학하던 때였기 때문에 어찌할 도리가 없어, 뉴스를 통해 철거 소식을 접하면서 안타까워할 수밖에 없었습니다. 하지만 경성 제국 대학 예과 건물은 조만간에 철거될 것이라는 소문을 듣고 있었기 때문에, 조금만 더 부지런했다면 철거되기 전에 답사할 수 있었을 터입니다. 게으름 피우지 말고, 방심하지 말고, 좀 더 부지런히 찾아다니면서 사진을 찍었어야 하는데 하는 후회가 깊습니다. 도시에 애정을 품고 답사하는 분들이라면 저의 이런 후회에 깊이 공감해 주시리라 믿습니다.

다행히 경성 제대 예과 건물이나 남산 식물원처럼 유명한 곳의 사

(위) 건물 위의 마을로 유명했던 공덕 시장 옥상 마을의 현재. 2017년 10월.

(아래) 공덕 시장 옥상 마을과 함께 유명했던 부산 범천동 중앙 시장의 옥상 마을. 2007년부터 철거가 시작되었다고 듣고 있습니다. 2006년 10월.

진은 이미 여러 사람들이 찍었고 많은 책에도 실려 있습니다. 하지만, 바로 지금 제가 서울을 걷다가 마주치는 사소하면서도 독특한 풍경들은, 아마도 제가 사진으로 찍지 않으면 그대로 시간 속에 묻혀지고 기억되지 않게 될 터입니다.

그래서 저는 옛 기록 사진보다는, 제가 직접 현장을 찾아 사진으로 찍은 서울의 모습을 이 책에 실었습니다. 그 사진 속 장소들의 어떤 부분이 저의 발길을 멈추었는지 여러분께 말씀드리고자 했습니다. 21세기 첫 10여 년간의 흥미진진하고 역동적인 서울의 모습을 동시대 독자들과 공유하고, 미래의 독자들에게 전하려 했습니다.

여기서 참고로 말씀드리자면, 카카오맵과 네이버지도는 각기 로드뷰와 거리뷰 서비스를 제공하고 있습니다. 이들 사이트에서는 특정 지역에 대해 2010년을 전후한 시점부터 현재까지 찍은 사진들을 시간 순서대로 볼 수 있습니다.

물론 이 서비스에 필요한 사진을 찍는 차량이 진입하지 못하는 좁은 골목의 사진은 당연히 서비스되지 않고, 제가 필요한 지역과 건물을 제가 원하는 위치와 각도에서 찍은 사진이 반드시 이들 사이트에 있다는 보장은 없습니다. 하지만, 이런 제약에도 불구하고 이 두 개의 서비스는 21세기 한국과 서울의 모습을 체계적으로 기록하고 있는 대단히 유용한 존재임에 틀림없습니다.

한편, 여기서 저희 업계의 상황을 조금 말씀드리겠습니다.

어떤 문학 연구자들은 문학적 가치로 작품이 좋고 나쁘다고 판정합니다. 어떤 역사학자들은 사료 가치가 있고 없다거나, 일급 사료니 사료 가치가 적다느니 이야기합니다. 하지만 저는 그런 식으로 세상을 바라보지 않습니다. 저 같은 문헌학자는 어떤 문헌의 사료적 가치가 높은지 낮은지, 문학적 가치가 높은지 낮은지를 판단하기 전에, 눈앞에

카카오맵 로드뷰와 네이버지도 거리뷰의 사진이
제공되지 않는 길의 사례로서, 남부순환로 230길
서쪽의 좁은 골목을 들 수 있습니다. 도로명도 붙어
있지 않은 이 골목을 만들어 내는 오래된 단층
건물들에는 식당들이 들어서 있습니다. 최근 서울
지하철 2호선 서울대입구역과 낙성대역 사이에서
샤로수길이 뜨면서, 이 좁은 골목에 입주하는
식당들도 계속 바뀌고 있습니다. 2017년 11월.

노량진역 육교의 당사주책과 책력 사진. 2014년 2월.

있는 문헌이 저에게 말하고자 하는 바를 있는 그대로 온전히 이해하기 위해 노력합니다. 국립 중앙 박물관에 있는 수억 원짜리 책도, 노량진역 육교 위에서 노인이 펼쳐 놓고 있는 1980년대의 당사주책도 저에게는 똑같이 귀중합니다. 하나의 책은 다른 책에 비해 우월하거나 열등한 것이 아닙니다. 한 권 한 권이 무한히 해독할 여지를 품고 있는 소중한 존재들입니다. 한 권의 책은 하나의 사건입니다.

서울도 마찬가지입니다. 조선 시대에 산수화에 그려져서 그 유래를 전하고 있는 사대문 안 관청과 대갓집 들, 지배층이 한강가에 세운 정자들만 서울의 역사를 담고 있는 것이 아닙니다. 서울의 모든 동네, 모든 건물은 그 모습 그대로 전부 뜻깊고, 전부 읽어 낼 거리가 무궁무진합니다. 이제까지 서울을 말해 온 사람들이 조선 시대 궁궐과 왕릉, 양반의 저택과 정자 들을 주로 거론해 온 것은 대단히 편협한 귀족주의적 세계관에서 비롯된 것입니다. 모든 옛 책이 동일하게 귀중한 것과 마찬가지로, 서울 속의 모든 공간과 사람도 동일하게 가치 있는 존재들입니다.

지금껏 사람들의 관심을 받지 못한, 저의 답사와 해석을 기다리고 있는 곳이 너무나도 많습니다. 저는 멍하니 버스 창밖을 바라보면서도 창밖으로 보이는 세상을 연구 대상으로 삼아 공부합니다. 다음에는 여기서 버스를 내려서 걸어 봐야겠다라고 말이지요. 세상은 아직 읽지 않은 책이 무한하게 꽂혀 있는 거대한 도서관입니다. 아내도 처음에는 이런 저의 말을 믿지 않았지만, 이제는 믿어 주는 듯합니다. 저는 문헌학의 방법을 통해, 잊혀졌거나 숨겨진 전쟁 문학과 전쟁 담론의 계보를 재발견하고 그 의미를 다시 자리매김하는 연구를 하고 있습니다. 이와 마찬가지로, 부동산으로서의 투자 가치 말고는 그 어떤 의미도 부여받지 못하고, 아무에게도 아낌받는 일 없이 철거되어 버리는 사대문 바깥의 서울 곳곳에서 어떤 의미를 읽어 낼 수 있는지 확인하기 위해, 저는 오늘도 서울을 구석구석 걸어 다닙니다.

이 책은 찬란한 〈우리 문화유산〉을 찬미하려고 쓴 게 아닙니다. 〈아픈 근대의 흔적〉을 반추하고자 쓴 것도 아닙니다. 그러한 역사성, 상징성을 강하게 드러내는 건물이나 공간의 그늘에서, 그 의미를 생각해 주는 사람을 만나지 못하고 사라져 가는 서울 곳곳의 건물과 공간들을 살폈습니다. 그곳들은 평소에 우리가 통학·통근할 때 무심히 지나치다가, 철거된 뒤에야 〈그런 곳이 있었지〉 하고 문득 떠올리는 곳들입니다. 그런 곳들에도 서울 사대문 안 조선 시대 궁궐이나 식민지 시대의 독립 운동 관련 유적지만큼의 의미가 있다고 생각하면서 서울을 걷고 있습니다.

유명한 건물이나 사건 현장만 보고 다니는 것은 서울 답사의 초보 단계입니다. 유명한 지역을 걸어 다니면서 그 공간의 분위기를 느끼는 것은 중급 단계입니다. 전혀 특별할 것 없어 보이는 도시 구획을 걸어 다니면서 서울 사람이 살아온 모습과 감춰진 재미를 발견해 내는 것이 고급 단계의 서울 답사입니다. 여행 자유화가 되었을 초기에는 〈서유럽 10개국 30일 돌파〉 하는 식으로 각국의 중요 도시, 유명 건물을 주마간산으로 돌아다니는 방식이 유행했습니다. 와인 기행, 미술관 순례 등의 여행도 비슷한 방식입니다. 그러다가 최근 들어서 어떤 한 도시에서만 일주일이든 한 달이든 머물면서 그 도시의 전체를 느끼려는 사람들이 조금씩 늘고 있습니다. 한국인의 유럽 여행이 성숙해진 증거입니다. 저는 서울이라는 도시도 그런 방식으로 답사해야 한다고 생각합니다.

우리가 살고 있는 일상적인 도시 한복판에서 의미를 읽어 내려고 시도하는 것은, 말하자면 〈생활 속의 모험〉을 즐기는 것입니다. 이 책을 읽고 나면 우리가 살고 있는 서울이 예전과 다르게 보이는 경험을 하시게 될 것입니다. 높은 사람들이 살던 궁궐과 기와집과 정자만 귀중한

게 아니라, 우리가 살고 있는 주택과 아파트, 우리가 걷고 있는 길, 낮에 들르는 가게와 식당도 소중한 문화유산입니다. 이런 곳들을 부지런히 들러 사진으로 남기는 여러분이, 바로 지금 서울의 역사를 만들고 있는 분들입니다.

저는 문헌학자입니다. 문헌학자는 현장에서 실제 문헌을 보고, 답사자는 현장에서 실제로 거리를 걷습니다. 그런 의미에서 제가 서울을 걷고 기록하는 취미는 저의 직업적 특성과 일치합니다. 켜켜이 먼지가 쌓인 고문헌이 저에게 말하고 싶어 하는 걸 캐치하듯이, 찬란한 문화유산도 아니고 아픈 역사의 현장도 아니고 랜드마크도 아니고 맛집도 아닌 평범한 공간들을 걸으면서 그곳의 작은 이야기들을 알아채려 했습니다. 글이 잘 쓰여지지 않을 때마다 거리로 나가서, 걸으면서 글을 썼습니다. 스마트폰에 문서 편집 애플리케이션인 구글 독스Google Docs를 설치하고는, 문자 그대로 길 위를 걸으면서 이 글을 썼습니다. 현장에서 〈실감〉을 얻고, 그 〈실감〉을 독자분들께 가능한 한 있는 그대로 전달하기 위해서였습니다.

이 책이 어떻게 구성되어 있는지 간단히 말씀드리겠습니다. 이 책은 네 개의 장으로 이루어져 있습니다. 제1장과 제4장에서는 풍납동과 풍납 토성, 은평 뉴타운과 은평 한옥 마을에 초점을 맞췄습니다. 이 두 지역은 서울의 수많은 공간들 중, 제가 가장 하고 싶은 말이 많은 곳들입니다. 이 두 지역을 앞뒤 축으로 삼아, 제가 40여 년 동안 살아온 서울 이곳저곳에 대한 이야기를 제2장에, 이제까지 서울 답사를 다니면서 가장 인상적이었던 몇 곳을 북쪽에서 남쪽 순서로 제3장에 실었습니다. 하지만 여러분들께서는 제가 배치한 순서와 관계없이, 관심 가는 지역에 대한 부분을 먼저 읽으셔도 무방합니다.

2
〈사대문 안〉만 서울인가?

서울을 걸으며 당혹감을 느끼다

서울을 구석구석 걸으면서 저는 늘 당혹감을 느낍니다. 600년 역사, 또는 2천 년 역사를 자랑하는 오래된 도시라고 하지만, 막상 남아 있는 유적이 거의 없기 때문입니다. 사대문 안의 이른바 서울 올드 타운의 경우 만들어졌을 당시의 모습 그대로 남아 있는 건물은 거의 없고, 무언가가 서 있던 옛터임을 알려 주는 표지석이나 현대에 복원된 건물들이 더 많습니다.

한반도는 애초부터 유럽, 중국, 일본, 인도, 이란 등에 비해 유적·유물이 적은 땅이기는 합니다. 하지만 이들 유적이 모두, 어떤 사람들이 주장하듯이 식민지 시대나 임진왜란 때 없어진 것은 아닙니다. 양천현이나 시흥 관아처럼 해방 후 사람들의 무관심 속에 철거되기도 했고, 그 유명한 정조가 수원에 만들게 한 만년제(萬年堤), 만석거(萬石渠) 같은 저수지도 현대 한국 시민들에 의해 일부 또는 전체가 매립되었습니다.

여담입니다만, 양천 향교는 양천구가 아니라 강서구에 있습니다. 사대문 가운데 동대문은 동대문구가 아니라 종로구에 있구요. 옛 시흥군은 지금의 시흥시와는 무관하게 서울 금천구 시흥동이 중심지였고,

매동 초등학교는 현재 필운동에 있습니다. 명실상부하지 않은 지명이 많은 것 또한, 서울의 역사가 매우 복잡하다는 사실을 증언해 줍니다.

1936년과 1963년에 새로이 서울로 편입된 지역과 그 인접 도시들에서는, 대규모 택지 개발을 하면서 옛 공간의 마지막 흔적인 길까지 사라져 버린 경우가 많습니다. 그렇게 되면 그 땅은 과거의 역사와 완전히 단절되어, 역사가 없는 땅으로서 다시 출발하게 됩니다. 역사가 없는 땅이 서울 안에는 너무나도 많습니다. 서울 속의 농촌으로서 최근까지도 대규모 논농사가 이루어지던 마곡 지구는, 2017년 현재 서울의 마지막 대규모 택지 개발 지구로서 사업이 진행되고 있습니다. 식민지 시대부터 불과 10년 전까지 이곳에서 이루어지던 쌀농사의 기억을 전해 주는 것은 이제 배수 펌프장뿐입니다.

오늘날의 〈강남〉에는 백제의 초기 수도였던 풍납 토성과 몽촌 토성, 삼성동 토성 등이 있었습니다. 고구려가 백제를 공격하고 백제가 수도를 지금의 공주인 웅진으로 옮기면서 그 역사는 대개 잊혔습니다. 1925년 을축년 대홍수 때 풍납 토성의 일부가 물에 쓸려 가고 유물이 드러나면서 그 존재가 잠시 사람들에게 알려졌지만, 강남이 영등포 동쪽 즉 영동이라 불리던 시기를 거쳐 대규모로 개발될 때 강남의 백제 유적은 대부분 파괴되었습니다. 지금의 봉은사·경기 고등학교 등 강남 동북쪽에 존재하던 삼성동 토성은, 이제 그 흔적이 간신히 남아 있을 뿐입니다. 저는 강남이나 서울 외곽의 신도시를 걸을 때마다 미국 서부의 〈개척지〉를 걷는 느낌을 받습니다. 역사가 없어진 땅. 그러고는 회의에 빠집니다. 〈2천 년의 역사를 지닌 땅에 어떻게 이렇게까지 흔적이 남지 않을 수 있는 걸까?〉라고요.

그럼에도 불구하고 내가 살고 있는 곳이기에 의미를 부여하고 싶고 의미를 부여해야 한다는 것이, 서울에서 살고 서울을 알고 싶어 하는 저의 고민입니다. 상황이 이렇다 보니, 서울의 역사·문화·공간을 다루는 많은 저술가들은 궁궐 같은 조선 왕조 시기의 유적이나 일본에 의한 식민 지배의 흔적이 많이 남아 있는 사대문 안팎에 관심을 집중하는 경향이 있습니다.

물론 사대문 주변, 그것도 관공서 시설에 주목하는 것이 최근 시작된 움직임은 아닙니다. 조선 후기에 집필된 유본예의 『한경지략』 같은 책을 보면, 왕조의 궁궐이나 관청에 대한 설명이 책 전체의 3분의 2를 차지합니다. 이처럼, 사대문 안의 조선 시대 궁궐과 관청, 그리고 식민지 시기의 제국주의와 독립 운동 유적을 이야기하는 사람은 많습니다. 그렇기에, 이 책에서 저까지 그런 이야기를 할 필요는 없다고 생각합니다. 저는 이제까지 서울에 관해 말한 사람들의 눈에 띄지 않았을 뿐 엄연히 존재하고 있고, 우리의 눈길을 기다리고 있는 서울을 이야기하려합니다.

대학 신입생 무렵, 불교의 『육조단경』에 관한 강의를 들은 적이 있습니다. 수업 첫 시간에 강사가 이런 말씀을 하셨더랍니다. 「길가에 피어 있는 들풀보다 온실 속에서 고이 자란 난초가 더욱 귀한 법입니다. 불교의 숱한 경전들이 들풀이라면 『육조단경』은 난초입니다.」 이 말을 들은 저는 마음속으로 반발했습니다. 왜 들풀이 온실 속의 난초보다 천하다고 말하는가? 온갖 풍파를 겪으면서도 애써 꽃을 피우는 들풀이, 우연히 귀한 혈통을 타고 운좋게 편한 환경에서 태어난 난초보다 더욱 가치 있지 않나?

들풀과 난초. 평안북도에 살던 평민 또는 노비의 후손으로 태어나 기름밥 먹는 환경에서 자라난 저는, 조선 시대의 지배 계급이 남긴 궁궐이나 정자가 현대 한국 서민들의 낡은 집보다 더욱 가치 있다는 주장을 받아들일 수 없습니다.

(위) 양천현아 터에서 양천 향교 쪽을 바라본 모습.
2017년 10월.

(아래) 시흥 관아 터의 선정비에서 시흥 향교 터
쪽을 바라본 모습. 2017년 10월.

(위) 2017년 현재 대규모로 택지 개발되고 있는
마곡 지구에 덩그러니 남아 있는, 식민지 시대 배수
펌프장 건물. 2017년 10월.

(가운데) 마곡 지구 개발 와중에 사라져 버린 양천
수리조합. 2005년 11월. 이승연 촬영.

(아래) 〈양천 수리조합〉이라는 글자와 마크.
2005년 11월. 이승연 촬영.

　　한양에서 경성으로, 경성에서 서울로 이 도시는 계속 넓어졌습니다. 영등포와 노량진은 한양이 아니었지만 1936년에 경성이 되었고, 영등포 동쪽은 경성이 아니었지만 1963년에 서울에 편입되어 강남이 되었습니다. 저의 40년 삶을 돌아보면, 서울이라는 도시가 한양과 경성의 범위를 넘어 팽창해 가는 과정이 그려집니다. 저는 부천시 소사, 잠실, 재개발 전의 안양시 평촌, 신반포, 구반포, 안암동, 중계동, 고양시 일산, 개포동, 낙성대에서 살았습니다. 저는 저 스스로를 서울 시민이라고 생각하면서 살아왔지만 그 기간 동안 줄곧 〈사대문 안이 진짜 서울이다〉라는 말을 들어 왔습니다. 이 말에 따르면, 저는 40년 넘게 서울시에 살고 있으면서도 진짜 서울로 인정받는 곳에서는 한 번도 살지 못한 게 됩니다. 납득할 수 없었습니다.

서울에 대한 다섯 가지 선입견

앞서 소개한 어느 한국학 연구자의 〈강남은 서울이 아니다. 사대문 안만이 진정한 서울이다〉라는 말에는 다음과 같은 다섯 가지 선입견이 포함되어 있습니다. 이 책을 끝까지 읽으시면 저의 생각에 공감하시게 될 겁니다.

　　① 조선 후기 중심주의
　　② 사대문 안 중심주의
　　③ 왕족·양반 중심주의
　　④ 주자학 중심주의
　　⑤ 남성 중심주의

　　이제까지 서울을 말해 온 사람들이 조선 시대 후기와 식민지 시대의 사대문 안에 주목하는 이유는, 그 시기의 유적과 기록이 풍부하기 때문입니다. 하지만, 풍부한 자료를 가지고 이야기하는 것은 누구나 할 수 있습니다. 한편, 현대 한국 시대의 서울은 시간적으로 우리와 너무 가깝다는 이유로 소홀히 취급받아 온 측면도 있습니다.

서울을 바라보는 이와 같은 다섯 가지 선입견으로부터 태어난 〈사대문 안만이 서울이다〉라는 주장은 다음 세 가지를 〈서울〉로부터 소외시킵니다.

① 사대문 밖, 특히 1936년과 1963년 이후 〈대경성〉과 〈대서울〉에 편입된 지역
② 한성 백제 시대와 현대 한국 시대의 서울
③ 계급적으로 중인·평민·노비에 해당하는 옛사람들의 유적·유물. 그나마 사대문 안에서는 조선 시대의 상점가 유적을 보존한 육의전 박물관에서 볼 수 있듯이 그들의 생활 흔적이 일부 보존되기도 하지만, 사대문 바깥에서는 은평 뉴타운 개발 과정에서 그러했듯이 그들의 흔적이 거의 완전히 말소됩니다.

이처럼 차 떼고 포 떼고 앙상해진 현대 서울의 모습을 바라보는 심정을, 건축가 황두진 선생은 담담하게 서술합니다. 서울의 역사가 오래되었다고들 하지만, 지금 남아 있는 것들의 역사는 얼마 되지 않는다고. 그래서 〈600년 고도 서울〉이라고들 하지만, 서울은 성숙한 어른이 아니라 〈오히려 철들기를 기다리는 10대 같은 도시〉라고 말입니다. 1,500년 이상의 역사를 가졌으면서도 신도시 같은 오늘날 서울의 모습에 당황해하는 시민이 어디 건축가뿐이겠습니까. 특히 〈진짜 서울〉, 〈원래 서울〉이 아니라는 낙인이 찍힌 〈서울 사대문〉 바깥과 교외 도시

들을 돌아다니며 40여 년을 살아온 서울 시민으로서는, 사대문 안에
서 오래 살아온 황두진 선생님과는 또 다른 감정을 품습니다. 〈왜 여기
는 서울이 아니란 말인가?〉〈왜 저들은 여기가 서울이 아니라고 말하는
가?〉라는 소외감 또는 반감을 말입니다. 미국의 언론인이자 도시 연구
자인 제인 제이콥스는 『미국 대도시의 죽음과 삶』의 서문에서 이런 말
을 합니다. 〈도시는 연구되지도, 존중받지도 못한 채 희생양이 되고 있
을 뿐이다.〉 여기서 〈도시〉를 〈서울〉로 바꾸면 제가 서울, 특히 사대문
밖 서울에 대해 생각하는 바를 정확히 설명합니다.

3
서울 보는 법:
삼문화 광장(三文化廣場)

서울 보는 방법을 깨닫다

이처럼 고민에 빠져 있던 저에게 서울 보는 법을 깨닫게 해준 것은 풍납 토성을 함께 걸은 일본인 선생님이었습니다. 중세 일본 문학 연구자이자 서지학자인 게이오 대학의 연구 기관 사도 문고의 사사키 다카히로 선생을 풍납 토성으로 안내한 것은 2010년 9월 6일이었습니다. 평소에 저는 외국에서 지인들이 오면 풍납 토성, 몽촌 토성, 방이동 고분군, 석촌동 고분군을 따라 걸으면서 백제 시대 서울을 보여 준 뒤, 택시를 타고 테헤란로를 통과하면서 강남을 보여 주고는 합니다. 그 지인이 다른 사람들의 안내를 받으면 매번 가게 될 궁궐이나 박물관으로는 데려가고 싶지 않다는 것이, 일부러 이 코스를 택하는 이유입니다.

그날도 강북의 호텔에서 사사키 선생과 만나 지하철을 타고, 서울 지하철 5·8호선 천호역 9번 출구를 나와 풍납 토성으로 향했습니다. 지도를 보시면 아시겠습니다만, 1925년 을축년 대홍수 때 붕괴된 풍납 토성의 서쪽 부분 성벽 말고, 천호역 근처의 동쪽 성벽도 일부가 깎여서 마을과 도깨비시장이 들어서 있습니다. 그리고 성벽을 따라 서남쪽으로 계속 걸으면, 성벽 너머 풍납 토성 안쪽으로 들어선 고층 아파트들이 보입니다. 풍납 토성 안쪽에는 백제 시대 이래로 4미터 정도의

흙이 쌓여 왔기 때문에, 일반적인 건물을 지어서는 4미터 아래의 〈백제
문화층〉, 그러니까 백제 시대의 유적과 유물을 건드리지 않습니다. 하
지만 고층 아파트를 짓게 되면 토대 공사를 하면서 백제 시대의 유적을
파괴합니다. 1997년 정월에 선문대 이형구 선생이 발견한 유적도 아파
트 공사 도중에 드러난 것이었습니다. 그렇기 때문에 풍납 토성 안쪽의
고층 아파트를 볼 때마다 저는 착잡한 심정이 되곤 했습니다.

그러한 심정을 사사키 선생에게 말하자, 선생은 뜻밖의 답을 했습
니다. 「백제의 첫 왕성이 온전히 보존되지 못하고 이처럼 파괴되어 있
는 것은 물론 안타까운 일입니다. 하지만 관점을 바꾸어 보면, 백제 시
대의 왕성, 조선 시대에서 근대에 이르는 시기의 서민 동네, 현대의 고
층 아파트, 이 세 개의 시대가 이렇게 한곳에 공존하고 있는 모습은 참
으로 놀라운 광경입니다.」

사사키 선생은 식민지 시대에 일본인들이 한국에 남겨 둔 고서들
을 조사하기 위해 10년 이상 서울을 드나들었지만, 이렇게 감동적인
장소를 관광 가이드에서 전혀 언급하지 않은 것이 이상하고, 한번도 이
곳을 안내받은 적이 없었다는 사실이 분하다고 말했습니다.

그때까지 저는, 풍납 토성은 온전히 복원되어야 하고, 근대 이후에
풍납 토성 안에 들어선 마을과 공장은 모두 바깥으로 옮겨져야 한다고
생각했습니다. 있는 그대로의 그곳을 인정하고 관찰하기보다는, 제가
이상적이라고 생각하는 모습에 따라 현실이 바뀌어야 한다고 생각했
습니다. 하지만, 사사키 선생의 이 말을 듣고 난 뒤, 제가 얼마나 근본주
의적으로 세상을 바라보고 있는지 깨달았습니다. 그런 편협한 관점 때
문에, 저는 바로 지금 서울에서 일어나고 있는 일을 보지 못하고 있었
던 것입니다. 저의 세상 보는 법을 180도 뒤집어 준 사건이었습니다.

이렇게 서울을 보는 새로운 방법을 깨닫자, 서울이 다르게 보이

기 시작했습니다. 서울의 곳곳에 켜켜이 쌓여 있는 여러 시간의 겹, 바꾸어 말하자면 땅의 층인 지층(地層)이 아닌 시간의 층인 시층(時層)이 눈에 들어오기 시작했습니다. 저는 이처럼 시간의 층이 확인되는 공간을 〈삼문화 광장(三文化廣場)〉이라고 부릅니다. 〈삼문화 광장〉은 멕시코의 수도 멕시코시티에 있는 틀라텔롤코Tlatelolco 광장의 다른 이름입니다. 이곳에 서면 아스텍 시대, 에스파냐 식민지 시대, 그리고 현대의 건축을 한자리에서 볼 수 있기에 〈세 문화의 광장Plaza de las Tres Culturas〉이라고 하는 것입니다. 이렇게 〈삼문화 광장〉을 찾는 눈으로 서울을 바라보게 되면, 서울의 역사와 문화를 찾아 답사하는 곳이 사대문 안과 그 주변으로 제한될 필요가 없어집니다. 이제까지 수없이 이야기되었던 〈서울〉은 주로 사대문 안과 그 주변을 대상으로 삼습니다. 그것은 아마도 조선 왕조로부터의 연속성을 강조하고 식민지 시대를 잊고 싶어하는 심리, 그리고 무언가 오래된 것이 남아 있으면 좋겠다는 심리에서 비롯되었을 터입니다. 하지만, 현대 〈서울〉의 대부분은 1936년과 1963년 이후 〈서울〉이라 불리게 된 지역들입니다. 그리고 서울 시민의 절대 다수는 이들 지역에 삽니다. 조선 시대까지의 사대문 안 한양의 역사와 문화는, 저를 포함한 이들 새로운 서울의 시민들과는 무관합니다. 근대의 100년, 현대의 70년은 신라 시대 1천 년, 조선 시대 500년보다 더 많은 변화를 겪었고, 그 변화는 현대 한국 시민들에게 훨씬 더 큰 영향을 줍니다. 20세기 전기, 20세기 후기, 21세기 전기의 차이는 삼국 시대·고려 시대·조선 시대의 구분보다 더 분명하고 더 중요하기 때문에, 서울을 바라볼 때 이를 구분하는 것은 의미가 있습니다.

20세기에 탄생한 서울

근대 일본의 언론인이자 역사가인 나이토 고난은, 1467년에 일본에서

풍납 토성과 사사키 다카히로 선생. 2010년 9월.

테헤란로 시작 지점인 강남역 1번 출구 주변에
세워져 있는 테헤란로 기념비. 앞뒤로 한국어와
이란어로 설명문이 적혀 있습니다. 〈서울 테헤란
양 시와 양 시민의 영원한 우의를 다짐하면서
서울시에 테헤란로, 테헤란시에 서울로를
명명한다. 1977. 6. 27. 서울특별시장 구자춘.
테헤란시장 골람레자 닉페이.〉 2017년 10월.

(위) 멕시코시티의 〈삼문화 광장〉. 위키커먼스.

(아래) 동대문 운동장 삼문화 광장. 조선 시대의 이간 수문, 식민지 시대의 동대문 운동장, 현대 한국 시대의 동대문 디자인 플라자가 중첩되어 삼문화 광장을 이루고 있습니다. 2017년 8월.

오닌의 난(應仁の亂)이라는 대규모 내란이 일어나면서 그전까지의 일
본 역사와 문화는 마치 외국 역사나 문화처럼 현재의 일본과는 무관한
존재가 되었다고 말한 바 있습니다. 그는 오늘날 일본인들의 피와 살이
되는 것은 오닌의 난 이후의 역사뿐이라고 선언합니다. 물론 나이토 고
난은 오닌의 난이라는 내란이 그만큼 중요하다는 것을 강조하기 위해
다소 과장되게 말한 것입니다. 하지만, 시집간 딸도 아들과 마찬가지로
아버지의 제사를 지내고 재산을 균등하게 물려받던 고려~조선 전기까
지의 풍습이 임진왜란과 병자호란을 거치면서 사라진 데에서 알 수 있
듯이, 그 이전의 역사와 문화가 결정적으로 단절되는 시기라는 것은 한
반도의 역사에서도 확인할 수 있습니다.

　저는 현대 서울의 역사와 문화에 대해 생각할 때, 〈대경성〉이 탄생
한 1936년과 〈대서울〉이 탄생한 1963년이 그런 획기적인 시점이라고
생각합니다. 그 이전 시대에 사대문 안팎에 존재한 한양 혹은 경성은
오늘날 대부분의 서울 시민들에게는 외국 역사와 같은 것입니다. 지역
적으로도 무관할 뿐 아니라, 사대문 안에서 주로 기념되고 있는 지배층
남성의 유적과 유물은 한때 한반도 인구의 대부분을 차지한 평민·노비
의 후손인 현대 서울의 남녀 시민들과는 별로 관련이 없습니다. 대부분
평민·노비의 후손들인 현대 한국 시민들이 자기 자신을 양반의 후예라
고 믿고 있는 현대 한국의 현실에 대해, 한국 역사 연구의 태두인 고 이
기백 선생은 「족보와 현대 사회」라는 글에서 냉철하게 비판하고 있습
니다.

　현대 서울 시민이 조선 시대의 사대문 안에만 주목하는 것은, 극단
적으로 말하자면 외국 도시의 올드 타운을 관광하는 것과 같습니다. 물
론 자기가 사는 도시를 관광객처럼 낯설게 보는 것은 도시를 보는 좋은
방법 가운데의 하나입니다. 하지만 이 방법만으로는, 서울 사대문 안

이라는 올드 타운의 바깥에 사는 나 자신이 서울이라는 도시의 주인공
이 아닌 존재로서 스스로 소외되어 버립니다. 예를 들어, 2018년 2월
27일에 서울시가 발표한 미세 먼지 대책 가운데 이런 구절이 있습니다.
〈서울시는 차량의 친환경 수준을 7등급으로 나눠 라벨을 부착하는《자
동차 배출 가스 친환경 등급제》를 도입한다. 올해 연말부터 등급 하위
인 5~6등급 차량의 사대문 안(녹색 교통 진흥 지역) 운행을 시범적으
로 제한하고 내년부터는 전면 제한한다.〉 2017년 현재 서울시 인구는
1천만 명을 넘었고, 사대문 안 상주 인구는 30만 명이 채 되지 않습니
다. 그런데 왜 사대문 안의 대기만 우선적인 배려 대상이 되어야 할까
요. 이런 일을 볼 때마다 사대문 밖 서울 시민의 소외감은 커집니다. 내
인생의 주인이 나인 것처럼, 내가 사는 서울의 주인공은 나입니다. 지
배층의 역사와 문화만 좇다가 나의 일생을 아깝게 마칠 수는 없습니다.

4
여러 모습의 서울

우리는 서울, 서울 하고 쉽게 말하지만, 사실 서울은 중부, 서남부(영등 포라는 신도시), 동남부(영동이라 불렸던 강남), 동북부, 서북부 등 몇 개의 큰 권역으로 나뉘어져 있음을 답사하다 보면 피부로 느끼게 됩니 다. 각각의 권역은 제각기 성격이 다르고, 주민들은 서로 다른 권역을 낯설게 느낍니다. 지역 간의 차이를 의식하면서 걷다 보면 〈서울에 이 런 곳이 있었구나!〉 하고 감탄하게 되는 낯선 풍경을 쉽게 발견하게 됩 니다. 제 경우에는 어렸을 때 살아 본 적 없는 서남부·서북부 권역이 특 히 생경하게 느껴집니다. 서울은 이렇게 넓고 다양합니다. 이렇게 다양 한 서울의 모습을 특징적으로 보여 주는 몇 가지 키워드를 소개하면서 첫 번째 장을 마치겠습니다.

단위 농협
서울 서쪽 끝의 개화·방화 지역에서는 여전히 농업이 이루어지고 있 습니다. 주말 농장 같은 도시 농업이 아니라, 산업으로서의 대규모 농 업 말입니다. 바로 얼마전까지는 마곡 지역에서도 대규모로 쌀농사가 이루어졌지요. 지난 2017년 10월 9일에 마곡·양천 일대를 답사하면 서, 마치 일산이나 분당 같은 계획적 신도시가 서울특별시 안에서 만들어지고 있는 모습을 보고 놀랐습니다. 이곳이 대규모 농업 지대로 남아 있었기 때문에 이렇게 대단위 개발이 가능했던 것이지요.

개화·방화를 포함하는 강서구에서는 아직도 대규모 농업이 이루어지고 있습니다. 그리고 이 농업을 지원하는 단위 농협인 강서 농협도 여전히 활동하고 있습니다. 서울의 다른 곳에서 흔히 보는 NH농협은행은 농협 중앙회가 운영하는 것이고, 단위 농협은 농민이 출자자가되어 만든 것입니다. 농민들의 협동조합 성격을 띤 농협이 아직도 서울시 안에 존재하고 있는 것이지요. 김포 공항 맞은 편의 내촌 마을에 있는 강서 농협 창고는 농기구·비료·씨앗·농약을 판매하고 있습니다. 서울 대부분의 지역과는 달리, 강서구에서는 강서 농협이 실제로 농업 거점으로서 기능하고 있는 것입니다. 강서 농협 홈페이지에 실려 있는 〈저희 강서 농협은 서울 도시 농협 가운데 유일하게 벼 수매와 항공 방제를 실시하는 농협으로서 조합원, 그리고 고객 여러분께 기쁨과 행복을 드리는 파트너의 역할을 충실히 수행해 오고 있습니다〉라는 조합장 인사말에서는, 서울특별시 안에서 여전히 농업을 지키고 있다는 자부심이 느껴집니다. 원래 서울특별시 농촌 지도소였던 서울특별시 농업 기술 센터 서부 상담소도 이 지역에서 활동하고 있습니다. 그러니까 개화·방화 지역은 서울 속의 농촌입니다.

한편 양재 시민의 숲에 본점을 둔 영동 농협도, 메트로폴리탄 서울특별시에서 가장 도시화가 진행된 서초구, 강남구 지역에서 농업 지원 사업을 펼치고 있는 단위 농협입니다. 강남의 먹자골목인 영동 시장 한복판에 자리 잡고 있는 영동 농협 강남 지점 건물을 볼 때마다, 개발되기 전 영동이라 불리던 시절의 강남을 떠올립니다. 영동 농협 홈페이지에 실려 있는 조합장 인사말에서는 농민 협동조합으로서의 성격이 강조되면서도, 금융 사업에 대한 언급도 비중 있게 이루어지고 있습니다. 단위 조합인 영동 농협이 서울 강남 한복판에서 자신들의 정체성을 만들어 가고자 노력하는 모습이 엿보입니다. 〈저희 영동 농협은 1972년 설립 후 협동조합의 정신으로 농업인의 발전과 아울러 지역 사회의 발전에 이바지하며, 도시민들에게 안전하고 질 좋은 농축산물을 공급하고, 금융 및 유통 사업을 통하여 지역 사회와 함께 발전해 왔습니다.〉

영동 농협의 관할인 강남구 자곡동 동쪽 지역은 수서발 고속 철도가 통과하는 곳입니다. 이 지역은 수서역세권 공동 주택 지구로 지정되어서 곧 개발될 터이지만, 제가 2017년 11월에 답사했을 때에는 아직 비닐하우스 농업이 이루어지고 있었습니다. 토지 보상에 관한 주민들의 플래카드 너머 북쪽으로 보이는 제2 롯데월드를 보면서, 이렇게 해서 서울 속의 농촌이 또 한 곳 사라지는구나 하는 감회를 느꼈습니다.

참고로, 많은 한국 시민들이 관광으로 들르는 도쿄에도 이와 비슷한 농업 도시로서의 성격이 존재합니다. 도쿄는 정식으로는 도쿄도(東京都)라고 합니다. 가로로 길게 놓인 도쿄도를 동쪽과 서쪽으로 잘라서, 동쪽에 위치한 도쿄 23구(區)와 근교 지역이 우리가 흔히 도쿄라 부르는 도회지입니다. 그 서쪽은 논밭과 험한 산맥이 자리한 다마(多摩) 지역입니다. 일본 열도 남쪽 태평양 지역에 위치한 여러 개의 섬들도 도쿄도 관할입니다. 이처럼 도쿄는 세계적인 메트로폴리탄임과 동시에, 농업·임업·수산업이 모두 이루어지고 있는 도시이기도 합니다. 도회지 이외의 도쿄 각지에서 이루어지는 농업·임업·수산업을 지도하는 곳을 도쿄도 도서 농림 수산 종합 센터라고 하는데, 서울특별시 농업 기술 센터에 해당하는 기관입니다. 이곳의 홈페이지에 실려 있는 센터 소개글에는 다음과 같이 적혀 있습니다. 〈이즈 오가사와라 제도의 농림 수산업을 일체적으로 진흥하는 것을 사명으로 삼고, 오쿠타마에서

(위) 강서 농협 창고. 2017년 10월.

(아래) 영동 농협 강남 지점(영동 시장에 위치).
2017년 10월.

(위) 옛 영동 시장의 분위기가 남아 있는 시장
골목. 2017년 10월.

(아래) 강남구 자곡동의 비닐하우스 지역과 제2
롯데월드. 2017년 11월.

일본의 최남단 오키노토리시마섬에 걸쳐 있는 도쿄의 강·바다·섬에서 이루어지는 농림 수산업을 시험·연구·보급·지도의 기술력으로 지원하고 있습니다.〉

묘지와 서울 성곽

이처럼 농업 도시로서 서울의 면모를 보여 주는 지역이 있는 한편, 〈대서울〉에는 망우리 공원, 현충원, 마석 모란 공원과 같은 대규모 묘지도 존재합니다. 서울 동쪽 노원구 초안산과 서쪽 은평구 이말산에는 신라 시대부터 근대에 이르기까지 한양·대경성·대서울 시민들이 묻혀 온 집단 묘역이 존재합니다. 하기는 강남구 삼성동에 자리한 선정릉을 비롯해서 서울 외곽 지역에도 수많은 왕릉이 존재하고 있으니, 1963년의 행정 구역 개편으로 탄생한 대서울은 묘지의 도시라고도 할 수 있습니다.

이같은 대규모 묘지 이외에도 서울 곳곳에서는 흥미로운 묘역들을 찾아볼 수 있습니다. 예를 들어, 오늘날의 동작구 대방 초등학교 담벼락에는 〈숙종왕자 연령군명묘지(肅宗王子延齡君明墓碑趾)〉라는 한자가 새겨진 비석이 박혀 있습니다. 학교 담벼락에 비석이 있다니! 조선 국왕 숙종의 아들이었던 연령군의 묘지와 신도비(神道碑)가 이곳에 있었는데, 1940년에 묘지는 충청남도로 옮겨 가고 한동안 신도비만 여기에 남아 있었다고 합니다. 신도비는 죽은 사람의 일생을 적은 비석입니다. 그러다가 1967년에 신도비마저 노원구의 육군 사관 학교로 옮겨지자, 이를 아쉬워한 주민들이 흔적을 남기기 위해 이런 비석을 만들어서 담장에 새긴 것이라는군요.

제가 이 비석의 사진을 찍고 있으려니, 주민분들이 몇몇 모여서 말씀을 주고받으시더군요. 눈치로 봐서는 이런 비석이 여기 있다는 사실을 잘 모르셨던 눈치였습니다. 왠지 지역 주민분들께 간접적으로나마 지역의 역사를 알려드리는 역할을 한 것 같아서 뿌듯했습니다.

또 하나 흥미로운 비석이 노원구에 있습니다. 하계동 불암산 기슭에 세워진 한글고비, 그러니까 한글이 새겨진 옛 비석입니다. 이문건이라는 조선 시대 사람이 1535년에 아버지 무덤을 이곳으로 옮기면서, 사람들이 아버지 무덤을 훼손하지 않도록 경고하는 문구를 새긴 것이지요. 무덤 건드리지 말라는 경고문은 한자와 한글 두 개의 문자를 이용해서 새겨져 있습니다. 이 중 한글로 새긴 부분이 중요한데요, 왜냐하면 한글이 만들어진 뒤 실제로 일반 백성들이 한글을 읽을 줄 알았고, 그렇기 때문에 그들이 아버지 무덤을 훼손하지 않도록 한글로 우리말을 새겼을 것으로 생각되기 때문입니다. 한글이 만들어진 뒤, 백성들이 정말로 이 문자를 이용해서 생활을 했다는 사실을 증명하는 귀중한 유물입니다. 조선 시대에 만들어진 한글 비석이 전국적으로 다섯 개밖에 없는데, 언제 만들어졌는지를 알 수 있는 비석은 이 하계동 한글고비뿐이거든요. 한글고비의 한글 부분은 〈녕한 비라 거운 사라믄 재화를 니브리라. 이는 글모르는 사람드려 알위노라(신령한 비석이다. 쓰러뜨리는 사람은 재앙을 입을 터. 이 글은 한문 못 읽는 사람들에게 알리는 것이다)〉라고 적혀 있습니다. 16세기 한반도에 살았던 사람들의 목소리가 귓가에 들려오는 것 같습니다. 1446년에 한글이 사용되기 시작하자, 〈어리석은〉 백성들이 자기 생각을 쉽게 문자로 남길 수 있게 되었습니다.

1446년에 사용하기 시작한 한글은, 불과 50여 년 뒤인 연산군 시절이 되면 언문으로 현실 정치를 비판하는 투서를 쓰는 사람이 나타날 정도로 널리 받아들여졌습니다. 이 사실을 알게 된 연산군은, 〈앞으로는 언문을 가르치지도 말고 배우지도 말며, 이미 배운 자도 쓰지 못하게 하며, 모든 언문을 아는 자를 한성의 오부(五部)로 하여금 적발하여 고하게 하되, 알고도 고발하지 않는 자는 이웃 사람을 아울러 죄주라〉는 명령을 1504년에 내립니다.

그 전에도 한문 쓸 줄 아는 사대부들이 한문으로 글을 지어서 정치 비판을 하는 일은 흔히 있었습니다. 연산군이 화를 낸 이유는, 감히 피지배층 따위가 정치 비판을 한다는 데에 있었을 것입니다. 조선 국왕 세종이 한글을 만든 목적은 한자의 발음을 정확히 표시해서 중국 명나라와의 외교 관계를 원활히 하고 중국 문헌을 정확히 읽기 위해서였습니다. 하지만 지배층의 그러한 의도와는 달리, 〈어리석은〉 피지배층은 한글을 자신들의 정치적인 문자로 이용했습니다. 임진왜란 때 포로로 끌려간 조선인도 일본에서 한글이 적힌 도자기를 남길 정도로, 한글은 피지배층의 문자가 되었습니다.

대방동의 연령군 묘역비나 노원구 한글고비에서는 서울 사람들이 무슨 생각을 하면서 살았는지 알 수 있습니다. 동대문에서 서울 성곽으로 올라가는 초입 부분에 새겨진 글자들 또한 그렇습니다. 조선 시대에 서울 성곽을 만들 때 동대문 구간을 담당했던 한필영, 성세각, 김수선, 유제한, 오유선, 양산호, 황승선, 김정립의 이름이 서울 성곽 돌에 새겨 있습니다. 영의정 지낸 사람 수천 명의 이름이 적힌 조선 왕조의 기록물보다, 그 당시 이 땅에서 살면서 묵묵히 자기 맡은 일을 완수한 사람들의 이름이 새겨진 서울 성곽의 돌덩어리들이 저에게는 훨씬 더 생명력 넘치는 기록으로 느껴집니다. 청계천 6가의 전태일 흉상 앞에 오토바이들이 서 있는 것처럼, 서울 성곽 글자 앞에 오토바이들이 세워져 있던 것도 꿋꿋이 살아가는 시민들의 삶이 느껴져서 좋았습니다.

2017년 11월에 다시 동대문 서울 성곽을 방문하니, 원래 성벽 바깥 벽에 쌓여 있던 이름 새겨진 돌들의 위치가 동대문을 바라보는 큰

(위) 초안산 등산로 옆에는 숱한 무덤이 자리 잡고 있고, 석물(石物)들이 어지러이 흩어져 있습니다. 2017년 11월.

(아래) 제가 연령군 묘역비를 촬영하고 있자니, 동네 주민분들이 모여서 비석에 대해 말씀을 나누기 시작하셨습니다. 2017년 9월.

노원구 한글고비. 2017년 11월.

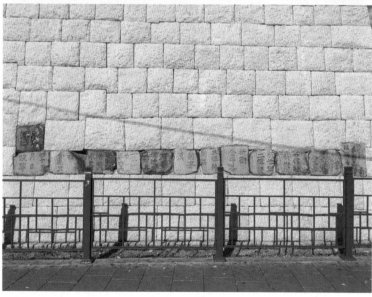

서울 성곽 동대문 구간에 새겨진 조선 사람들의
이름. 각각 2011년 10월(위), 2017년 11월(아래).

길 쪽으로 돌려져 있었습니다. 지난 수십 년 동안 거의 방치되다시피
한 상태였고, 또 사람들이 보기에 너무 높은 위치에 있었기 때문에, 이
렇게 말 그대로 시민들의 눈높이에 맞춰서 보기 쉽게 재배치한 것으로
생각됩니다. 원래대로라면 이 위치는 성벽의 중심 부분에 해당하기 때
문에, 여기에 글자가 새겨 있으면 당연히 보이지 않습니다. 이름 새겨
진 돌들이 이 위치로 옮겨진 것은, 여기에서 동대문으로 이어지지 못하
고 끊어져 있는 서울 성곽이 복원되지 않을 것이라는 일종의 선언처럼
느껴졌습니다.

그리고, 풍납 토성

이처럼 사대문 바깥의 각 권역에 뚜렷이 존재하는 다양한 모습들은,
궁궐이나 정자와 같이 조선 시대의 지배 집단이 남긴 유적·유물에 비
해 잘 기억되고 기념되지 않습니다. 마찬가지로, 저와 아내가 살고 있
고, 두 사람의 부모가 살았고, 저희 부부 사이에 태어난 딸 단비가 살
아갈 대한민국 시대의 서울 역시 아낌을 잘 받지 못합니다. 조선 시대
를 기념하기 위해서는 당연히 없애도 되는 것인 양, 또는 부동산 가
격 상승을 위해서는 무심히 철거되어 마땅한 양 다루어지고 있습니
다. 하기는 백제 시대의 서울을 증언하는 삼성동 토성 같은 유적들도
1970~1980년대의 강남 개발 와중에 무참히 파괴되었으니, 대한민국
시대 서울의 흔적이 아껴지기를 기대하는 것은 언감생심이겠습니다.

　　현대 서울 시민들의 무관심에 특히 큰 타격을 입은 것은 삼성동 토
성이었습니다. 삼성동 일대에 만들어진 삼성동 토성은 1982년까지도
그 모습을 분명하게 남기고 있었습니다. 한문학자 이종묵 선생은, 조선
시대 후기의 김창흡이 삼성동 토성을 가리켜 백제 시조 온조왕의 성이
라고 읊고, 흰 돌로 쌓여 있어서 백석성(白石城)이라 불렀다는 사실을

소개한 바 있습니다. 이 시의 한 대목을 보면, 선정릉에서 한강가의 삼
성동 토성, 무동도(저자도?) 그리고 남한산성까지 한눈에 보일 정도로
지금의 강남 일대가 탁 트인 공간이었음을 상상할 수 있습니다. 〈능침
의 울창한 숲에 기대니 왕릉의 산줄기에 용이 이른 듯. 공주의 긴 모래
섬을 얻었으니 은하수에 봉황새가 노니는 듯. 온조왕의 성은 바위가 흰
데, 남한산성의 누각은 노을이 붉다.〉

　　이처럼 삼성동 토성은 개발 이전의 강남 지역에서 눈에 띄는 존재
였습니다. 강남 개발할 때 이런 성이 있는 줄 모르고 무심결에 파괴했
다는 식의 변명은 절대 통하지 않습니다. 이처럼 분명히 그 모습을 남
기고 있던 삼성동 토성이 식민지 시대나 6·25 전쟁 때도 아닌, 불과
30~40년 전에 무관심 속에 파괴되었습니다. 다행히 최근에 이홍종,
안형기 두 분 연구자의 노력으로 그 흔적이 확인되었습니다.

　　봉은 초등학교에서 청담 배수지를 올려보면, 배수지의 서북쪽 면
이 삼성동 토성을 거의 그대로 재활용하고 있음을 알 수 있습니다. 이
렇게 올려보면 1982년까지 삼성동 토성이 어떤 모습이었을지 조금이
나마 상상이 됩니다. 청담 배수지에서 동쪽을 바라보면, 오른쪽은 풍납
토성, 몽촌 토성이 자리한 한강 남쪽 백제의 영역이었고, 왼쪽은 한강
북쪽으로 아차산성이 자리한 고구려의 영역이었습니다. 아차산성을
고구려에 빼앗기면서 백제는 서울을 떠나 남쪽으로 수도를 옮겨야 했
습니다. 아차산에서 한강 남쪽을 바라보면 풍납 토성, 몽촌 토성 등 한
성 백제의 구역들이 한눈에 내려다보입니다.

　　땅값 비싼 강남에서, 백제왕이 살던 곳도 아닌, 이미 그 흔적이 거
의 사라져 버린 성을 복원하자고 할 수는 없을 터입니다. 그저, 서울 시
민들이 이곳에 삼성동 토성이라는 백제의 성이 있(었)다는 사실을 기
억하고, 간신히 남겨진 흔적이나마 파괴하지 말자는 공감대를 만들기

를 바라고 있습니다.

이처럼 조선 시대 중심으로 서울을 보는 관점이 현대 한국에서 주류를 이루면서, 서울 속의 백제는 무관심 속에 파괴되어 갔습니다. 강남 지역의 백제 유적 보존에 평생을 바친 고고학자 이형구 선생은, 강남 개발 중에 백제 유적이 처했던 위기에 대해 다음과 같이 회고합니다. 한 줄 한 줄에 문자 그대로 피와 땀이 서려 있습니다.

서울 석촌동은 백제 전기 수도의 분묘 지역이다. 지금의 서울 송파구 일대는 원래 돌이라고는 나오지 않는 넓은 충적 평야, 즉 광주 평원이다. 그런데도 돌이 많이 있다 하여 일명 석촌(石村)이라는 지명이 붙어 있다. 석촌동 언덕배기는 원래 5개의 작은 산처럼 돌무더기가 쌓여 있어 일명 오봉산이라고 하던 곳이다. 그 돌은 바로 백제 적석총에 쌓였던 돌이다. 이 일대에는 일제 강점기까지만 해도 89기(총독부 박물관 내부 문서에는 290여 기)의 백제 고분이 있었다. 1980년대 초에 들어서면서 강남에 노폭 35m의 큰 길[지금의 백제 고분로]이 생기면서 국가 사적 제243호인 백제 전기 왕릉으로 추정되는 석촌동 3호분, 4호분 사이를 뚫고 지나갔다. 이 때문에 돌로 쌓은 피라미드식 백제 〈왕릉〉이 파괴되고 주변의 백제 고분이 훼손되었으며 심지어는 포클레인의 삽날로 인골이 잘려 나가는 지경에까지 이르렀다. 잠실 석촌동을 방문했던 1981년 가을은 한창 강남 개발이 진행되고 있을 때였다. 백제 왕릉으로 추정되는 고분이 포클레인에 잘려 나가고 백제 지배층의 분묘들이 삽날에 찍혀 인골이 나뒹굴고 있는 현장은 마치 전쟁터 같은 참혹한 광경이었다.

서울의 백제 유적이 파괴된 것은 신라가 백제를 멸망시킨 뒤도 아니고, 임진왜란 때도 아니고, 식민지 시대도 아니고, 바로 우리 한국인들이 정부를 세운 현대 한국 시기였습니다. 현대 한국, 현대 서울에 이렇게까지 유적·유물이 남아 있지 않은 책임의 일부는 바로 우리 현대 한국인들 자신에게 있습니다. 이 책임을 회피하면 안 됩니다. 한편, 저는 은평 뉴타운 개발 당시 5천 기의 평민 무덤을 급히 발굴할 수밖에 없던 상황에 대해서도, 강남의 백제 고분 파괴와 같은 분노를 느낍니다. 당시의 황당한 상황들에 대해서는, 은평 뉴타운 개발을 위한 발굴 조사에 임한 가까운 연구자분들로부터 구두로 들은 바가 적지 않습니다. 멀지 않은 미래에 누군가 발굴 관계자께서 실록을 남겨 주시리라 믿습니다.

아무튼, 이처럼 불과 30여 년 전까지도 대부분의 서울 시민들로부터 관심받지 못하던 서울 속 백제에 대한 서울 시민들의 생각이 바뀌고 있습니다. 최근 들어서 서울에 존재한 최초 국가로서 백제의 의미가 강조되고 있는 것입니다. 최근 서울시는 기존에 제작한 『서울육백년사』에 이어 『서울이천년사』 40권을 출판했습니다. 〈육백 년 고도 서울〉에서 〈이천 년 고도 서울〉로 서울을 바라보는 눈이 바뀐 것입니다. 『서울이천년사』를 출판한 이유에 대해 서울특별시 시사 편찬 위원회는 다음과 같이 설명합니다. 즉, 기존의 『서울육백년사』의 내용은 〈조선 시대 이후의 역사가 주를 이루고 있어 시민들에게 서울 역사가 600년이라는 인식을 심어 주었다〉는 점이 문제라는 것입니다.

이처럼 최근 몇 년 사이 서울 속 백제가 부활하는 모습을 보면서, 저는 유럽에서 비슷한 일이 있었음을 떠올립니다. 1957년에 유럽 경제 공동체EEC가 설립되었을 당시, 회원국은 벨기에, 프랑스, 서독, 이탈리아, 룩셈부르크, 네덜란드 여섯 나라였습니다. 이즈음부터 유럽에서는,

삼성동 토성을 거의 그대로 이용해서 만들어진
청담 배수지. 왼쪽에 보이는 고층 빌딩 너머로 경기
고등학교와 봉은사 사이에 토성이 이어집니다.
2017년 10월.

청담 배수지에서 동쪽을 바라본 모습. 오른쪽은
풍납 토성, 몽촌 토성이 자리한 한강 남쪽 백제의
영역이었고, 왼쪽은 아차산성이 자리한 한강 북쪽
아차산 방향입니다. 2017년 10월.

이들 국가들을 대체로 모두 포함하는 영토를 지녔던 프랑크 왕국에 대한 관심이 커졌습니다. 5세기에서 9세기 사이에 존재했던 프랑크 왕국은, EEC 여섯 나라의 통합이 결코 처음 걷는 길이 아니라 이전에도 선례가 있었음을 보여 주기에 좋은 존재였습니다.

그 후 회원국이 늘어나다가 1993년에 유럽 연합EU이 탄생하면서, 프랑크 왕국은 더 이상 통합 유럽의 전례로서 적합한 존재가 아니게 되었습니다. 튀르키예까지 회원 후보국이 된 마당에, 서유럽 일부 지역만 지배했던 프랑크 왕국은 유럽 통합 정신을 반영하지 못한다는 것이었죠. 이에 프랑크 왕국의 대안으로 등장한 것이 켈트인이었습니다. 동쪽으로는 튀르키예에서 서쪽으로는 아일랜드, 아이슬란드에 걸쳐 활동한 켈트인이야말로, 확장된 유럽의 전례로서 알맞은 모델이었던 것입니다. 켈트 문화 연구자인 하라 기요시 선생은, 1991년에 이탈리아 베네치아에서 개최된 사상 최대 규모의 켈트 문화전 「켈트: 최초의 유럽인들The Celts: The Original Europeans」이 이러한 움직임을 대표한다고 말합니다.

조선 시대, 그것도 주로 조선 시대 후기로 제한되어 있던 서울에 대한 관심이, 21세기 들어서부터 백제라는 존재를 통해 시간적으로 확장되고 있습니다. 또한 시흥 행궁 발굴에서 보듯이, 그러한 관심은 조선 시대 사대문을 넘어 공간적으로도 확장되고 있습니다. 이 장의 마지막에서 다시 한번 강조합니다. 한양 사대문 바깥도 서울일 뿐 아니라, 1936년과 1963년의 확장을 통해 탄생한 서울특별시와 그 주변 지역 모두가 〈대서울〉이라고.

제2장
나의 서울 답사 40년

저는 사람들이 흔히 〈진짜 서울〉이라고 하는 사대문 안에서는 한 번도 살아 본 적이 없습니다. 그 대신 사대문 밖 〈대서울〉의 동서남북을 종횡무진으로 돌아다녔습니다. 제가 지금까지 살아 본 주요 지역은 다음과 같습니다. 마포구 서교동의 단독 주택, 신반포 주공 아파트, 부천 소사의 단독 주택, 잠실 주공 1단지와 4단지, 재개발 전의 안양 평촌 연립 주택, 신반포 한신 2차 아파트, 구반포 주공 아파트, 중계동 무지개 아파트, 일산 백석 오피스텔, 개포 주공 1·2단지 아파트, 낙성대 서울대 교수 아파트.

저의 아버지와 어머니는 부산에서 만났습니다. 어머니 쪽 집안은 일본 히로시마 근처에 살다가 미군이 원자 폭탄을 투하하자 부산을 통해 귀국해서 경상북도 청도에 살았습니다. 아버지 쪽 집안은 평안북도 구성에 살다가 38선 분단과 함께 월남해서 부산에 살았습니다. 부산에서 만난 두 사람은 1970~1980년대의 고도 개발기에 서울에 진입했습니다. 그러고는 제가 살아온 곳의 리스트와 같이 서울 사대문 밖을 맴돌았습니다. 부모님은 거의 서른 번 정도 이사를 했다고 하더군요. 저와 아내 역시 결혼한 뒤에 서울 사대문 밖 동서남북을 누비고 있습니다. 그러다 보니 저는 오랫동안, 한반도 주민들은 누구나 저희 집안처럼 남한, 북한, 일본, 중국 등지를 누비고 전국 방방곡곡으로 이사를 다니면서 살아왔겠거니 생각했습니다.

그러다가, 어떤 지인 집안은 대대로 경상·전라·충청의 삼남(三南) 지역 시골에 살면서 북한군이 쳐들어오는 것도 모르고 6·25 전쟁을 넘겼다고 하고, 또 어떤 지인 집안은 강남 개발 초기에 아파트에 입주해서는 수십 년 동안 한 번도 이사가지 않았다고 하는 이야기를 듣고는 대단히 놀랐습니다. 그리고, 궁금해졌습니다. 〈왜 다른 사람들은 한곳에 오래 살면서 한 지역을 고향으로 여기고 사는데, 나는 어딘가에 정 좀 붙일 만하면 떠나고는 하는 삶을 살았을까?〉 하고 말이죠. 하도 이사를 다니다 보니 어릴 적부터 친하게 지내 온 친구는 생길 틈이 없었고, 그나마 고등학생 시절부터는 신반포, 구반포 안에서만 이사를 하면서 친구들이 생겨서 지금껏 그들과 함께 서울을 답사하면서 살고 있습니다.

이렇게 저 스스로의 삶을 떠돌이 같다고 여기며 살아오다가, 이번 2017년 7월에 이 책을 쓰기로 하고 서울을 구석구석 돌아다니면서 차츰 생각이 바뀌었습니다. 제가 사대문 밖 〈대서울〉을 동서남북으로 누비며 살아온 40여 년은, 〈대서울〉이 만들어지는 과정 그 자체를 압축적으로 보여 준 시간이었다고 말이지요. 조선 시대 사람 박제가의 말처럼, 대서울 전체가 〈나와 그대가 생장한 곳이라 골목길을 다니는 데 익숙하고 꿈속에도 풍경이 생생〉한 곳입니다. 제가 많은 사람들처럼 〈대서울〉의 어딘가에 정착해서 그곳을 고향처럼 여기면서 수십 년을 살았다면, 저는 이 책과는 전혀 다른 테마의 책을 썼을 것입니다. 〈내 고향 잠실〉이나 〈반포 생활 40년〉 같은 책 말이지요. 하지만, 한군데 정착하지 못하고 계속 이사를 다닌 것이 저에게 이 책을 쓸 수 있는 경험과 감각을 갖게 해주었습니다. 〈대서울〉 전체가 저의 고향이고, 저는 〈대서울〉을 답사하면서 40여 년을 살아왔다고 감히 말할 수 있습니다.

　살아 본 적이 있는 지역 순서대로라면 마포구 서교동, 신반포, 부천시 소사 순으로 글을 시작해야 하지만, 제가 고향이라고 생각하고 있고 강남 개발의 역사에서 중요한 위치를 차지하기도 하는 잠실 주공 아파트 단지에 대해 먼저 말씀드리고 나서, 대략 살아온 순서대로 적어 보려 합니다.

1
잠실

도시 탐사를 시작하다

저는 도시에서 편안함과 친근함을 느낍니다. 도시에는 탐사할 것이 무궁무진합니다. 어머니 쪽의 집안이 경상북도 청도에 있어서 어릴 적부터 종종 그곳에 머물고는 했지만, 하루 이틀 지나면 지루해져서 혼자 경부선 열차를 타고 서울로 되돌아오고는 했습니다. 어머니가 청도에서 태어난 건, 히로시마에서 부산을 통해 귀국했던 외할아버지와 외할머니가 부산에서 사기를 당하고 나서, 경부선 루트로 무작정 서울로 향하다가 경상북도 청도쯤에서 물이 좋다고 정착했기 때문이라고 합니다. 그래서 그랬는지 외삼촌 가운데 한 명은 경부선 청도역 역장이었습니다. 외삼촌네 집은 청도역이 내려보이는 언덕 위에 있었고, 집안에는 열차 운행 시각표가 붙어 있었습니다. 아무튼, 저는 청도에 갈 때마다, 〈여기서 뭘 하면서 시간을 보내야 하나?〉 하는 막막함을 느끼곤 했습니다.

시 「오감도」와 소설 『날개』로 유명한 이상이라는 작가도 일찍이 저하고 똑같은 감정을 느꼈던 듯합니다. 그는 1936년에 메트로폴리스 도쿄에서 평안도 성천 시골을 생각하며 「권태」를 썼습니다. 「권태」의 첫 구절은, 대도시 주민이 시골에 대해 느끼는 지루함과 숨막힘, 공포와 혐오를 잘 보여 줍니다.

〈동(東)에 팔봉산(八峯山), 곡선은 왜 저리도 굴곡이 없이 단조로운고? 서를 보아도 벌판, 남을 보아도 벌판, 북을 보아도 벌판, 아 — 이 벌판은 어쩌라고 이렇게 한이 없이 늘어 놓였을고? 어쩌자고 저렇게까지 똑같이 초록색 하나로 되어 먹었노?〉

저에게 시골 마을은 동경의 대상이 아니었고, 모험심을 자극받는 곳도 아니었습니다. 저에게는 서울의 주공 아파트 단지가 전인미답의 정글이자 미로였습니다. 저는 도시에서 노는 방법을 잠실 주공 아파트 단지에서 배웠습니다.

오늘날, 지혜로운 도시 탐험가들은 도시에서 노는 법을 여럿 개발했습니다. 지하철역이나 백화점의 대리석 벽면에 박혀 있는 암모나이트 등의 화석을 찾아내는 도시 화석 탐사, 폭우를 대비해서 지하에 건설된 대규모 집수조 등을 둘러보는 도시 속 거대 시설 탐사, 폐허가 된 건물이나 시설을 둘러보는 폐허 탐사, 예전에 철길이 놓여 있던 경의중앙선의 지상 구간이나 경춘선의 폐선 구간을 걷는 폐선 답사 등이 대표적인 도시 탐사 방법입니다. 그 가운데 저는 아파트 단지의 골목들을, 마치 밀림을 탐험하는 모험가의 마음으로 돌아다니는 것을 가장 좋아합니다.

잠실 주공 1단지

제가 기억하는 첫 세계인 잠실 주공 1단지. 그곳이 헐리기 직전인 2004년에 들러서, 제가 살았던 49동과 잠일 초등학교에 들렀습니다. 초등학교 4학년 때 1년간 살았던 잠실 주공 4단지는 이미 헐린 뒤였지만, 초등학교 1학년부터 3년간 살면서 가장 애착이 컸던 잠실 주공 1단지가 그때까지 아직 헐리지 않아서 기뻤습니다.

　여담이지만, 제가 잠일 초등학교에 다닐 때에는, 식민지 일본의
영향이 아직까지 남은 〈잠일 국민학교〉라는 이름으로 불리고 있었습
니다. 김영삼 대통령 때 일제 잔재 청산의 일환으로 국민학교라는 군
국주의적 이름을 초등학교로 바꾸었죠. 물론, 이 국민학교라는 단어
가 1941년에 일본에서 탄생한 것은 사실이지만, 정작 일본에서는
1947년에 소학교라는 명칭으로 바뀌었는데도 한국에서는 1996년까
지 그대로 쓰고 있었습니다. 일본에서는 진작에 폐기된 국민학교라는
명칭을 해방 후 51년 동안 남긴 것을 일제 잔재라고 불러야 할지, 해방
후 한국의 무신경이라 해야 할지 모르겠습니다. 국민학교라는 군국주
의적 명칭이 국민을 통제하는 데 편리하다고 생각했으니 폐기하지 않
고 그대로 쓴 것이겠지요.

　이 책의 마지막 장에서 다시 말씀드리겠습니다만, 식민 잔재라고
말해지곤 하는 서대문 형무소와 안산 선감 학원도, 사실은 식민지 시대
에 이용된 기간보다 현대 한국 시대에 이용된 기간이 더 깁니다. 현대
한국 시대에 이들 기관에서 이루어진 어두운 역사를 감추기 위해 식민
잔재라는 말을 강조하는 것이 아닐까 하는 의심을 저는 품고 있습니다.
국민의례, 국민 교육 헌장, 반상회, 국가 보안법도 마찬가지입니다. 이
런 제도들을 일제 잔재라고만 해버리면, 현대 한국 시대에 이 제도들로
피해받고 심지어는 목숨까지 잃은 사람들의 존재가 지워지는 결과를
낳습니다. 이들 제도가 식민지 시대에 만들어져서 조선 총독부에 의해
이용된 것, 그리고 해방 후에도 한국 정부에 의해 이용되었다는 두 가
지 측면을 모두 말해야 정직한 것입니다.

　아무튼, 2004년에 찾아간 잠실 주공 1단지에는 저와 친구들이
비밀 기지를 만들고 놀던 덤불과 반지하 벽이 아직 남아 있었습니다.
1982년에 처음 잠실로 이사 온 뒤, 저는 주공 아파트 단지와 한창 건설

(위) 철거를 앞둔 잠실 주공 1단지의 잠일   (아래) 재개발 후의 잠일 초등학교. 2017년 7월.
초등학교. 2004년 9월.

(위) 철거를 앞둔 잠실 주공 1단지 아파트의 배치도. 2004년 9월.

(아래) 잠실 주공 1단지의 비밀 기지 터. 2004년 7월.

중이던 올림픽 주경기장 공사 현장 곳곳에서 비밀 기지를 만들며 놀았습니다. 비밀 기지는 어른들에게 발견되면 헐려 버리곤 했습니다. 그렇게 헐린 자리에 저희는 또다시 비밀 기지를 만들었습니다.

애써 만든 비밀 기지가 발견당할지 모른다는 스릴, 순식간에 헐릴 때의 허무감, 그러나 다시 만들 수 있다는 무한 반복의 기쁨. 〈일본 기지 학회〉를 설립한 비밀 기지 만들기의 대가 오가타 다카히로는, 비밀 기지가 우리에게 주는 깨달음을 다음과 같이 설파합니다. 〈모두가 애써 만들어 즐겁게 놀던 비밀 기지도 언젠가는 사라진다. (……) 이렇게 금방 사라져 버릴 운명이기에 더욱 각별하지 않은가?〉

이러한 깨달음을, 17세기 일본 작가 아사이 료이는 『뜬 세상 이야기(浮世物語)』라는 소설에서 좀 더 선명하게 드러낸 바 있습니다.

이 소설의 첫머리에는 두 사람이 등장합니다. 첫 번째 사람이 말합니다. 다음과 같은 시를 읊습니다.

〈마음이란 참으로 이상한 물건입니다. 내 것이지만 내 뜻대로 안 되니 말입니다.〉

그러고는 이렇게 한탄합니다.

〈만사가 마음먹은 대로 되지 않으니 참으로 헛된 세상이올시다. 마치 신발 신고 발바닥을 긁는 것처럼, 이 세상에 내가 마음먹은 대로 되는 일은 하나도 없습니다.〉

이렇게 한탄하며 울적해하던 그의 옆에 있던 두 번째 사람이 반박하고 나섭니다.

〈세상 만물이 내 맘대로 안 되고 늘 바뀌고 사라지는 것은 슬퍼할 게 아닙니다. 그렇게 늘 바뀌고 사라지기 때문에 등불 없이 어둠 속을 걷는 것처럼 한 치 앞의 일도 알 수 없고, 내 뜻대로 되지 않기 때문에 이 세상 사는 재미가 있는 거죠. 세상 만물을 바라보다가 흥이 나면 노래

부르고 술 마시고 놀면 되는 겁니다. 그저 물 위를 떠서 흘러가는 표주박처럼 살면 되는 것이어서 뜬 세상이라 합니다.〉

그렇습니다. 서울이라는 도시를 걸으면서 사라져 가는 것들을 아쉬워하는 대신, 옛것이 가고 새로운 것이 오는 변화를 지켜보며 즐거워하는 게 더 낫다는 사실을 저는 지난 40여 년에 걸쳐 깨달았습니다. 바뀐다는 것은 서울이 살아 움직이고 있다는 증거입니다. 저는 제가 재미있어하며 살아온 서울이 언제까지나 살아 움직이기를 바랍니다. 바뀌어 가는 서울의 모습은 저를 즐겁게 하고 깨달음을 줍니다. 그리고 때로는 옛 흔적이 그 모습을 바꾸어 남아 있음을 확인하고 놀라고는 합니다. 제가 살던 잠실 주공 1단지 49동으로 들어가던 입구는, 고층 아파트 단지로 바뀐 지금도 같은 위치에 마련되어 있었습니다.

올림픽 주경기장 옆 잠실 주공 1단지에서 1982년부터 1984년까지 산 뒤, 석촌 호수 옆 잠실 주공 4단지로 이사해서 1년 동안 살았습니다. 저는 잠실 주공 1단지와는 달리, 4단지에 대해서는 그렇게 아름다운 기억만 갖고 있지는 않습니다. 첫 친구들과의 이별, 집안의 부도, 그리고 안양 평촌으로의 도피성 이사 같은 기억들 때문입니다.

하지만 잠실 주공 1단지와 4단지에서 살았던 저의 초등학교 시절은, 전체적으로 보아 행복했습니다. 그 행복이 잠실 아파트 단지를 건설했던 분들 덕분이었다는 사실을 최근에 알게 되었습니다. 이 책을 쓰기 위해 손정목 선생의 『서울 도시 계획 이야기』를 읽다가, 잠실 주공 아파트 단지 건설 과정을 회고하는 대목에서 갑자기 눈물이 핑 돌았습니다. 양택식 서울 시장이 말한 그 아이가 바로 저였습니다.

（잠실） 단지 배치 계획이 거의 마무리되어 가는 과정에서 청천벽력 같은 지시가 떨어졌다. 박 대통령이 〈주택공사가 잠실에 짓는

아파트는 서울 시민의 각 소득 계층에 맞추어 저소득·중소득층이 골고루 입주할 수 있도록 하라. 국민의 주생활을 호화롭게 하는 데 주택공사가 앞장서지 말라〉는 지시를 내린 것이다. (……) 엉겁결에 7.5평짜리 아파트 500가구분과 10평짜리 600가구분을 짓겠다고 보고하여 대통령 재가를 받기는 했으나 실무자 입장에서는 큰 고민거리였다. 그 이전에 소규모 주택을 지어 본 경험이 없는 것은 아니었다. (……) 7.5평짜리 아파트에 관한 설명을 들었을 때 양 사장의 머리를 스친 것이 있었다. 홍콩에서 보았던 슬럼 아파트 단지의 모습이었다. (……) 그 슬럼 아파트군은 비참하다거나 추잡하다는 차원을 넘어 바로 지옥을 보는 기분이었다. 양 시장이 홍콩 슬럼 아파트군을 시찰했을 때 내가 수행하고 있었으니 그때의 그의 심정을 충분히 알 수 있었다. 어떻게 하면 슬럼이 되지 않고 그곳에서 생활하는 어린이가 밝고 씩씩하게 자라날 수 있을 것인가. 그곳에 거주하는 주민이 과연 부금을 지체없이 납부할 수 있을 것인가 하는 등에 관해 깊이 있는 연구가 되풀이되었다. (……) 양 사장은 거의 하루에 한 번씩 이 공사 현장에 들렀다. 현장을 돌아본 뒤에 건설 본부에 들른 그가 항상 강조하는 말이 있었다. 〈앞으로 잠실 단지에 사는 아이들에게《너 어디에 사느냐》고 물었을 때 《잠실 단지에 삽니다》라고 떳떳하게 대답할 수 있도록 충실히 일을 하라〉는 말이었고, 이어서 〈비록 7.5평의 작은 주택이라도 결코 슬럼화가 되어서는 안 되고 그 집이 깨끗하게 유지되도록 하라〉고 했다. 훗날 양 사장은 나에게 그 당시의 심경을 토로하여 〈정말 하루하루가 기도하는 마음이었어요. 그 집을 지은 지 10여 년이 훨씬 지난 지금도 슬럼화되었다는 소문은 없잖아요. 정말 깨끗하게 살아 준 주민들에게 감사하고 싶습니다〉라는 것이었다.

잠실 주공 5단지

잠실 주공 1단지와 4단지에 살던 시절, 고층 아파트들이 가득한 잠실 주공 5단지는 선망의 대상이었습니다. 그곳에는 야외 수영장이 있어서, 친구와 함께 가수 전영록의 「사랑은 연필로 쓰세요」를 부르며 놀러 갔던 기억이 있습니다.

1960년대 말부터 중산층을 대상으로 해서 지어진 한강 맨션 아파트, 여의도 시범 아파트, 반포 주공 아파트 등의 고층 아파트 단지에는 야외 수영장과 엘리베이터가 설치되었습니다. 주변 지역과의 차별성을 주기 위한 것이었겠지요. 어린 마음에도 고층 아파트 사이에 야외 수영장이 있는 잠실 주공 5단지를 부러워했으니, 그들의 차별화 시도는 성공했다고 하겠습니다. 물론, 저 같은 다른 단지 아이들에게도 야외 수영장을 이용하게 해주고, 그곳을 드나들 때 경비원이 호통을 치는 일은 없었으니, 21세기의 폐쇄적인 고층 아파트 단지들에 비하면 확실히 개방적이었습니다.

이 책을 쓰기 위해 2017년 7월에 잠실 주공 5단지를 방문하니, 단지 안내판에는 여전히 수영장이 표시되어 있었지만, 지도에 수영장으로 표시된 곳에 가서 아무리 찾아봐도 수영장이 없더군요. 지도하고 실제 현장을 찬찬히 비교해 보니, 수영장은 어느 때인가 메워져서 주차장으로 이용되고 있었습니다.

땅끝, 잠실

잠실 주공 1단지 서남쪽, 오늘날 아시아 공원과 아시아 선수촌 아파트가 자리한 곳에는 갈대밭이 무성했고 그 한가운데 교회가 있었습니다. 갈대밭에서는 제 손바닥만 한 메뚜기가 뛰어다녔습니다. 일요일에 교회를 마치고 나서는 동쪽 신천의 새마을 시장으로 놀러 가거나, 서쪽

(위) 수영장이 표시되어 있는 잠실 5단지 아파트 배치도. 2017년 7월.

(아래) 잠실 5단지 아파트 배치도에는 여전히 수영장이 표시되어 있지만, 실제로는 메워져 주차장으로 쓰이고 있습니다. 2017년 7월.

잠실 주공 5단지의 새마을 회관. 손정목 선생은
잠실 주공 아파트 단지에 건설된 새마을 회관이
한국 아파트 단지의 역사에서 획기적인
시도였다고 평가합니다. 손정목 선생이 언급하고
있는 것은 잠실 주공 1~4단지의 새마을
회관이지만, 이들 네 개 단지가 모두 재개발되어
버린 지금, 옛 새마을 회관의 모습을 볼 수 있는
곳은 5단지뿐입니다. 〈1단지에 건평 284평의
새마을 회관이 준공된 것은 1976년 5월
28일이었다. 이 회관에 넓이 159평의 새마을
작업장이 마련되었다. 전업 주부 약 200명을 모아
봉제 작업 등으로 월 160만 원 정도의 소득을 올릴
수 있도록 하자는, 실로 기발한 착상이었다. 7.5,
10평 등 이른바 미니 아파트에 거주하는 저소득층
주부들에게 일감을 주선해 줌으로써 소득을
올리도록 하자는 시도였던 것이다. 맞벌이
부부라는 것이 전혀 없지는 않았으나 극히 예외
중의 예외이던 시절이었다. 가정주부가 일을 해서
수입을 올릴 수 있었으니 너 나 할 것 없이 다투어
참여했다.〉 2017년 7월.

탄천 건너 오락실에 다녀오고는 했습니다. 그때 저에게 탄천 너머는 도무지 전모를 파악할 수 없지만 하여간 즐거운 것이 가득한 세상이었습니다. 요즘 말하는 〈강남〉의 이미지가, 여덟 살짜리에게는 오락실이 있는 곳으로 다가왔습니다. 반대로, 당시 강남에 살던 사람들에게는 탄천이 세상 끝의 경계이고, 잠실은 서울이 아닌 지역으로 생각되었겠죠.

잠실 주공 1단지에 살던 1982~1984년으로부터 30여 년이 지난 2017년 7월, 지하철 2호선 삼성역 1번 출구에서 삼성교를 건너 탄천 너머 잠실로 걸어갔습니다. 장마 막판의 폭우 속으로 보이는 잠실 올림픽 주경기장과 제2 롯데월드는 멋진 대조를 이루고 있었습니다.

2017년 현재, 서울 동부 지역 어디서나 보이는 제2 롯데월드가 눈에 거슬린다거나 흉측하다고 하는 분들이 적지 않습니다. 하지만 저는 이 말에 동의하지 못하겠습니다. 지금 불만을 품고 계신 분들도, 결국은 이 건물에 익숙해질 것이라 생각하고 말이죠. 건축가 황두진 선생이 말했듯이, 결국 건물은 사람을 적응시키는 법입니다. 말도 많고 탈도 많은 서울시청 신청사도 그랬지요.

황두진 선생은, 자신과 함께 사대문 안에 놀던 친구들이 언젠가부터 여의도·압구정동·대치동같이 〈이름도 이상한 곳들〉로 떠나기 시작했다고 회상합니다. 저는 황두진 선생의 그 친구들이 이사 왔을 강남에서 탄천을 건너 자리한 〈땅끝〉 잠실에서 초등학교 시절을 보냈습니다. 그 당시, 잠실의 제 친구들 역시 개포동·고덕동·가락동 같은 낯선 이름의 지역으로 이사 갔습니다.

1980년대 초에 친구들이 떠나갔던 개포동 개포 주공 1단지에 제가 처음으로 간 것은, 일본 유학을 마친 뒤인 2012년이었습니다. 그곳에는 한때 강남 전역에 퍼져 있던 배밭이 여전히 약간 남아 있었습니다. 개포 주공 1단지 옆 분당선 구룡역 5번 출구 옆에도 배밭이 있었습니다. 그 바로 옆 달터 공원 속에 자리한 달터 마을의 주민이 운영하던 것으로 보인 배밭과 배즙 판매소는, 제가 개포동을 떠나던 2013년 여름까지는 영업을 하고 있는 듯했습니다.

제가 개포동을 떠난 뒤, 어느새 배밭이 없어지고 2017년 현재는 공원으로 바뀌어 있었습니다. 구룡역을 오갈 때마다 배밭을 보면서 〈여전히 개포동에 배밭이 남아 있구나〉 하면서 신기해하기만 했지, 미처 사진 찍을 생각을 못 한 것이 통탄스럽습니다. 늘상 드나들면서 너무나도 당연하게 보던 광경이어서 방심했다가, 이번에 책을 쓰려고 찾아가 보니 이미 없어져 버렸더군요. 카카오맵 로드맵에는 이 배밭과 배즙 판매소 사진이 찍혀 있어서, 21세기에도 개포동에 배밭이 있었다는 사실을 증언하고 있습니다. 참고로, 강남 개발 직전 압구정 지역도 배밭으로 유명했습니다. 잠원동은 단무지, 도곡동은 미나리가 특산이었고요.

마지막으로, 2004년 9월에 잠실을 답사했을 때 촬영한, 옛 잠실 시영 아파트의 철거 당시 사진을 소개합니다. 잠실 주공 아파트와 함께 잠실 개발 초기에 지어진 유명한 대단위 아파트 단지였지요. 예전에 이곳에 사셨던 분들을 잠시 추억과 회한에 잠기게 해드릴 수 있는 사진을 제가 찍었기를 바랍니다.

(위) 탄천 삼성교 위에서 바라본 잠실. 빗속으로
올림픽 주경기장과 제2 롯데월드가 보입니다.
2017년 7월.

(아래) 서울시청 구청사와 신청사. 2014년 4월.

서울시 안에서 배 농사로 유명한 곳으로는 개포동
말고 서울 동북쪽 봉화산 일대를 들 수 있습니다.
서울 지하철 7호선 먹골역에도 들어가 있는
〈먹골〉이라는 이름이 붙은 먹골배는 잘 알려져
있지요. 노원구 하계동의 한글고비 옆에는 여전히
배밭이 있고, 먹골배 배즙 판매소가 영업을 하고
있습니다. 하계동의 고층 아파트 단지 옆에 배밭이
있는 풍경은, 서울이 농업 도시이기도 하다는
사실을 잘 보여 줍니다. 2017년 11월.

(위) 철거 중인 옛 잠실 시영 아파트에서 잠실 새내역 건너편 장미 2차 아파트 29동을 바라본 광경. 2004년 9월.

(아래) 잠실 파크리오 아파트에서 잠실 새내역 건너편 장미 2차 아파트 29동을 바라본 광경. 2017년 10월.

2
부천시 소사

경인(京仁)의 한가운데

1982년에 잠실 주공 1단지로 이사 오기 전에는 부천 소사 지역에 살았습니다. 그때의 기억은 희미하지만, 소사 유치원에 다녔던 기억은 뚜렷합니다. 네이버지도를 검색하니 지금도 소사 유치원이 있더군요. 거리뷰로 그곳의 모습을 봤지만, 제가 다녔던 시절의 모습은 기억나지 않았습니다. 하지만 아직도 그때 불렀던 소사 유치원 노래는 기억하고 있습니다. 〈소사 유치원, 소사 유치원, 착하고 귀여운 아이들의 꽃동산.〉

저희 부모님은 서울 서남쪽 근처의 부천에서 살다가, 저와 동생을 서울시 권역에서 공부하게 하려고 서울 동쪽 끝 잠실로 이사한 것으로 짐작됩니다. 부천은 인천과 서울 서남부를 이어 주는 중간 지점이고, 정치·경제·문화적으로는 서울의 일부로 생각해도 좋을 터입니다. 2013년 하반기부터 관악구에 살게 되면서, 동작구에서 관악구, 구로구, 영등포구, 금천구, 부천시, 부평구, 시흥시 그리고 인천에 이르는 지역들이 단절 없이 하나로 연결되어 있음을 체감하고 있습니다. 동작구 보라매 공원 상공에서 찍은 항공 사진을 보면, 서남쪽으로 탁 트인 공간이 펼쳐지고 있음을 눈으로 확인할 수 있습니다. 이 지역은 이미 식민지 시대부터 〈경인〉, 즉 경성과 인천 지역으로서 묶여서 함께 개발되었기 때문에, 서울의 다른 경계 지역에는 빠짐없이 설정되어 있는 그린 벨트를 이곳에 설치하기에는 이미 너무 늦었던 것이지요. 〈경인〉이라는 말은 요즘 식으로 바꾸면 〈수도권〉이라 하겠습니다.

식민지 시대 말기가 되면 경성에서 영등포, 부평, 인천까지가 〈경인〉이라는 이름의 수도권이 되었습니다. 노태우 정권이 200만 호 건설을 추진하면서 일산, 평촌, 분당 등이 1980년 후반에 수도권에 새로이 들어왔습니다. 그리고 2011년에 개정된 〈수도권 정비 계획 시행령〉에서는 수도권이 인천과 경기도 전체를 포함하는 개념으로 정의됩니다. 이렇게 해서 법적으로는 경기도 전체가 수도권이 되었습니다. 하지만 인간의 감각은 정치적인 개념 규정보다 한 발씩 늦는 법입니다. 강원도에 가까운 경기도 양평이나, 자체적인 생활권을 이루고 있는 경기도 수원, 안산, 화성, 안성, 평택 등까지 수도권, 즉 〈대서울〉로 인식되기까지는 좀 더 시간이 필요할 것 같습니다.

한편, 서울시와 주변 도시들을 포괄하는 〈대서울〉은 여러 권역으로 나눠집니다. 〈대서울〉의 여러 권역 가운데 저는 서울 동남부 지역에 가장 친근감을 느끼며 살아왔습니다. 서울 서북부, 서남부, 동북부 지역에서도 모두 살아 봤지만, 이들 지역에 대해서는 여전히 낯선 느낌을 완전히 지우지는 못했습니다. 아무래도 저의 근원적인 기억이 만들어진 초등학교, 중학교, 고등학교 시절을 보낸 잠실·반포 지역에 대한 친근감이 크다 보니까 그런 것 같습니다. 앞에서도 소개했습니다만, 어떤 대학 후배는, 자기는 서울 동북쪽에 자리한 고려 대학교에 입학할 때까지 한강을 건너 북쪽으로 와 본 적이 한 번도 없다고 말합니다. 또 영등포에서 만났던 어떤 사람은 서울 서남부 바깥으로 나간 적이 없다고 말했습니다. 이런 자연스러운 영역 의식이 서울 시민들 각각에게 존재하는 것 같습니다. 여러분에게 가장 친근한 서울은 어디입니까?

지하철 2호선 낙성대역의 이름을
강감찬장군역으로 바꾸자는 주장을 담은
낙성대역 근처의 현수막. 강감찬 장군을 모시는
사당인 안국사가 건립된 것은 1973~1974년이고,
1983년에 개통된 낙성대역의 지하 공간에서도
강감찬 장군의 일대기가 상세히 설명되고
있습니다. 한국의 다른 지역에서는 그 흔적조차
희미한 고려 시대의 기억이 서울 서남부에서 이런
방식으로 남아 있고 재창조되고 있다는 사실에
감탄합니다. 2013년 9월.

러시아어를 독학하던 여성 노동자들

부천 이야기로 돌아가면, 2017년에 번역 출판된 『여공문학』이라는 책에서 뜻밖에도 어릴 적 부천의 모습을 만났습니다. 현대 한국 문학을 연구하는 오스트레일리아 연구자 루스 배러클러프 선생이 이 책의 저자입니다. 그는 10대 때 부천의 공업 단지를 방문했다가, 자신과 같은 나이의 여공들이 글을 쓰고 싶어서 시와 소설을 낭송하고 러시아어를 독학해서 러시아 소설을 읽는 모습을 보게 됩니다.

〈부천에서 나는 내 또래의 10대 여공들을 만났는데, 그들은 언젠가는 책을 쓰고 싶어 했다. 그들은 야심이 있었고 독학한 러시아어로 러시아 대가들의 책을 읽고 있었다. 하루는 노동자 작가들이 자신들이 쓴 시와 소설을 낭송하는 야외 모임에 참석해, 부천의《프롤레타리아의 밤》이라고 할 만한 저녁을 보내기도 했다. 문학과 작가에 대한 그들의 열정은 내게 너무나 인상적이었다.〉

이윽고 그들은 〈여공문학〉, 즉 여성 공장 노동자의 문학이라는 장르를 만들어 냈고, 그 장르의 마지막에 신경숙 작가의 소설 『외딴방』이 자리합니다. 『외딴방』이 그리고 있는 서울 서남부 지역의 풍경에 대해서는 이 책의 제3장에서 찬찬히 살펴볼 생각입니다.

부천 소사의 종교 집단과 쓰레기 고고학

한편, 유치원 때는 당연히 몰랐던 사실이지만, 부천 소사 지역에는 현대 한국의 한 시기를 풍미한 종교 집단의 집단 거주 지역이 자리하고 있습니다. 지금도 전국 각지에 자리한 이 종파의 종교 시설 꼭대기에 십자가 대신 세워져 있는 비둘기와 올리브 마크는 현대 한국의 풍경을 이루는 중요한 요소 가운데 하나였습니다.

종교학자 최중현 선생에 따르면 소사 지역에 이 종교 집단의 집단 거주 지역이 만들어지게 된 것은 1957년 9월 1일이었습니다. 〈바깥 사회의 영향이 극소화된 일종의 격리된 공간〉을 만들기 위해서 주변에 사람이 거의 살지 않는 이곳이 선택되었다고 합니다. 1965년에 〈쓰레기 고고학〉이라는 고고학의 새로운 연구 방법을 이 집단 거주 지역에서 적용해 보려고 이곳을 방문한 고고학자 조유전 선생의 증언에서도, 당시 부천 소사가 서울의 〈땅끝〉이었음을 상상할 수 있습니다.

〈그곳에 가려면 아침 8시 30분 서울역에서 출발하는 기차로 소사역에서 내려 비포장도로를 따라 40~50분쯤 걸으면 마을에 도착하게 되는데 서울역에서 현장까지는 꼭 1시간 30분이 걸렸다.〉

사방에 조성된 고층 아파트 단지가 이 종교 집단의 성스러운 영역인 할미산과 주변의 집단 거주 지역을 포위하고 있는 지금으로서는 상상하기 어려운 〈땅끝〉의 풍경입니다.

참고로 쓰레기 고고학이란, 〈현대를 선사 시대로 가정하고 후세 사람들에게 발견되었을 때 쓰레기장을 발굴하고 과연 어떠한 결과에 도달할까, 즉 현재의 고고학자들이 선사 시대 주민의 오물 처리장인 쓰레기장을 발굴하여 내리는 결론을 과연 믿을 수 있는가, 그렇다면 신뢰도는 얼마나 될까 등의 현대 고고학 발굴 및 그 연구법에 대한 의문을 거꾸로 풀어 보자는〉 목적으로 고안된 방법입니다. 이곳 소사의 집단 거주 지역을 대상으로 해서 쓰레기 고고학의 방법론으로 이루어진 발굴 결과는 세계 학계에 보고되어 큰 반향을 얻기도 했습니다.

이 종교 집단은 부천 소사를 시작으로 경기도 남양주시 덕소와 부산시 기장군에도 마찬가지 성격의 집단 거주 지역을 마련했습니다. 이들은 공업 발전에 힘을 기울여서, 한때 박정희 대통령도 주목할 정도의 성장세를 보였습니다.

이들이 처음에 소사에 집단 거주 지역을 마련한 것은 종교적인 이

(위) 십자가 대신 비둘기와 올리브 마크가
인상적인 노량진의 종교 시설. 2017년 10월.

(아래) 부천 소사 집단 종교 거주 지역에 자리한
점집. 여러 종파의 종교 시설들이 혼재되어 있는
모습에서, 이곳의 현재를 엿볼 수 있습니다.
2017년 10월.

(위) 시온 고등학교와 시온 사거리. 2017년 10월.　　　(아래) 부천 소사 집단 종교 거주 지역의 현재 풍경. 2017년 10월.

유에서였습니다. 그렇기 때문에 이 종파가 운영하는 공장이 번창하게 되자, 공업 발전에 필요한 철도, 공업용수, 전력, 공장 부지 등에서 부족함이 드러났습니다. 그래서 대규모 공장 건설을 할 수 있는 덕소 지역에 새로운 집단 거주 지역을 마련한 것으로 추측됩니다. 그 결과, 1965년에 이화 여자 대학교 지리 전공 학생들이 부천 소사 지역을 조사할 당시에는, 이미 집단 거주 지역에 사는 인구가 줄기 시작한 상태였다고 합니다.

그 후 소사의 이 집단 거주 지역은 대부분 매각되어 아파트 단지로 재개발되었습니다. 하지만 지난 2017년 10월에 이곳을 답사했을 때까지도, 시온 고등학교·시온 사거리처럼 이 종교 집단의 특징적인 지명들과 함께, 한때 전국적으로 명성을 떨친 그들의 세력을 느낄 수 있었습니다.

이번에 이 책을 쓰기 위해서 이 지역을 방문해 보니, 제가 유치원 때 살던 소사 지역과 매우 가까운 곳에 있더군요. 저는 20대 때부터 이 종교 집단의 역사와 활동에 관심을 가져 왔습니다. 이 집단의 기념비적인 공간이 저의 어릴 적 기억의 장소와 이렇게 가까이 있었는데도 몰랐구나 하는 탄식을 했더랍니다. 유치원 때이니 당연한 일이긴 합니다.

경인선 역곡역 남쪽 출구에서 55-1번 버스를 타고 종점 시온 고등학교에 내리면 바로 이 종교 집단의 성지인 할미산의 종교 시설로 올라가는 언덕길이 나옵니다. 버스 기사분이 종점인 시온 고등학교 정거장까지 〈찐〉하게 뽕짝을 틀고 가시던 것이 참 인상적이었습니다. 할미산 동쪽으로 펼쳐진 옛 집단 거주 지역에는 이제 크리스트교의 종교 건물 및 점집이 여럿 들어서 있어서, 이제 이곳에 이 종파의 신도들만 거주하고 계신 것은 아님을 짐작케 했습니다.

3
안양시 평촌

부천에서 살다가 잠실 주공 1단지로 이사한 것은 1982년이었습니다. 1985년에는 잠실 주공 4단지로 이사했습니다. 어느 때인가 서울의 아침 기온이 영하 20도 가까이까지 떨어져서, 잠실 주공 4단지 옆 석촌 호수 표면이 모두 얼어붙었습니다. 새벽에 아버지와 함께 얼어붙은 석촌 호숫가를 걸으며, 순두부를 사 먹었던 기억이 납니다.

그러다가, 아버지가 하던 사업이 어려워졌던 것 같습니다. 정확한 전후 사정은 굳이 확인하지 않았지만, 서울 외곽 그린벨트 지역의 아버지가 경영하던 작은 공장을 찾아간 기억이 있고, 그 뒤에 빚쟁이들이 잠실 주공 4단지의 저희 집 앞까지 쳐들어온 것을 보면, 아버지가 사업에 실패했던 게 아닐까 생각합니다. 어머니, 동생과 함께 아파트 앞 놀이터 그네에 앉아서 그 모습을 지켜보았습니다.

그 후, 아직 재개발이 진행되지 않은 상태였던 안양시 평촌의 연립 주택으로 이사했습니다. 지금은 흥안 대로라고 불리는 길을 당시에는 산업 도로라고 불렀습니다. 산업 도로에서 연립 주택까지 걸어오는 오솔길에는 가로등이 하나도 없었고, 길가에는 임자 없는 무덤이 여럿 있었습니다. 저희 집에서 조금 더 들어가면 있는 비닐하우스에는 제 친구가 할아버지와 둘이서 살고 있었습니다. 배고플 때 딸기 치약을 먹으면

맛있다는 그 친구의 말이 지금까지 잊혀지지 않습니다. 당시는 그 말이
무엇을 뜻하는지 몰랐습니다.

5학년으로 전학 간 안양 남초등학교에서는 〈다가오는 이천 년의
새날이 오면〉으로 시작하는 경기도민의 노래를 배웠습니다. 경기도에
서는 도민의 노래를 배운다는 사실을 알고, 서울에서 막 전학 간 저는
큰 충격을 받았습니다. 〈서울에서는 서울 시민의 노래 같은 걸 배우지
않는데, 왜 경기도에서는 경기도민의 노래를 배울까?〉 서울과 서울 주
변 지역은 왜 이렇게 다른가. 이런 고민을 처음으로 하게 되었습니다.
하기는, 서울 시민들은 「럭키 서울」이니 「서울의 찬가」니 「아 대한민
국」이니 「비 내리는 영동교」 같은 노래를 서울 시민의 노래 대신 부르
고는 하지요.

제가 1년 동안 살던 평촌은 물론 안양시에 속하기는 했지만, 당시
저는 안양의 명물인 안양 유원지, 안양풀, 만안교에는 가지 않았습니
다. 그것보다는 저희 집에서 북쪽에 있는 인덕원 사거리에서 식사를 하
고 과천의 서울 대공원에서 종종 놀았습니다. 평촌은 안양에 속해 있으
면서도 남쪽의 안양 지역보다는 북쪽의 인덕원·과천 지역과 더 밀접하
다는 느낌을 그때 받았습니다.

제가 평촌에 살던 당시에는 집 근처에 중국집이 없었고, 산업 도
로 건너 군부대 옆에 있는 불닭집이 외식할 수 있는 유일한 식당이었
습니다. 어느 때인가, 과천에 나가서 몇 개월 만에 짜장면을 먹고 기뻐
했던 기억이 납니다. 참고로, 제가 태어나서 처음으로 먹은 짜장면은
1982년에 잠일 초등학교에 입학하고 나서 잠실 주공 1단지 상가에서
입학 기념으로 먹은 400원짜리였습니다.

과천·안양·군포 일대는 밤나무 숲으로 유명해서, 과천의 여덟 가
지 좋은 풍경 가운데 갈현 마을의 밤나무 숲(葛峴栗林)이 들어갔다고

합니다. 1926년에 경성에서 출판된 오키 하루조의 『취미의 조선 여행 (趣味の朝鮮の旅)』이라는 책에는 이 지역을 설명하면서 밤나무 숲을 그린 삽화를 싣고 있습니다. 확실히 밤나무가 안양의 명물이기는 했던 듯합니다만, 제가 이 지역에 살던 당시에 밤나무를 의식한 적은 없습니다.

(위) 제가 처음으로 짜장면이라는 한국인의 솔
푸드를 먹은 잠실 주공 1단지 상가의 재개발되기
전 모습입니다. 2004년 9월.

(아래) 『취미의 조선 여행』에 그려진 군포장
안양의 밤나무 숲.

4
방배동

당시 큰아버지는 방배동 함지박 사거리에서 세차장과 정비소를 소유하고 있었습니다. 카페 골목이 아직 조용하던 시절이었습니다. 아버지와 어머니도 이곳의 운영을 도왔습니다. 그래서 저는 평촌에 살던 1986년 여름 방학에 이곳으로 출근해서, 세차가 끝난 차의 내부를 세차하는 아르바이트를 했습니다.

하루에 500원인가 1천 원을 받아서, 아르바이트가 끝날 즈음에 방배동 동네 책방에서 『만화로 보는 유전 공학』과 길창덕 선생의 명작 만화 『꺼벙이』를 샀습니다. 『만화로 보는 유전 공학』의 내용은 당연히 하나도 이해하지 못했지요. 과학 입국을 주창한 제3 공화국 이래의 사회적 분위기에 어린아이가 편승한 것일 터입니다. 『꺼벙이』를 보면서는, 양옥 단독 주택이 가득한 마을의 골목에서 뛰어노는 주인공의 모습에 이질감을 느꼈습니다. 그때까지 제가 주로 살아온 공간은 아파트와 연립 주택이었기 때문이죠. 마찬가지의 이질감을 김수정 선생의 『아기 공룡 둘리』를 보면서도 느꼈습니다.

〈왜 나는 아파트에 사는데 만화 주인공들은 단독 주택에 사는 걸까?〉

한편, 이 시절에 저는 처음으로 〈기름밥〉을 먹었습니다. 세차장과

함지박 사거리의 주유소와 정비소. 2017년 10월.

카페 골목 초입. 2017년 10월.

정비소, 그 후 같은 자리에 들어선 함지박 사거리 대양 주유소에서 일하는 형들과 함께 아르바이트하고, 그들이 먹고 자는 방에서 자동차 부속을 가지고 놀거나 『선데이 서울』을 훔쳐보면서 그 분위기에 익숙해졌습니다. 이후 20대 초에 대구와 경산 사이에 자리한 차량 부대에서 군 생활을 하면서 다시 2년간 기름밥을 먹었습니다. 제가 지금도 정비소나 주유소 분위기에 친근감을 느끼는 것은 초등학교 4학년 때와 군 생활 때의 경험 덕분입니다. 물론, 현재 그 세계에서 일하시는 분들께는 제가 그저 〈글쟁이〉, 〈먹물〉로 보이겠습니다만.

5
신반포와 구반포

신반포 한신 2차 아파트와 구반포 주공 아파트

평촌에서 1986년을 지내고, 1987년에 신반포의 반원 초등학교에 6학년으로 전학 왔습니다. 이때부터 군에 입대한 1996년까지 10년간 신반포 한신 2차 아파트와 구반포 주공 아파트에서 초, 중, 고, 대학 시절을 보낸 덕에, 저는 이곳을 저의 고향으로 여기고 있습니다.

특히 구반포 주공 아파트에 대한 느낌이 좋았기에, 유학 떠나기 직전인 2006년과 이 책을 쓴 2017년의 두 차례에 걸쳐 이곳을 답사했습니다. 2006년에 방문했을 때에는 재개발을 둘러싼 집주인들 사이의 갈등이 첨예하던 때여서 사진을 찍는 게 조심스러웠습니다. 2017년에 방문했을 때에는 이미 재개발 사업 주체가 정해진 뒤여서, 편안한 마음으로 아파트 단지를 둘러볼 수 있었습니다. 구반포 주공 아파트가 세상에서 사라지기 전 모습을 마지막으로 본다는 심정으로 사진을 찍었습니다.

구반포 주공 아파트의 특징은, 녹지 공간이 넉넉하고 나무와 5층 아파트의 높이가 비슷해서 빛과 어둠의 콘트라스트가 아름답다는 것입니다. 오래된 아파트 단지를 방문해서 아파트와 나무 사이 오솔길을 걸을 때마다, 저는 르네 마그리트의 그림 「빛의 제국」을 떠올립니다. 제가 살던 21동 2층 창문 바로 바깥으로는 굵은 나무가 자라고 있었고, 아파트와 아파트 사이의 좁은 블록길에도 나무들이 곧게 뻗어 있었습니다. 이 아파트 사이의 오솔길과 나무들 사이를 걸으면서 서울이라는 도시에 대한 저의 탐험심은 점점 커졌고, 서울이라는 정글을 탐험할 방법을 구상했습니다.

반포의 상점가들

저의 반포 시절을 정신적으로 지배한 세 곳의 상점가가 있습니다. 첫 번째는 구반포 주공 아파트 단지 큰길가의 상가들입니다. 황두진 선생은 2017년에 출판한 저서 속에서 이 상가들을 가리켜 〈반포 주공 노선 상가 아파트〉라 부르고 있습니다. 그리고 이 노선 상가에 대한 반포 출신자들의 애정 어린 추억을 전하고 있습니다.

〈고등학교 시절 다녔던 상가 학원 방의 아늑했던 기억.〉
〈이곳에서 필요한 모든 것을 해결.〉
〈반포치킨은 인문학자들의 아지트.〉

제 경우는 21동 저희 집으로 들어가는 어귀에 있던 슈퍼마켓 동아상회가 2017년 현재까지도 마찬가지 모습으로 그 자리에 건재한 것이 기쁩니다. 상권이 급변하고 임대료가 빠르게 오르는 서울 한구석에 한 가게가 꿋꿋이 버티고 서 있는 모습을 보는 것은 감동적입니다. 버스 타고 구반포를 지나칠 때마다, 동아상회는 잘 있나 창밖을 바라보고는 합니다.

두 번째는 강남 고속터미널 경부선 구간 지하의 한가람문고, 한가람문구와 그 주변입니다. 고등학교 시절에 즐겨 찾던 한가람문고는

1990년대 초반에 폐업했고, 한가람문구는 지금까지 같은 자리에서 성업 중입니다. 지하 1층 한가람문고 앞에서 친구를 기다리거나 바로 옆의 오락실에서 게임을 하고 있을 때면, 경부선 지하상가 특유의 달짝지근한 공기가 느껴졌습니다.

한가람문고가 폐업한 뒤, 그 자리에는 패스트푸드 가게와 팬시 용품 가게가 차례로 들어섰습니다. 한가람문고 옆, 고속터미널역 2번·7번 출구 가는 길에는 예전부터 공중전화기만 죽 늘어서 있어서 휑한 느낌을 주었습니다. 그 통로의 휑한 느낌은 달짝지근한 냄새와 함께 고속터미널 경부선 구간 지하의 인상적인 분위기를 만들어 내고 있었습니다. 저와 친구들은 〈터미널 분위기〉라고 부르고는 했습니다. 저의 반포 생활 10년을 한마디로 정의하자면, 황량하면서도 달짝지근한 〈터미널 분위기〉에 휩싸여 있던 시기였다고 하겠습니다. 한가람문구와 오락실에서 놀다가 심심해지면, 고속터미널 옥상으로 올라가서 주변을 내려다보고는 했습니다.

세 번째는 고속터미널 앞의 큰길 건너 상가들입니다. 고등학교 때에는 이곳에 있던 학원에 다녔습니다. 이 상가들에는 프로테스탄트 계열의 서점들이 많이 입주해 있어서, 제가 아직 크리스트교를 믿던 고등학교 시절에는 이들 서점을 드나들면서 책을 샀습니다. 메소포타미아·이집트 지역의 고고학과 문학, 근대에 유럽에서 발전한 성경 문헌학, 신약 시대의 외경인 『도마 복음서』에 대한 책을 주로 구했습니다. 그 뒤에 개인적인 고민 끝에 프로테스탄트 신앙에서 벗어나서 지금은 무교가 되었지만, 그 시절에 얻은 지식과 방법론은 오늘날까지도 제가 동아시아 문헌학과 전쟁사를 연구하는 기반이 되어 주고 있습니다.

반포 시절에 저는 두 가지 큰 경험을 했습니다. 서울 시민, 아니 한국 시민이라면 누구나 충격을 받았을 1994년 10월 21일의 성수 대교

(위) 뉴코아 위에서 반원 초등학교 쪽을 바라본
모습. 제가 신반포에 살 당시에는 사진 오른쪽
절반이 모두 주차장이었습니다. 한동안 뉴코아는
넓은 주차장을 자사 홍보에 적극 활용했습니다.
제가 이곳을 떠난 뒤 킴스클럽이 주차장 한쪽에
들어섰고, 그 후로 지금처럼 각종 아파트와 체육
시설들이 들어섰습니다. 2017년 10월.

(아래) 신반포 한신 2차 아파트. 2017년 10월.

서울이라는 정글의 탐험을 시작한 구반포 주공
아파트의 블록길. 2017년 10월.

제가 기억하는 〈터미널 분위기〉의 핵심은,
공중전화기가 늘어서 있는 한가람문고의 바깥벽
통로의 황량하고 차가운 느낌입니다. 이 공간의
휑한 느낌은, 지하에서 빠져나가지 못한 공기의
달짝지근한 냄새와 함께 〈터미널 분위기〉의 핵심
요소였습니다. 2007년 4월에 이 공간을 답사했을
때에는 옛 한가람문고 바깥벽과 공중전화기
사이의 통로에 꽃집이 들어서 있었지만, 아직
예전의 〈터미널 분위기〉를 남기고 있었습니다.

2017년 10월에 다시 이곳을 찾아가 보니, 전화기 코너는 가게 공간의 일부에 포함되어 사라져 있었습니다. 이 공간을 놀려 둘 수 없다는 상업적 이유와 함께, 더 이상 공중전화기를 이렇게 여러 대 설치해 둘 필요가 없다는 시대적 변화에서 비롯된 것일 터입니다. 제가 초등학교 때부터 이 공간에서 느껴 온 〈터미널 분위기〉는 더 이상 존재하지 않습니다.

구반포 주공 아파트 단지 입구의 슈퍼마켓.
2006년 4월(위), 2017년 10월(아래).

(위) 강남 고속터미널 옥상. 2017년 10월.

(아래) 강남 고속터미널 옥상에서 내려다본
건너편의 상가와 아파트 단지. 2017년 10월.

붕괴 사고와 1995년 6월 29일 삼풍 백화점 붕괴 사고입니다. 삼풍 백화점은 제가 다니던 반포 고등학교 바로 옆에 있던 건물이고, 제가 아는 사람들과 그 가족들도 자주 이용하던 곳이었습니다. 그래서 가까운 사람들 가운데 피해자가 많았고, 그만큼 충격도 컸습니다. 성수 대교는 제가 구반포에서 고려 대학교로 통학할 때 타던 29번 시내버스가 통과하는 곳이었습니다. 사고가 난 아침에도 저는 29번 버스를 타고 성수 대교를 건너 학교를 갔습니다.

이번에 이 책을 쓰면서, 20년 전에 제 가까이에서 일어난 두 건의 사고를 추모하고자, 두 사고의 위령탑을 찾아 나섰습니다.

우선, 삼풍 백화점 위령탑은 양재 시민의 숲에 자리하고 있었습니다. 사고가 난 위치와는 무관한 곳이지요. 물론 그 남쪽으로는 행정 구역상 서울인 염곡동, 내곡동 등이 이어져 있습니다만, 양재 대로와 청계산을 바라보는 양재 시민의 숲은 서울의 남쪽 땅끝이라는 느낌이었습니다. 왜 서울시와 정부는 청계천 상인들도, 청계천 철거민들도, 그리고 삼풍 백화점 사고 희생자 위령탑도 모두 서울의 남쪽 끝으로 몰아 버린 걸까요. 위령탑 너머 남쪽을 바라보면서 화가 났습니다.

위령탑을 참배한 아침에는 마침 유가족 두 분이 계셨습니다. 위령탑 주변에는 추모의 뜻으로 꽃이 많이 놓여 있었는데, 그 한쪽에 붙어 있는 안내문의 내용이 또 한 번 저를 당황스럽게 했습니다.

〈왜!! 위령탑 앞에 있는 꽃을 가져가십니까? 자식을 가슴에 묻은 엄마의 마음으로 꽃을 해 놓는데 제발 부탁입니다. 꽃을 가지고 가지 마세요. 자꾸 이런 짓을 하면 당신 가정에 안 좋은 일만 생길 테니까 제발 부탁드립니다. 유족 어머니 마음.〉

다음으로 성수 대교 참사 희생자 위령탑.

각종 지도에는 이 위령탑이 서울숲 근처 강변북로 길가에 위치한 것으로 표시되어 있고, 서울숲에서 걸어갈 수 있는 것처럼 안내되고 있습니다. 1994년 10월 21일 아침 7시에 일어난 사고를 추도하기 위해, 하루 전날인 2017년 10월 20일에 서울숲으로 갔습니다. 네이버지도 애플리케이션의 도보 길 안내를 따라갔지요. 그런데, 막상 현지에 가보니 서울숲 안내판에도, 그 옆의 수도 박물관 안내판에도, 위령탑이 서 있는 자리는 그려져 있었지만 〈성수 대교 참사 희생자 위령탑〉이라는 글자는 적혀 있지 않았습니다.

사고 희생자의 유족분이 2014년 10월 22일 자 『한국일보』 인터뷰에서, 위령탑을 도보로는 접근할 수 없고 자동차를 타야만 접근이 가능하다는 사실을 비판하신 사실은 알고 있었습니다. 하지만 그로부터 3년이 지났으니, 이제는 걸어서도 갈 수 있는 길을 만들어 두지 않았을까 하는 생각에 확인해 보기로 한 것이었지요.

하지만 역시나, 위령탑은 여전히 걸어서 갈 수 없는 상태였습니다. 네이버지도에서 알려 준 대로 걸어갔더니 덤불숲이 나왔고, 그 숲을 헤치고 들어가니 철조망이 설치되어 있었습니다. 철조망 너머에는, 위령탑 근처에 마련된 주차장이 있었고 몇 대의 차량이 서 있었습니다. 사고가 난 것이 다음 날이니 아마도 추도를 위해 오신 유족분들도 계셨을 터이고, 이곳을 그저 한적한 갓길 주차장 정도로 여기고 잠시 쉬려는 운전자도 있었을 터입니다. 그 주차장으로 가기 위해서는 수도 박물관에서 강변북로로 진입하는 자동차 전용 도로를 타야 해서, 지하철과 버스를 이용해 서울을 걷는 저는 여기서 참배를 포기해야 합니다.

〈성수 대교 참사 희생자 위령탑〉에 관한 이 대목을, 저는 위령탑 참배에 실패한 2017년 10월 20일 오전에 강변북로 진입구 옆의 벤치에 앉아 쓰고 있습니다. 어쩌면 제가 희생자였을지도 모르는 사고의 희생자분들을 추모하기 위한 여정이 이렇게 허무하게 실패한 것을 잊지 않기 위해.

    물론, 삼풍 백화점 위령탑이 사고 현장과 무관한 양재 시민의 숲에 놓여진 것에 비하면, 성수 대교 북단에 성수 대교 참사 희생자 위령탑이 놓인 것은 잘한 일이라고 생각합니다. 그리고 자동차로는 접근이 가능하기 때문에, 위령탑의 접근성에 대해 너무 비판적으로는 보지 않으려 합니다. 다만, 서울이라는 도시가 얼마나 자가용 중심으로 돌아가는지, 그래서 버스와 지하철을 이용하는 저 같은 시민이 서울시에서 얼마나 소외되어 있는지를 다시 한번 확인했다는 말은 하고 싶습니다.

삼풍 백화점 위령탑. 2017년 10월.

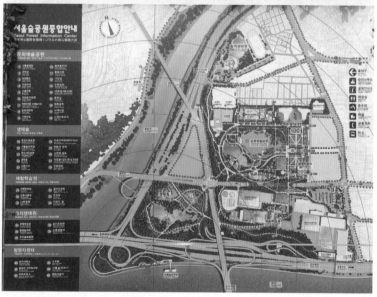

(위) 덤불과 철조망으로 가로막힌, 성수 대교 참사
희생자 위령탑 가는 길. 2017년 10월.

(아래) 서울숲 공원 종합 안내도. 성수 대교 참사
희생자 위령탑이 서 있는 공간은 안내도에 그려져
있지만, 그곳에 위령탑이 서 있다는 표시는 되어
있지 않습니다. 2017년 10월.

6
종로와 광화문

처음으로 한강을 건너다

제가 의식적으로 서울을 답사하기 시작한 것은 반포에 살던 때부터였습니다. 42번 좌석 버스를 타고 구반포에서 출발, 한강 건너 용산 미군 기지를 거쳐 남산 3호 터널을 통과해 종각에 도착, 종로서적과 교보문고에 들르는 것이 저의 첫 서울 답사였습니다. 나중에 외국인 친구가 서울에 오면, 42번 좌석 버스를 태우고 이 코스로 서울을 안내해 주면 좋겠다고 생각했습니다. 조선 시대의 구도심인 사대문 안 종로, 식민지 시대의 신도시인 명동, 일본군과 미군이 주둔한 서울 속의 외국 용산, 그리고 현대 한국 시대의 신도시인 강남을 모두 관통하는 42번 좌석 버스 노선이 〈대서울〉을 보여 주기에 알맞다고 생각했던 거죠. 42번 버스는 현재 서울 시내버스 406번이 되어 있습니다.

이즈음에 가수 정태춘, 박은옥의 유명한 노래 「92년 장마, 종로에서」를 알게 되었습니다. 이 노래의 가사는 서울 도심 집회에 참석한 사람의 눈으로 바라본 종로 거리의 모습을 담고 있을 터입니다. 하지만 저는 이 노래가, 바로 지금 내가 보고 있는 1990년대 초반 종로의 모습을 생생하게 담고 있어서 좋았습니다. 〈모두 우산을 쓰고 횡단보도를 지나는 사람들. 탑골공원 담장 기와도 흠씬 젖고. 고가 차도에 매달린

신호등 위에 비둘기 한 마리. 건너 빌딩의 웬디스 햄버거 간판을 읽고 있지.〉

가사 1절에 등장하는 웬디스 햄버거는 아니지만, 탑골공원 종로 2가 사거리에 지금도 있는 버거킹은 당시 저의 단골 가게였습니다. 버거킹 빌딩 창밖으로 내리는 장맛비를 보면서, 노래 가사처럼 서울이 장마권에 드는구나 하는 감회를 느꼈습니다. 그 종로 2가가, 제가 처음으로 의식적으로 답사한 서울이었습니다.

피맛골과 오방떡

그때 저의 종로 광화문 답사 코스는 종로서적, 영풍문고, 교보문고를 차례로 들르는 것이었습니다. 이 답사 코스는 종로 2가에서 종각 사이에 남아 있는 피맛골을 이리저리 통과하게 되어 있었습니다. 종로서적에서 나와서 그 뒤의 피맛길을 걷거나, YMCA 쪽으로 종로를 건너가서 그 뒤의 피맛길을 걸어 종각에 이르렀습니다. YMCA 뒤의 피맛길에서는 〈시골집〉이라는 개량 한옥 술집이 유명합니다. 종각부터 교보문고까지의 피맛길에는 〈열차집〉이라고 하는 유명한 빈대떡 집이 있었습니다. 이 구간의 피맛길이 재개발로 인해 간신히 흔적만 남은 뒤, 열차집은 종각역 서북쪽 제일은행 본점 뒤로 자리를 옮겨 지금도 영업을 하고 있습니다. 열차집 부근에 있던 청진옥도 근처로 옮겨서 여전히 영업을 하고 있고, 선술집 육미는 2013년 2월 17일의 방화로 불타 버렸습니다. 방화범은 〈지저분한 것들이 널린 곳을 보면 불을 질러 치워 버려야 한다는 의식의 소유자〉였다고 합니다. 현재 육미는 을지로입구 쪽으로 자리를 옮겨서 영업하고 있습니다.

종로서적에서 영풍문고를 거쳐 조계사로 가는 중간에는 오방떡을 파는 리어카가 세 개 있었습니다. IMF 사태를 전후해서 오방떡이 계란

빵으로 바뀌면서 가격이 올랐고, 그리고 나서는 리어카가 하나둘 사라졌습니다. 2017년 현재 종각역 근처 NH농협은행 종로 지점 근처에서 영업하고 있는 리어카 위치가, 제가 기억하는 세 곳의 오방떡 리어카 중 한 곳의 위치하고 거의 똑같습니다.

여담입니다만, 오방떡의 오방이란 말은 옛 일본의 금화 〈오반(大判)〉에서 왔습니다. 오방떡을 일본어로는 오반 모양으로 구웠다고 해서 오반야키, 또는 회전시키면서 구웠다고 해서 가이텐야키(回轉燒き)라고 합니다. 오반 모양으로 구운 과자라는 뜻이지요. 일본에서도 예전에는 한국의 오방떡 모양으로 길쭉하게 오반야키를 만들었지만, 요즘에는 대부분 정확한 원형으로 굽습니다. 이 형태의 오반야키를 한국의 백화점에서 판매할 때에도 가이텐야키라고 하더군요.

『동아일보』1999년 7월 1일 자 「길거리 간식도 패션만큼 유행 빨라요」라는 기사에는, 제가 기억하는 종로서적 앞의 오방떡 리어카가 등장합니다. 요즘에는 팥을 넣은 오방떡 대신에 계란을 넣은 〈계란 오방떡〉이 인기를 끈다는 소식을 전하고 있습니다. 팥이 들어 있지 않아서 살찔 걱정이 적고, 계란이 들어 있어서 값싸게 한 끼 식사를 때울 수 있어서 1999년 초까지 인기를 끌었다는 내용입니다. 1997년 12월의 IMF 사태 여파가 아직 사그라들지 않던 시절의 이야기입니다.

「92년 장마, 종로에서」의 1절에는 장맛비 내리는 종로 2가 사거리가 등장합니다. 2절에서는 장맛비가 개고 남산 타워에서 서울 서남쪽을 바라본 모습이 그려집니다. 〈비가 개이면, 서쪽 하늘부터 구름이 벗어지고, 파란 하늘이 열리면, 저 남산 타워 쯤에선 뭐든 다 보일 게야. 저 구로 공단과 봉천동 북편 산동네 길도.〉 1절에서 강북을 묘사한 정태춘 선생은, 2절에서는 멀리 한강 남쪽의 공단과 빈민촌을 바라봅니다. 하지만, 반포 시절의 저에게 구로 공단과 봉천동 북편 산동네 길은

종로 2가 탑골공원과 버거킹. 2017년 11월.

옛 종로서적 뒤에서 종각 사이에 남아 있던 피맛길.
2013년 10월.

종각 사거리로 옮겨 온 열차집. 2017년 11월.

2013년 2월 17일의 방화로 전소된 선술집 육미.
2013년 2월.

종각역 근처 리어카. 2017년 11월.

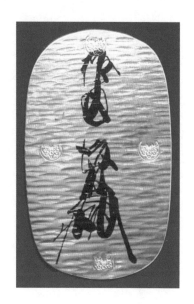

에도 시대의 오반 금화. 위키코먼스.

아직 미지의 영역이었습니다. 제가 구로 공단에 처음 발을 디딘 것은
2000년, 봉천동 빈민촌에 처음 간 것은 2013년이었습니다. 저는 아직
서울 답사의 초보자였습니다.

7
중계동

반포에 살던 저는 성북구 안암동과 노원구 중계동을 거쳐 일본 도쿄로 유학 갑니다. 성북구와 노원구에 살던 30대 전반기는 제 인생에서 한 치 앞도 보이지 않던 시기여서, 이들 동북 지역에 대해 그 어떤 특별한 감흥을 느낄 여유가 없었습니다.

다만, 노원구 중계동에 살면서 배운 것은, 이 지역이 강남이나 목동처럼 대규모 고층 아파트 단지 밀집 지역으로 변모하고는 있지만 곳곳의 공터에 빈민촌이 자리한 데에서 알 수 있듯이, 아직 개발이 다 끝나지는 않았다는 사실이었습니다. 아마 강남이나 목동 개발 시기에도 한동안 이런 풍경이 펼쳐졌겠구나 하는 상상을 했습니다. 또 하나는, 이곳에서 대중교통으로 서울 다른 지역에 가려면 최소한 한 시간 이상은 걸리기 때문에, 이곳이 서울 다른 지역으로부터 조금 외떨어져 있다는 사실을 체감했습니다. 앞에서 말씀드린 한글고비를 처음 답사한 것도 중계동에 살던 때였습니다.

8
고양시 일산

유학을 마친 뒤에는 고양 일산의 오피스텔에서 1년간 살았습니다. 일산에서는 바둑판 모양으로 조성된 오피스텔 지역에서 사는 경험을 처음으로 했습니다. 풍납 토성을 함께 답사한 게이오 대학 사사키 다카히로 선생님을 저희 집에 초대했을 때, 일산 신도시의 풍경이 대단히 이국적이라고 감탄하며 셔터를 누르던 모습에서 또 한 번 깨달은 바가 있었습니다. 일산·분당 같은 신도시의 풍경을 많은 한국 시민은 그냥 지나치지만. 외국인에게는 그 풍경이 한국적인 낯선 풍경으로 느껴질 수 있다는 사실을 말이지요. 저 역시도 유학을 마치고 나서, 전혀 특이하다고 생각한 적 없던 서울 곳곳의 적벽돌 주택들이 이루어 내는 골목길 풍경이 사실은 대단히 현대 한국적인 것이라는 사실을 깨달았습니다.

일산 신도시의 동남쪽 끝에 자리한 백석 지역 중에서도 개발 제한 구역이 바라보이는 끄트머리에 살면서 서울로 출퇴근하다 보니, 서울과 주변 지역의 베드타운 사이에서 그린벨트가 두 지역을 분명하게 나누고 있음을 눈으로 확인할 수 있었습니다. 백석역과 화정역 사이의 개발 제한 구역 한가운데 덜렁 서 있는 대곡역이 생뚱맞으면서도 인상에 깊게 남았습니다. 이에 대해서는 제4장에서 다시 말씀드리겠습니다.

밭 한가운데 자리한 지하철 3호선 대곡역.
2017년 10월.

9
개포동

언주로와 고산자로를 오가며 강남과 강북을 비교하다

일산에서 다시 이사한 곳은 개포동 주공 아파트와 시영 아파트였습니다. 잠실 주공 아파트와 반포 주공 아파트에 이어서 세 번째로 경험하는 5층짜리 주공 아파트 단지였습니다. 이들 아파트 단지는 재개발을 앞두고 있어서 건물이 거의 방치 상태였습니다. 장마 시즌이 되면 옥상에서 물이 새고 천장의 시멘트가 떨어져 나왔습니다. 이런 집에 아내를 살게 한 것이 미안했던 한편으로, 이곳에서 저희 부부의 딸 단비가 태어난 것은 그 무엇보다도 기쁜 일이었습니다.

개포동에서는 141번 버스를 타고 끝없이 북쪽으로 언주로를 달려 고려 대학교로 시간 강사 영업에 나섰습니다. 강남의 언주로와 강북의 고산자로를 매일 오고 가면서, 강남과 강북이 어떻게 다른지 관찰할 기회를 가졌습니다. 물론 다른 듯하지만 사실은 같은 부분도 있었습니다. 강남 쪽 언주로를 달리는 141번 버스 창밖으로는, 얼핏 보아서는 무슨 업종인지 알 수 없는 〈실험실〉 같은 단어를 걸어 둔 가게들이 지하 1층에서 영업하는 모습을 보았습니다. 강북 쪽 고산자로에서는, 〈체리〉니 〈하이크라스〉니 하는 이름의 가게들이 허름한 단층 건물 1층에서 맥주, 양주, 차, 음료를 판다는 간판을 보았습니다. 유흥 주점임을 알 수 없는 상호가 붙은 강남의 가게든, 20세기적인 감성을 느끼게 하는 상호의 강북 가게든, 결국은 같은 업종입니다. 강남과 강북을 잇는 언주로와 고산자로 길가에 자리한 동일 업종의 가게이면서, 한강의 남쪽과 북쪽에서 미묘하게 다른 모습으로 영업하는 것이 인상적이었습니다.

개포동의 빈민촌들

한편, 개포 주공 1단지 주변에는 네 곳의 빈민촌이 있었습니다. 양재천 근처의 재건 마을, 달터 근린공원 근처의 달터 마을, 이제는 철거가 완료된 수정 마을, 현재 철거 및 재개발이 진행되고 있는 구룡 마을입니다. 이 네 곳의 빈민촌 가운데 가장 유명한 것이 구룡 마을일 것입니다. 이곳의 재개발 방식을 두고 박원순 시장의 서울시와 신연희 구청장의 강남구가 몇 년 동안 대립하다가 2017년에야 최종적으로 개발 방식이 결론 났지요.

개포동에 살던 2013년 4월, 행정 업무 보러 주민 센터에 갔더니 강남구청장 명의로 제작된 「구민 여러분께 올리는 보고 말씀」이라는 팸플릿이 비치되어 있었습니다. 저는 제 이름의 주택을 가지고 있지도 않고, 하물며 구룡 마을에 위장 전입해서 땅투기할 만한 자산도 없는 사람입니다만, 당시 구룡 마을 개발 방식을 둘러싼 서울시와 강남구의 갈등이 언론 매체에서 자주 보도가 되길래 호기심에 한 장 챙겨 두었더랍니다.

저는 구룡 마을 개발을 둘러싼 갈등에 아무런 이해관계가 없기 때문에, 이 팸플릿에서 거론되는 법적인 문제들에 대해서도 아무 의견이 없습니다. 하지만, 팸플릿 속의 〈반세기 전에나 볼 수 있었던 대형(집단) 판자촌〉이라는 구절이 마음에 걸렸습니다.

빈민촌이라고도 불리는 판자촌은 2017년 현재도 서울 구석구석

(위) 고산자로 왕십리 교차로 지점의 유흥 주점 블록. 2012년 9월에는 모두 유흥업소로서 영업을 하고 있었습니다.

(아래) 2017년 11월 현재, 이 블록의 건물들은 이미 다른 업종으로 바뀌어 있거나, 간판만 남기고 폐업하여 업종 변경을 기다리고 있습니다. 이 지역의 변화는 느리지만 확실히 이루어지고 있습니다.

포이동 재건 마을. 정부는 1979년에 대통령령으로
부랑자·전쟁 고아·넝마주이 등을 모아서 〈자활
근로대〉를 조직했다가, 1981년에 이들을 열 곳에
분산 이주시켰습니다. 이 재건 마을도 그 가운데
하나입니다. 그렇게 강제 이주를 시켰던 정부는
1988년에 자활 근로대를 해체하고는, 이번에는
이들이 시유지를 무단 점거했다고 간주했습니다.
2013년 9월.

달터 마을. 2013년 9월.

(위) 수정 마을. 2013년 9월.   (아래) 구룡 마을. 2013년 9월.

에 존재합니다. 엄연히 존재하고 있는 공간을 〈반세기 전에나 볼 수 있었〉다고 두 번이나 강조하면, 그 공간에 살고 있는 사람은 투명 인간이란 말입니까? 강남구청장 명의의 이 호소문을 읽으면서 저는, 사람이란 소속된 계급이 다르고 사는 공간이 다르면 정말로 다른 사람이 눈에 들어오지 않는구나 하고 생각되어 새삼 착잡해졌더랍니다.

관악구로 이사를 가게 되어 마지막으로 개포동을 걷던 밤. 지인과 대치동에서 한잔하고 집까지 걸어왔습니다. 걷다가, 개포 주공 2단지 근처의 판자촌 달터 마을로 발길을 돌려서 그곳의 밤 풍경을 찍었습니다. 저는 수정 마을, 재건 마을, 구룡 마을, 달터 마을의 내부까지 들어가서 취재할 만한 기자 정신의 소유자가 아니고, 엄연히 사람들이 살고 있는 공간에 불쑥 들어가서 사진을 찍는 것은 인간으로서의 예의에도 어긋난다고 생각합니다. 그저, 최소한 수박 겉 핥기 정도라도 2013년 현재 이들 지역의 모습을 바깥에서 사진 찍어 기록으로 남기고 싶었습니다. 강남구민으로서의 마지막 날에 이렇게 우연히 근처를 지나갈 수 있어서 다행이었습니다. 머지않아 재개발될 개포동 구석구석을 마지막으로 걸어 볼 수 있는 기회가 주어진 것을 감사히 여깁니다.

무의미해서 아름다운 건물들

이 장을 끝내기 전에 마지막으로, 개포동에서 발견한 두 곳의 풍경에 대해 말씀드리겠습니다.

하나는 개포동 구룡 터널 근처 양재 대로 인도를 걷다가 발견한 비논리적인 건물 출입문들입니다. 처음에는 건물과 인도를 잇는 구름다리의 입구로서 설계되었겠지만, 아마도 법제상의 문제로 구름다리 설치가 불가능해지자 이대로 방치된 것 같습니다. 참으로 무의미하고, 무의미해서 아름답습니다. 이런 것을 토마손(トマソン, Hyperart Thomasson)이라고

합니다. 토마손은 일본에서 발견된 개념으로, 그것이 왜 거기 있어야 하는지 이유를 알 수 없거나 이미 그 이유가 사라져 버렸지만, 무의미하고 아름답게 부동산에 붙어 있는 것을 가리킵니다. 일본에서처럼 토마손이 취미의 영역에 머무르면 참 좋겠습니다만, 한국에서는 토마손이 비극적 사고로서 현실화되는 경우가 종종 있습니다. 상가 건물에서 비상구는 만들어 놓고 탈출 계단 등을 만들지 않아서, 출입문인 줄 알고 문을 열었다가 추락하는, 이른바 〈낭떠러지 비상문〉이 그것입니다. 낙성대에서 발견한 토마손도, 탈출 계단과 이어지는 출입문은 5~7층뿐이고 1~4층에는 탈출 계단이 설치되어 있지 않았습니다.

또 한 곳은 개포 주공 1단지 서남쪽 입구 부근의 세탁소입니다. 한 마을의 역사가 제법 되었음을 보여 주는 상징적 건물이나 공간은 여러 가지가 있겠습니다만, 저는 세탁소도 그런 공간의 하나라고 생각합니다. 지하철 2호선 서울대입구역과 낙성대역 사이의 골목도, 최근에 샤로수길이라는 이름으로 급속히 상업 공간이 되기 이전에는 주로 주거 공간이었습니다. 이 골목이 샤로수길이 되기 전에 주거 공간이었고, 여전히 주거 공간이 기능하고 있음을 보여 주는 세탁소가 샤로수길과 그 근처 길에 많이 남아 있습니다. 지난 2012년에 촬영한 개포 주공 1단지 서남쪽의 세탁소와 세탁소가 자리한 작은 마을이, 재건축 이후에도 살아남을지 주목하고 있습니다.

제가 40년간 살면서 답사한 서울에 대한 이야기는 여기서 마치겠습니다. 정말은 이 글을 쓰고 있는 관악구 낙성대에 대해서도 무언가 써야 하겠습니다만, 중계동 때와 마찬가지로 낙성대 생활에 대해서도 아직은 객관적인 입장에서 글을 쓰기가 어렵습니다. 다만, 이 책을 탈고한 뒤에도 저는 계속 서울 구석구석을 걷고 있고, 특히 관악구·동작구 등 지금 살고 있는 지역을 샅샅이 살피려 하고 있습니다. 그 과정에서 흥미로운 발견과 뜻깊은 깨달음도 많았습니다. 그 자세한 내용은 이 책의 후속 편에서 말씀드리도록 하겠습니다.

(위) 개포동 구룡 터널 근처의 토마손 건물 출입구.
2013년 4월.

(아래) 낙성대에서 발견한 토마손 외부 사다리.
2017년 9월.

개포 주공 1단지 서남쪽 입구에 자리한 세탁소.
2012년 9월.

제3장
서울 걷기 실전편:
청계천에서 시흥까지

앞 장에서는 저의 서울 답사 40년을 돌아보았습니다. 저는 우연히도 서울 사대문 밖과 서울 근교 지역의 동서남북에서 모두 살았기 때문에, 저의 40년 삶은 그 자체로 서울의 확장과 서울 시민의 탄생을 잘 보여 준다고 감히 생각합니다.

제3장에서는 사대문 안 청계천으로 갑니다. 그리고 청계천에서 남쪽으로 눈을 돌려서 남산, 용산, 영등포, 흑석동을 거쳐 목동과 시흥시, 가리봉과 시흥동, 성남으로 향합니다. 이 코스를 따라 걸으면, 조선 시대에 사대문 안팎의 좁은 범위에 존재했던 한양이 경성과 서울로 그 이름을 바꾸며 커져 간 모습을 생생하게 느낄 수 있습니다. 그렇게 해서 탄생한 도시가 바로 지금 우리가 살고 있는 21세기 서울입니다. 무릇 서울을 이야기하고 걷는다면, 지난 100여 년간 쉼 없이 커져 온 바로 이 서울을 이야기하고 걸어야 합니다. 서울을 이야기한다면서 19세기 사대문 안팎의 한양만 이야기하는 건, 어른이 되어 버린 사람의 어릴 적 이야기만 하는 것과 마찬가지입니다.

1
이제는 걸을 수 없는 답사 코스:
청계천

여기서는 더 이상 재현할 수 없는 답사 코스 두 가지를 소개합니다. 하나는 아직 복개되어 있던 상태의 청계천 지상을 걷는 코스고, 또 하나는 복개된 청계천 지하 공간을 걷는 코스입니다. 2002년에는 청계천 지하를 걸었고, 2003년에 청계천 위를 걸었습니다.

　청계천은 오늘날의 서울이 시작된 지점입니다. 청계천 남쪽에는 19세기 말에 일본인들의 신도시가 만들어졌고, 북쪽에서도 〈북촌〉의 원형이 만들어집니다. 1930년대 일본인이 청계천 북쪽으로 세력을 확대하려 하자 〈건축왕〉 정세권은 개량 한옥을 대량 보급해서 일본인 세력의 진출을 저지했습니다. 북촌 한옥은 조선 시대 양반들의 집이 아니라, 식민지 시대 중산층 조선인들의 〈마이 홈〉이었습니다. 이처럼 청계천을 둘러싸고 근대 경성이 그리고 현대 서울이 탄생한 것을 생각할 때, 서울 답사를 청계천에서 시작하는 것은 괜찮은 선택지일 터입니다.

2002년, 복개된 청계천 지하를 걷다

2002년 9월 17일 오후 2시부터 4시까지 청계천 복개 구간의 일부를 걸었습니다. 당시 이명박 시장의 공약에 따라 청계천 복개 구간 및 청계 고가를 걷어 내고 청계천을 복원하자는 움직임이 일고 있었습니다.

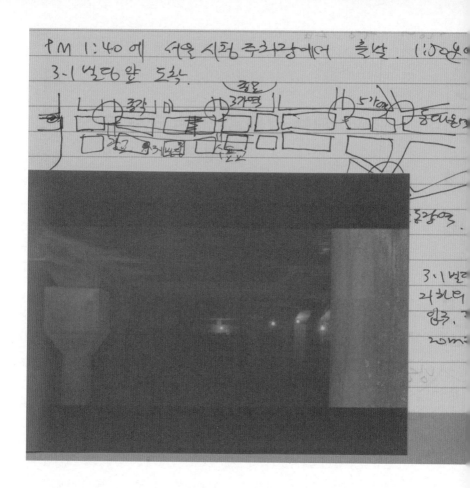

PM 1:40 에 서울 시청 주차장에서 출발. 1:50약
3·1 빌딩앞 도착.

[handwritten diagram with labels: 정문, 3층, 3가영, 5가에, 동대문?, 지하, 3개빌딩, 3장영, 3·1빌딩 라커더 입구, 20m]

청계 2가 삼일빌딩 지하를 찍은 사진과 메모.
2002년 9월.

당시 저는 청계천 복원 계획이 무산될 것으로 생각했습니다. 하지만 이런 기회가 아니면 청계천 복개 도로 지하의 공간을 실제로 볼 기회가 없을 것 같아서 서둘러 신청했습니다.

오후 1시 30분, 서울시청 본관 주차장에서 본인 확인 절차를 마친 뒤, 노란 봉투를 받고 버스에 올라탔습니다. 노란 봉투 안에는 청계천 복원 사업에 대한 설명, 설문지, 그리고 1900년경 서울의 옛 지도를 그려 넣은 손수건이 들어 있었습니다.

오후 1시 50분 경, 청계 고가 도로가 시작되는 삼일빌딩에 차를 세우고, 제가 포함된 제2조 30여 명이 차에서 내렸습니다. 횡단보도를 중간쯤 걷다가 청계 고가 도로를 지탱하는 기둥이 있는 곳으로 들어가자, 그곳으로부터 지하로 들어가는 입구가 만들어져 있었습니다. 서울시청에서 나누어 주는 헬멧과 마스크를 착용한 뒤, 지하 계단을 한 걸음씩 걸어 내려갔습니다.

안내하시는 분은 환경 역사 분야를 연구하는 분이었습니다. 연구소에서 근무하면서 일주일에 한 번씩 서울 역사 박물관에서 자원봉사로 안내를 하신다고 하더군요. 연구하는 사람은 자기가 연구하는 현장을 늘 가까이해야 하기 때문에 이런 자원봉사를 하신다는 것이었습니다. 연구자가 필드워크가 없으면 죽은 것이나 다름없다는 그분의 신념에 동의할 수 있었습니다. 제가 하는 문헌학 역시 실제 고서를 가까이해야만 의미 있는 성과를 낼 수 있으니까요.

안내자분은 지하로 들어가기 전에 겁을 많이 주셨습니다. 암모니아 냄새가 심하다고. 막상 지하 공간으로 들어가 보니 냄새는 그렇게 심하지 않았습니다만, 확실히 공기가 안 좋기는 했습니다. 오죽했으면 지하에서 지상으로 올라왔을 때 청계천 고가 도로 주변 공기가 시원하다고 느꼈겠습니까.

태어나서 처음으로 본 청계천. 침침하고 키 낮은 지하 공간 속으로 물 흐르는 소리가 들렸습니다. 청계천 투어를 위해 임시로 전등을 설치해 둔 듯했습니다. 불이 없는 곳 그러니까 일반인의 접근이 금지된 구간을 멀찍이 바라보니, 천장의 환풍구와 갈라진 틈으로 새어 들어오는 지상의 빛이 닿지 않는 곳은 완전한 어둠의 세계였습니다. 청계천은 그 폭이 20~80미터로 다양했습니다만, 처음 답사가 시작된 곳은 비교적 폭이 좁은 곳이었습니다.

간단히 청계천의 역사와 복개 상황을 안내받은 후, 삼일빌딩에서 서쪽 종각 방향으로 걸음을 옮겼습니다. 비가 온 뒤 며칠 지나지 않았기 때문에 바닥에는 뻘이 가득했습니다. 원래 인왕산에서 흘러 내려오는 물이 인왕산의 모래를 함께 쓸어 와서 청계천 바닥에 내려놓고 흘러간다고 합니다. 비에 젖지 않은 부분의 모래는 하얗고 깨끗해 보이더군요. 그렇지만 그 조금 더 아래 바닥에는 서울 강북 시내의 온갖 오니(汚泥)가 배어 있습니다.

남산의 물줄기가 청계천과 만나는 지점을 지나 서쪽으로 조금 더 걸으니, 더 이상 걸어갈 수 없는 곳이 나타났습니다. 광교가 놓여 있는 지점으로부터 약 10~15미터 떨어진 곳이었습니다. 그곳의 물은 제 키의 허리 정도까지 될 듯하더군요. 그리고 저편 어둠 속으로 희미하게 보이는 석조물들은 광교의 교각이었습니다. 처음에 이명박 시장과 함께 참관했던 기자들은 특수 장비를 갖추었기 때문에 그 오염된 물을 헤치고 광교를 촬영했을 터입니다. 당시 저는 평상복 차림이었기 때문에, 희미하고 하얀 광교 교각을 그저 멀리서 바라볼 수밖에 없었습니다.

광교 즈음에서 다시 처음 출발지로 돌아와서, 이번에는 동쪽 동대문 방향으로 걷기 시작했습니다. 처음에는 사각형 복개 도로 기둥만 보이다가, 조금 더 걸어가니 그것보다 좀 더 큰 기둥들이 한가운데로 늘어서 있었습니다. 청계 고가 도로를 받치고 있는 기둥들이었습니다. 청계천 8가 근처에는 이 기둥들 가운데 두 개가 남아 있어서 당시의 모습을 상상할 수 있습니다. 2002년 당시 이 기둥들 옆으로는 온갖 전선, 전화선, 케이블선이 주렁주렁 걸려 있었고, 바닥에는 상수도관을 보호하는 평평한 시멘트 구조물이, 커다란 기둥과 검은 청계천을 따라 어둠 속으로 향해 있었습니다. 그리고 군데군데 나 있는 바람구멍의 아래 바닥마다, 지상의 사람들이 버린 쓰레기가 널려 있었습니다. 그 손바닥만 한 구멍으로 잘도 쓰레기를 넣었다는 생각을 했습니다.

그렇게 약 400미터쯤 걸어가니, 갑자기 천장이 낮아지면서 아치 모양으로 둥글게 처리되어 있는 부분이 약 5미터 정도 이어져 있었습니다. 수표교 자리였습니다. 예전에 청계천 복개를 했던 분들이, 그곳이 수표교 자리였다는 것을 후세에 알리기 위해서 그런 모양으로 천장을 만들어 두었다고 합니다.

그 천장을 보면서 감동을 받았습니다. 일사천리로 진행된 청계천 복개 공사, 하지만 당시 서울 사람들은 그 과정에서 잃어버리게 될 옛 서울의 풍경을 아쉬워했던 것입니다. 수표교를 장충단 공원으로 옮겨 가면서, 적어도 이곳이 수표교 다리가 있었던 곳이라는 표시만은 해두어서, 당장은 기약이 없지만 언젠가 시대가 바뀌어 복개 도로를 걷어 내려고 할 때, 그리하여 수표교를 처음 있던 곳에 다시 옮겨 놓으려 할 때 위치를 알 수 있도록 해둔 것입니다.

익명의 노동자들이 청계천과 서울의 역사를 후세에 전하기 위해 이처럼 노력했음에도 불구하고, 여전히 수표교가 장충단에서 청계천으로 돌아오지 못하고, 이렇게 수표교 자리를 청계천 지하에 표시해 두었다는 사실조차 잊혀 버린 것은 씁쓸한 일입니다.

수표교 자리를 지나 조금 더 걸어가자, 더 이상 일반인이 접근할

(위) 남산에서 흘러온 물줄기가 청계천과
합류하는 지점. 2002년 9월.

(아래) 청계 고가 도로를 받치던 기둥. 2017년
11월.

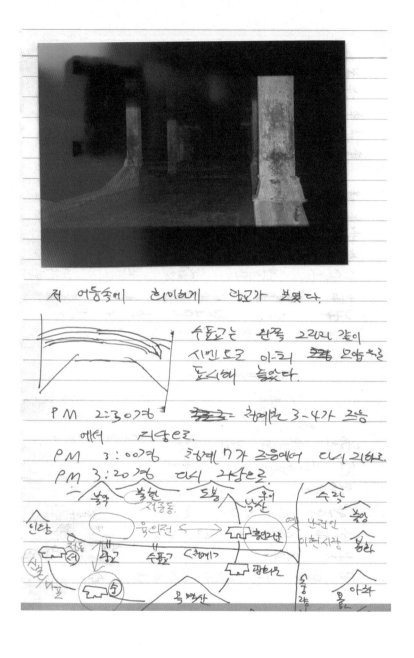

광교 사진, 그리고 청계천을 복개하던 당시의
작업자들이 수표교 자리를 시멘트로 표시해 둔
부분을 스케치한 것. 2002년 9월.

수 없는 곳이 나타났습니다. 물이 깊어진 거죠. 그래서 거기서 계단을 올라 지상으로 나와서, 버스를 타고 동쪽 청계천 7가 부근으로 이동했습니다. 그곳은 동대문 상가 중 소방 도구 및 여러 공구를 파는 곳이었습니다. 거기서 다시 헬멧을 쓰고 지하로 내려갔습니다. 암모니아 냄새에 익숙해졌기 때문에 마스크는 쓰지 않았습니다. 암모니아 냄새를 맡으면 머리가 맑아진다는 안내자분의 말씀도 있었기에.

이번에 내려간 지하는 폭이 약 70~80미터 되는 넓은 부분이었습니다. 거대한 건물 내부를 연상시키더군요. 그 부분은 민간인이 접근할 수 있는 곳 중 가장 복개 구조물의 부식이 심한 곳이라고 했습니다. 과연 복개 도로 바닥 또는 지지 기둥 여기저기서 시멘트가 떨어져 나가 있었고, 그러한 부분들을 시멘트로 땜질해 놓거나 H빔을 박아서 지지해 두고 있었습니다.

약 20미터쯤 갔을 때, 다시 깊은 부분이 나왔습니다. 바닥의 뻘에는 여러 건설 기계들이 오고 간 바퀴 흔적이 있었습니다. 마장동 부분의 복개가 끝나는 지점, 즉 청계천과 중랑천이 만나는 지점의 복개 구간 입구로부터 여기까지 들어와 복개 보수 공사를 정기적으로 한 흔적입니다. 그곳에는 H빔이 두 개 세워져 있었고, 두 개의 빔 사이에는 매우 부식이 심한 복개 지지 기둥이 서 있었습니다. 그 모습을 잠시 보고, 지상으로 올라왔습니다. 청계천의 바람이 매우 시원했습니다.

지하로 들어가기 10분 전까지도 저는 매우 현실론적인 주장을 하고 있었습니다. 즉, 〈복원은 언젠가 해야 하지만, 지금은 교통이나 상권, 자금 문제로 인해 어렵다. 나중에 한국의 수도가 서울에서 다른 곳으로 옮겨진 뒤에나 가능하지 않겠는가〉 하는 입장이었죠. 답사를 끝낸 뒤에도 기본적인 입장은 변하지 않았지만, 청계천 복원에 대한 좀 더 구체적이고 사실적인 느낌을 받을 수 있었습니다. 이명박 시장, 또는 그

다음 시장 정도까지 시간적 여유를 두고 충분한 검토를 해서 복원하는 것은 가능하겠다고 생각하게 되었습니다. 그러나 그러한 충분한 시간이 주어지지 않은 채 청계천은 이명박 시장의 임기 중에 복원되었습니다.

그로부터 10여 년이 지난 지금 생각해 보면, 청계천 복원은 큰 틀에서는 잘한 일이었다고 생각합니다. 복원된 뒤로 10여 년의 시간이 흐르면서, 복원 초기의 어수선함은 많이 사라졌습니다. 이제는 복원하기 전의 청계천을 상상하는 것이 어려울 정도로, 청계천은 서울의 일부로서 정착했습니다.

다만, 복원하는 중에 확인된 1,400여 개 이상의 옛 석재가 문화재로서 인정받지 못하고 청계천 동쪽 끝의 중랑 물재생센터에 방치되다시피 한 등의 일은 계속해서 저의 마음을 불편하게 했습니다. 이명박 시장 때인 2006년에 출판된 청계천 복원 보고서 『청계천 — 인간을 위한 도시로 가는 길』을 보면, 이들 석재에 대해서는 가급적 언급하고 싶어 하지 않는 분위기를 읽을 수 있습니다. 〈청계천 주변에서 수습된 유물들은 기대만큼 많지 않았다. 문화재 관련 법에 따라 지표 조사와 시굴 조사, 발굴 조사를 실시했지만 수습된 유물들은 석축의 흔적과 하랑교·효경교 등 옛 다리의 흔적과 깨어진 사금파리 등이었다.〉

뒤에서 다시 언급하겠습니다만, 이 2006년 보고서는 수표교에 대해서도 전혀 언급하고 있지 않습니다. 청계천 복원을 둘러싸고 어떤 점들이 문제가 되었는지를 언급하고 있지 않은 이 보고서는, 이처럼 특정 문제들에 대해 침묵을 지키고 있기 때문에 읽는 이로 하여금 오히려 그 문제들에 더욱 주목하게 만듭니다.

2003년, 복개된 청계천 위를 걷다

2003년 6월 15일에는 복개된 상태의 청계천 지상을 답사했습니다. 청계천 지하를 서쪽에서 동쪽으로 걸었기에, 청계천 지상은 동쪽 중랑천 부근에서 시작해서 서쪽으로 청계 고가 도로가 끝나는 지점까지 걷기로 했습니다.

이날 답사에는 도시 답사가인 이승연 군이 동행했습니다. 고등학교 동기인 이승연 군과는 2000년 즈음부터 이런 식으로 한국·일본을 답사하고 있습니다. 그중 특히 기억에 남는 것은 2004년 1월 4일의 수인선 수원-안산 구간, 4월 1일의 경의선 지선 용산선 용산-가좌 구간, 5월 20일의 교외선 대곡-벽제 구간을 걸은 것입니다. 저는 이 친구에게서 답사하는 방법을 배웠습니다.

이날 답사는 서울 지하철 2호선 지선의 신답역과 용답역 사이에 자리한 답십리동 태양 아파트 삼거리에서 시작했습니다. 청계천 복개가 이쯤에서 끝나 있었습니다. 삼거리에서 고산자교를 건너면 그곳은 마장 축산물 시장이었습니다.

최순영이라는 여성 노동자가 계십니다. 현대 한국 노동 운동과 사회 운동의 역사에서 중요한 위치를 차지하고 있는 분입니다. 1960~1970년대에 지방에서 올라온 최순영 선생이 서울에서 처음 잡은 숙소와 처음 일하게 된 공장도 마장동 이 부근이었을 터입니다. 그는 영화 속에서 그려지는 이상적인 모습의 서울과는 너무나도 다른 청계천 부근의 모습을 보고는 충격을 받았다고 합니다.

「마장동에 딱 내렸는데, 하 그때만 해도 제가 70년도에 올라왔는데, 마장동에 왔는데 이건 뭐 서울이 영화에서 보던 서울이 아닌 거예요. 그 마장동이 막, 공장으로 데려가는데 저녁 때 뚝방을 걸어서, 걸어서 가는데 아 건물이 막 뭐 아주 이렇게 그 뭐 상상해 보세요. 그때 그 청계천의 뚝방에 이런 건물, 공장에 들어갔는데 방이라고 정말 몇 평 안 되는데 거기에서 열다섯 명이 산다는 거예요.」

그가 회고하는 청계천 동쪽 끄트머리의 옛 모습을 상상하려면, 마 장동의 청계천변에 자리한 청계천 박물관 앞에 서 보면 됩니다. 청계 천 복원이 끝나고 청계천변은 시시각각 개발되고 있습니다. 하지만 2017~2018년 현재까지는 복원 이전의 풍경을 상상할 수 있을 정도의 옛 풍경이 남아 있습니다.

청계 9가 사거리에서 서북쪽으로 10분 정도 걸어 청계 8가 사거 리에 다다랐습니다. 현재 청계 9가와 청계 8가 사이의 남쪽 천변에는 대규모 고층 아파트 단지들이 잇따라 들어서고 있습니다. 2003년 답 사 때 보았던 청계천 복개 구간 가운데 가장 많이 변한 곳이 이 구간입 니다.

하지만 유명한 민중가요 그룹 〈천지인〉이 부른 「청계천 8가」라는 노래에 그려지는 고가 도로 양옆의 가게들과 작은 공장, 오래된 아파트 와 황학동 도깨비시장의 풍경은 아직도 이 구간의 북쪽 천변에서 찾아 볼 수 있습니다.

〈파란불도 없는 횡단보도를 건너가는 사람들. 물샐틈없는 인파로 가득 찬 땀 냄새 가득한 거리여. 어느새 정든 추억의 거리여. 어느 핏발 서린 리어카꾼의 험상궂은 욕설도, 어느 맹인 부부 가수의 노래도, 희 미한 백열등 밑으로 어느새 물든 노을의 거리여. 뿌연 헤드라이트 불빛 에 덮쳐 오는 가난의 풍경. 술렁이던 한낮의 뜨겁던 흔적도 어느새 텅 빈 거리여. 칠흑 같은 밤, 쓸쓸한 청계천 8가.〉

이 노래 속의 청계천 풍경은 현재도 여전히 청계 7가에서 9가 사이 의 북쪽 천변에서 볼 수 있습니다. 어떤 특정 지역이 대규모 재개발되 지 않는 한, 도시의 공간은 금세 바뀌는 듯하면서도 쉽게 바뀌지 않는

（위）답십리동 태양 아파트 삼거리. 2003년 6월.　　（아래）용답동 고산자교 부근. 2003년 6월.

법입니다.

청계 8가 사거리에서는 잠시 옆길로 빠져나와서 기동차길을 찍었습니다. 경성 궤도라고도 불린 기동차는 동대문 앞부터 뚝섬·광나루까지 좁은 골목길을 따라 운행했습니다. 그 철로의 흔적은 여전히 쉽게 확인할 수 있습니다. 제가 청계천 복개 구간을 답사하던 당시에는 청계 8가 사거리 옆에 〈기동차길〉이라는 도로 표시판까지 설치되어 있었습니다. 기동차길을 알려 주는 간판이나 답사 지도가 있는 것은 아니지만, 지금도 마음만 먹으면 비교적 쉽게 흔적을 따라 걸으면서 20세기 중반 서울의 모습을 느낄 수 있는 좋은 답사 코스입니다.

답사하실 때 참고하시라고 말씀드리자면, 청계 7가 사거리 옆 창신 1동 근처에서는 기동차길이 일부 끊겨 있습니다. 하지만 이 끊긴 구간을 실제로 답사해 보면, 지도에서는 끊긴 구간으로 나와 있는 이 지역에 재활용 처리 시설, 주차장, 헌책을 파는 노점 등이 자리하고 있습니다. 실제로는 옛 기동차길이 빈 공간으로 남아 있는 것이죠.

청계 8가 부근에는 청계 고가 도로 주변 상인들이 내건 복원 반대 플래카드가 걸려 있었습니다. 이 부근부터는 상인들이 복원 반대 시위하는 모습을 여러 차례 목격했습니다. 상인분들이 제가 답사하는 날에만 시위를 하셨을 리는 없을 터이니, 청계천 복원 기간 내내 이러한 갈등이 계속되었을 것으로 생각됩니다.

청계 7가부터 청계 5가 구간에서는 청평화 시장, 동평화 시장, 평화 시장 등의 건물을 따라 걸었습니다. 이들 평화 시장 상권은 이미 국제적인 지명도와 상업적 비중을 확보했기 때문에, 청계천 복원에도 불구하고 이들 지역이 대규모로 재개발되는 일은 당분간 없으리라 생각합니다.

한편 이 구간의 남쪽 청계천변에 자리하던 고서점 거리는 제가

20대에 들어선 1990년대 중반부터 쇠락하기 시작했던 기억이 있습니다. 고서점 가게가 차례차례 타월 가게로 바뀌는 모습을 목격하면서, 청계천 6·7가의 고서점 거리는 결국 사라지겠구나 하는 생각을 했더랍니다.

하지만 최근 몇 년 사이에 소규모의 독립 서점이 전국적으로 생겨나는 가운데, 청계천 고서점 거리에서도 옛 고서점 가게를 독립 서점으로 바꾸는 케이스가 확인되고 있습니다. 기동차길이 끊어진 것처럼 보이는 청계천 6~7가 사이의 북쪽 천변에서도 몇 곳의 고서점이 영업을 하고 있고요. 청계천 6·7가 고서점 거리는 이렇게 해서 현재도 그 모습을 바꾸어서 살아 있습니다. 도시는 이렇게 길고 질기게 흔적을 남깁니다.

청계 6가 사거리와 동대문에서 청계 5가 사거리로 가는 길 중간의 인도에는, 1970년 11월 13일에 전태일 선생이 분신자살한 위치를 나타내는 동판이 박혀 있었습니다. 제가 답사한 2003년 6월 당시, 그 동판 위에서는 상인이 노점상 영업을 하고 있었습니다.

청계천이 복원된 지 10여 년이 지난 2017년 9월에 다시 이곳을 찾으니, 예전 것과는 달라진 동판이 인도가 아닌 차도 한가운데 박혀 있었습니다. 동판 저쪽으로는 버들 다리라고도, 전태일 다리라고도 불리는 청계천 다리 위에 전태일 흉상이 보였습니다. 흉상은 수많은 오토바이들 사이에 놓여 있었습니다.

청계천이 복원되기 전에는 분신 자리를 알리는 동판이 노점상 리어카 아래 가려져 있는 데 대해 비판이 있었다면, 지금은 전태일 흉상이 오토바이들 뒤편에 놓여 있는 데 대한 비판이 있습니다. 하지만 저는 만약 전태일 선생의 영혼이 존재한다면, 자신의 흔적이 여전히 청계천의 민중들과 함께하는 모습에 기뻐하시지 않을까 생각합니다.

(위) 청계 8가 사거리 근처에 서 있던 기동차길
표시판. 2003년 6월.

(아래) 청계 8가 사거리의 현재. 2017년 11월.

(위) 청계 6가 동대문 관광호텔 앞의 경성 궤도
회사 표지석. 2017년 9월.

(아래) 청계 6~7가 구간의 기동차길 흔적.
2017년 11월.

위성 사진으로 보면, 청계 7가 사거리 옆 창신 1동
근처에서 기동차길이 일부 끊어져 있습니다.
실제로 답사해 보면 끊어진 것처럼 보이던
공간에는 주차장이 들어서 있거나 파라솔이 쳐져
있을 뿐이어서, 실제로는 끊어져 있지 않고 여전히
이어져 있음을 알 수 있습니다. 2017년 11월.

청계 7~8가 구간의 동신 아파트. 청계천 남쪽
황학동 롯데캐슬과 좋은 대조를 이루고 있습니다.
2017년 11월.

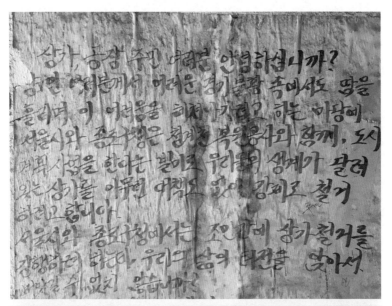

(위) 청계 7~8가 구간의 동신 아파트에 붙어 있는
청계천 복원 및 주변 정비 사업 반대 대자보.
2017년 11월.

(아래) 왕십리역 근처에서 기동차가 지나던 터널.
2004년 6월. 이승연 촬영.

1958년에 발행된「지번입 서울특별시 지도」.
동대문에서 시작된 기동차 노선이 지금의 뚝섬
한강 공원까지 뚜렷이 표기되어 있습니다(표시
부분). 서울 역사 박물관 소장.

1968년에 발행된「지번입 서울특별시 지도」.
기동차 노선이 걷어지고 도로가 되어 있음을 알 수
있습니다(표시 부분). 서울 역사 박물관 소장.

(위) 청계 6가 부근 서점 거리의 현재. 2017년
9월.

(아래) 2017년 현재의 전태일 선생 분신 자리
동판. 2017년 9월.

(위) 청계 5가 육교 상가 상인들의 시위. 2003년 6월.　　　(아래) 청계 3가 부근 시위. 2003년 6월.

한편, 청계 6가에서 청계 5가 쪽으로 가는 길에는 육교 상가가 놓여 있었습니다. 육교 상가로 올라가는 계단 근처에서는 육교 상가에서 영업하던 상인분들이 거세게 시위를 하고 있었습니다. 육교 상가는 복개된 청계천 위에 설치된 육교 위의 상점가였기에, 청계천이 복원되고 육교가 철거되면 더 이상 영업을 할 수가 없었습니다. 그렇기에 이곳의 상인들은, 주차 공간이 줄어드는 정도의 피해만이 예상되던 청계천변의 상인분들과는 비교할 수 없이 절박한 심정으로 청계천 복원을 반대하셨으리라 짐작합니다. 이분들의 시위는 청계 4가까지 이어졌습니다.

육교 상가 상인들을 포함한 다수의 청계천 상인들은 동대문 운동장을 거쳐 서울 동남쪽 끝의 가든파이브툴 상가로 밀려났습니다. 현재도 가든파이브툴 상가에는 비어 있는 공간이 많습니다. 이주 정책이 성공했다고 말하기는 어려운 것이죠. 1960년대에 청계천 빈민들을 동남쪽 광주대단지로 이주시킨 서울시는, 21세기 들어 또다시 청계천 상인들을 동남쪽 성남시와의 경계 지역으로 보냈습니다. 자신들이 보기 싫은 존재를 서울 경계 지역으로 보내 버려서 눈에 띄지 않게 한다는 심리는 50년 전이나 지금이나 바뀌지 않았습니다.

청계 3가에서도 또 다른 상인들의 시위가 있었습니다. 이곳 종로 3가는 제가 답사하기 1년 전인 2002년 8월 23일에 서울시 중구청장실에서 분신한 노점상 박봉규 선생이 공구 장사를 하던 곳이었습니다. 그는 당시 이명박 서울시장에게 〈서민을 돕겠다던 공약을 왜 지키지 않는가〉라는 항의 서한을 보내기도 했습니다. 당시 청계천 복원 공사와 청계 고가 도로 철거 공사에서는 이와 같은 일이 계속 일어났습니다.

이 부근에는 이 자리에 관수교가 있었음을 알리는 표지석이 놓여 있었습니다. 청계천 복원 과정에서 관수교는 관심의 대상이 되는 일이 거의 없었는데, 그 까닭은 이 다리가 식민지 시기인 1918년에 설치된,

이른바 식민 잔재였기 때문일 터입니다.

　관수교와는 대조적으로 수표교는 조선 시대 전기인 1420년부터 존재하고 있기 때문에 많은 주목을 받았습니다. 저는 청계천에 놓여 있던 다리들이 모두 원래 모습대로 원래 자리에 있어야 한다는 주장은 비현실적이라고 생각합니다. 하지만 수표교는 워낙에 상징성이 큰 다리이고 실물도 남아 있기 때문에, 역시 원래 자리 근처에라도 놓아야 한다고 생각합니다. 그렇게 하는 것이, 청계천을 복개할 때 애써 수표교의 위치를 표시해 준 익명의 노동자들의 뜻을 이어 가는 것이기도 할 터입니다.

　옛 수표교 자리에는 현재 임시로 설치한 듯한 다리가 놓여 있습니다. 어떤 사람들은 이 다리가 진짜 수표교에 비해서 너무 어설프다고 비난하고는 합니다. 하지만 지금 청계천 3가에 놓여 있는 수표교를 실제로 보면, 이것은 진짜 수표교를 대신해서 여기에 놓인 것이라기보다는, 진짜 수표교가 여기에 와야 하지만 원래 위치로 옮겨서 복원하기에는 수표교의 보존 상태가 좋지 않기 때문에 이렇게 임시로 다리를 놓은 것이라는 느낌을 받게 됩니다. 그런 의미에서는, 청계천을 복개할 때 노동자들이 품었던 바람은 아직도 이루어지지 않은 채로 미래의 어느 날을 기다리고 있다고 하겠습니다.

　답사의 마지막 부분인 청계 2가의 청계 고가 도로 진입구 부근에 도착하자 비가 내렸습니다. 청계천을 따라 지상을 걷는 이 코스는, 사실 지금도 답사가 불가능하지는 않습니다. 하지만 청계 고가 도로가 있던 때의 모습을 기억하고 있는 저는, 복원된 뒤의 청계천이 여전히 어딘가 부자연스럽게 느껴집니다. 버스를 타거나 걸어서 복개된 청계천 위를 지날 때마다 보았던 청계 고가 도로의 그림자, 청계천로의 매연, 고가 옆 복닥복닥한 인도에 미어터질 듯이 서 있던 가판들과 그 앞을 바삐 걸어가던 서울 시민들의 모습이 떠오릅니다.

(위) 장충단의 실제 수표교. 2017년 11월. (아래) 수표교 자리에 임시로 놓여 있는 다리. 2017년 11월.

2
식민지 시대의 신도시를 걷다:
청계천 남쪽에서 한강까지

청계천에서 남쪽으로 걸어가면 남산에 다다릅니다. 남산에서부터 남쪽으로 한강 북변 용산과 동부·서부이촌동 사이는, 구한말부터 식민지 시대에 걸쳐서 일본인이 차지한 땅이었습니다. 그 주변으로 사람들이 모여 살면서 삼각지·용산 일대는 구한말의 마포 지역에 이어 또 하나의 신도시가 되었습니다.

남산

남산에서부터 출발해 봅시다. 저는 사대문 남쪽 지역을 답사할 때, 남산의 안중근 기념관 앞 광장에서 출발해서 산기슭을 내려가는 코스를 주로 선택합니다. 이렇게 걸어야 힘이 덜 드는 답사를 할 수 있기 때문입니다. 어떤 사람들은 즐기기 위해 산을 오르지만, 저는 즐기기 위해 산을 내려갑니다.

제가 남산에서부터 답사를 시작할 때에는 주로 두 가지 코스를 이용합니다. 첫 번째 코스는 안중근 기념관에서 시작해서 옛 중앙 정보부 터를 지나 명동까지 걷는 것입니다.

안중근 기념관 광장에서 남산 타워 쪽을 보면 식민지 시대에 조선 신궁이 서 있던 자리가 있습니다. 광복 뒤인 1968년에는 이 자리에 남

산 식물원이 세워졌고, 2006년에 이를 철거한 뒤에는 옛 한양 성곽을
발굴·복원하는 공사가 한창입니다. 조선 신궁은 헐릴 만합니다만, 현
대 한국 시기에 세워져서 수많은 서울 시민들이 들른 남산 식물원을 헐
어 버리고, 조선 왕조 시대의 성곽을 복원하는 데에 저는 찬성하지 않
습니다. 저는 조선 왕조라는 왕국의 신민이 아니라 대한민국이라는 공
화국의 시민입니다. 대한민국 시기에 만들어진 건물과 공간들이 귀히
여겨지지 않아서 툭하면 헐려 버리고, 그 자리에 조선 왕조의 유적이
복원이라는 이름으로 새로 창작되는 최근 움직임이 한탄스럽습니다.
　　이탈리아의 독재자 무솔리니는 로마 제국 시대의 로마를 복원했
습니다. 그런데 로마라는 도시는 로마 제국 시대의 건물과 길이 그대
로 남아 있는 게 아니라, 그 뒤로 중세·근대를 거치면서 건물과 길이 차
곡차곡 쌓여서 이루어진 도시입니다. 그래서 무솔리니는 로마 제국 시
대의 로마를 지상에 드러내기 위해, 그 이후에 만들어진 것들을 깡그리
철거해 버렸습니다. 자기가 로마 제국의 위엄을 세상에 다시 드러나게
했다고 강조함으로써, 로마 제국과 자신의 파시스트 국가를 동일시하
려 했습니다. 21세기 들어 서울 곳곳에서 대한민국 시대의 건물과 공
간을 헐고 조선 시대의 유적을 발굴·복원하는 모습을 보면서, 그리고
이름만 제국이었던 대한 제국을 〈아시아 2위의 군사 강국〉이라는 식으
로 호도하는 모습을 보면서, 저는 마치 무솔리니 시대의 로마 발굴 작
업을 보는 듯한 불길한 예감을 받고 있습니다.
　　아무튼, 남산 광장 북쪽의 계단을 내려와 동쪽으로 가면 길 한쪽에
한양 공원비가 서 있습니다. 지금은 비석 주변이 잘 정비되어 있지만,
제가 처음 이 비석을 답사한 2006년에는 철책 안쪽 덤불 속에 방치되
어 있었습니다. 아니, 감춰져 있었다고 하는 표현이 더 알맞겠습니다.
　　제가 덤불 속에서 이 비석을 보았을 때에도 이미 비석 뒷면은 모

낙원 상가에서는 남산 답사 코스 전체를 조망할 수
있습니다. 2017년 10월.

조선 신궁 터이자 남산 식물원 터. 2010년 9월.

(위) 유학 직전에 답사했을 때에는 한양 공원비가
철책 너머 덤불 속에 있었고, 그곳에서 회현 시민
아파트를 내려보는 느낌이 꽤 상쾌했습니다.
2006년 4월.

(아래) 유학을 마치고 다시 답사를 했을 때에는,
한양 공원비 주변의 철책이 사라지고 덤불숲도
제거되어 있었습니다. 2010년 9월.

두 쪼아져서 그 내용을 읽을 수 없는 상태였습니다. 비석 뒷면은, 한양 공원이 1908년에 공사를 시작해서 1910년에 완공되었음을 설명하고 이 공사에 공헌한 사람들의 명단을 담고 있었을 듯 합니다. 한양 공원은 옛 조선 신궁 터에 있던 주한 일본인 대상의 놀이공원이었고, 조선 신궁이 건립되면서 사라졌습니다. 이런 배경이 있다 보니, 아마도 광복 후에 조선 신궁을 철거하면서 함께 비석 내용도 쪼아 버린 것이겠지요. 비석 앞면의 〈한양 공원〉이라는 글자는 조선 국왕 고종이 쓴 것이어서 쪼아 내지 않았다고 생각됩니다. 앞면의 손상은 총탄에 의한 것으로 보입니다.

한양 공원비에서 조금 더 걸어 내려와 남산 케이블카 타는 곳을 지나면 숭의 여자 대학교가 나타납니다. 이곳은 식민지 시대에 경성부의 중심적 종교 시설인 경성 신사가 있던 곳입니다. 숭의 여자 대학교는 평양에서 미션 스쿨 계통의 숭의 여학교로 개교했다가 신사 참배를 거부하고 자진 폐교했습니다. 당시는 대부분의 프로테스탄트 교회가 신사 참배를 받아들이고, 각 종파가 〈조선 장로호〉 〈조선 불교호〉 등의 비행기를 일본군에 헌납하던 시절이었습니다. 그런 엄혹한 시절에도 여호와의 증인 다섯 명은 총 들기를 거부하다가 감옥에서 죽었고, 주기철 목사도 마찬가지로 옥사했습니다. 그리고 숭의 여자 대학교처럼 신사 참배를 하느니 차라리 학교 문을 닫기로 결심한 종교 단체도 있었습니다.

이런 분들을 생각할 때마다 그리고 충칭에서, 미얀마에서 죽어 간 광복군들을 생각할 때마다, 식민지 시대에 살아가기 위해서는 어쩔 수 없이 친일을 해야 했다는 일부 사람들의 변명에 동의할 수 없게 됩니다. 식민지 시대에 모두가 독립 운동을 한 것은 아니지만, 그렇다고 해서 모두가 친일을 한 것도 아닙니다. 적극적 반일을 한 소수가 있었고, 총독부의 정책에 호응하지 않음으로써 소극적 반일을 한 많은 수가 있었고, 적극적으로 친일을 한 많은 수가 있었고, 먹고 살기 위해서 창씨 개명 하는 등의 소극적 친일을 한 다수의 조선인이 있었습니다. 식민지 시기 한반도에서 살아간 사람들의 이러한 다양한 형태를, 친일과 반일, 또는 진보와 보수로 양분하는 것은 현실의 복잡함을 반영하지 못한다고 저는 생각하고 있습니다.

세상은 선과 악, 빛과 어둠, 흑과 백으로 깔끔하게 나뉘지 않습니다. 대부분의 사람들은 흑과 백 사이의 회색 지대 어딘가를 살아갑니다. 그렇게 대부분의 사람들이 회색 지대에 남아 있을 때, 목숨을 걸고 빛을 향해 나아간 사람들이 틀림없이 있었습니다. 저는 진보 진영에서 〈생계형 친일〉을 한 사람들까지도 모두 친일파로 몰아붙이는 데에도 반대하고, 보수 진영에서 〈당시에는 살기 위해서 전부 친일했다〉라고 말하는 데에도 동의하지 않습니다. 세상은 그렇게 단순하지 않다고 생각합니다.

아무튼, 신사 참배에 저항해서 자진 폐교했던 숭의 여자 대학교가 1953년에 서울에서 다시 개교할 때, 정부로부터 일본이 남긴 경성 신사 터를 학교 부지로 제공받았습니다. 신사 참배로 폐교한 학교가 신사 터에 세워져서 식민지 시대에 대해 정신적인 복수를 완수한다는 것은 흥미로운 케이스입니다. 저는 한국학을 공부하는 외국인 학생들을 남산으로 안내할 때마다 반드시 숭의 여자 대학교에 들릅니다. 학교 곳곳에 경성 신사의 계단 흔적이 남아 있고, 숭의 여자 대학교 숭의 역사관 건물 앞에는 신사에 이용되었던 돌들이 잘 모아져 있어서 역사를 이해하기에 좋습니다.

한편 숭의 여자 대학교 옆의 남산원이라는 복지 시설에는, 경성 신사에 부속되어 있던 노기 신사의 흔적이 아직도 남아 있습니다. 1904~1905년의 러일 전쟁 당시 일본 육군을 지휘한 노기 마레스케를

天滿宮　境内 國幣小社京城神社

本社全景　國幣小社京城神社

경성 신사 그림엽서.

Nogi shrine for the General, Keijo

노기 신사 그림엽서.

(위) 통감부 터 옆의 공터에 방치되어 벤치로
쓰이던 하야시 곤스케 동상 받침대. 2014년 5월.

(아래) 2017년 11월 현재의 하야시 곤스케 동상
받침대. 명동역 1번 출구 근처 통감부 터 전면에,
글자가 거꾸로 되어 세워져 있습니다. 원래 네 개가
있어야 하지만 제가 2014년에 보았을 때에도 이미
세 개뿐이었습니다. 나머지 하나는 어디로
갔을까요.

기리는 비석이죠. 러일 전쟁에 패하면서 러시아가 조선을 포기하고, 일본이 1906년부터 통감 정치를 실시하면서 사실상 조선은 일본의 식민지가 되었습니다. 그러니 일본인이 러일 전쟁의 영웅으로 생각한 노기 마레스케를 모시는 신사를 경성에 세운 것은 이해할 만한 결정이라 하겠습니다.

저는 남산원에 남아 있는 노기 신사 흔적의 사진을 두 번 찍었는데, 2010년에는 남산원의 관계자분들이 이들 석물에 큰 관심을 보이지 않았지만 2014년 7월에 방문했을 때에는 방명록 작성을 요청하셨습니다. 그사이에 노기 신사 흔적을 찾아온 분들이 늘어났고, 또 아동 보육원인 남산원에 봉사 활동 오시는 분들이 많아서 이런 방침이 만들어진 것 같았습니다. 노기 신사에 쓰였던 석물들은 현재 남산원 입구 옆에서 벤치와 테이블로 정비되어 재활용되고 있습니다.

식민지 시대에 일본이 이용하던 석물을 벤치로 재활용하는 사례는 남산원 이외에도 있었습니다. 숭의 여자 대학교에서 산길을 내려오다가 대한 적십자사 본사 건물 즈음에서 서울시 소방 재난 본부를 오른쪽으로 끼고 돌면 숲길이 나옵니다. 현재는 인권숲이라 불리는 이곳에는, 1906년에 이곳에 통감부가 설치되었음을 알리는 비석이 세워져 있습니다. 그리고 제가 2014년 5월에 이곳을 방문했을 당시, 통감부 터 비석 오른쪽의 한편에 잘 닦인 돌 세 장이 벤치로 쓰이고 있었습니다. 이 세 장의 돌은 통감 정치가 시작되는 근거였던 1905년의 을사조약(제2차 한일 협약)을 체결한 주한 공사 하야시 곤스케의 동상 받침대로 쓰이던 것들이었습니다. 돌에는 〈남작 하야시 곤스케 군 상(男爵林權助君像)〉이라고 적혀 있습니다.

제가 이곳을 방문한 뒤로 3년이 지난 현재, 이 돌들은 인권숲 통감부 터 비석 앞에 세워져 있습니다. 〈남작 하야시 곤스케 군 상〉이라는

글자가 거꾸로 보이게 세워져 있는 것은 식민지 시대의 부정적인 유산
도 받아들이겠다는 뜻이라고 합니다. 1995년에 철거된 조선 총독부 건
물의 일부 석재가 독립 기념관의 전시 공원에서 서쪽을 향해 놓여 있는
것도 마찬가지 뜻이라고 합니다. 저는 이런 식으로 배치하는 것에 무슨
의미가 있는지 잘 알 수가 없지만, 이렇게 배치함으로써 통쾌함을 느끼
는 사람들이 있다는 사실은 잘 알겠습니다.

남산에서 삼각지로

두 번째 코스는 안중근 기념관이 있는 광장 북쪽의 계단을 내려와 곧장
회현 제2 시범 아파트로 내려가는 것입니다. 1960년대에 서민들의 주
거지로서 많이 만들어지던 시민 아파트들 가운데, 부실 시공 때문에 무
너진 와우 시민 아파트와 함께 대단히 유명한 곳이지요. 회현 시민 아
파트라고도 합니다. 몇 년 전부터 이곳을 철거한다느니 리모델링한다
느니 하는 이야기가 계속 나오고 있지만, 당분간은 남산의 랜드마크로
남아 있을 듯 합니다.

　회현 시민 아파트를 빠져나와 남대문 시장을 통과하면, 서울역 고
가 도로를 2017년에 리모델링한 서울로 7017의 동쪽 출발 지점으로
이어집니다. 잠실의 제2 롯데월드나 새로운 서울시청과 마찬가지로,
서울로 7017 역시 지금은 찬반 논란이 거세지만 결국은 서울 시민들에
게 친숙한 존재로 자리 잡을 터입니다.

　사실 저는 지금도 서울로 7017이 매우 마음에 듭니다. 그 위에 서
면 서울이 탁 트여 보이거든요. 2008년 2월 10일에 채종기 씨가 방화
한 뒤에 복원된 남대문에서 서울역으로 이어지는 세종 대로도 탁 트인
느낌이 시원합니다. 또, 그 전까지 저에게 익숙하지 않던 공간인 서울
역 서쪽 지역이 한눈에 들어오는 것도 좋습니다. 서울로 7017의 서쪽

시작 지점인 만리동과 청파동에서 효창공원으로 가는 사이에는 재미 있고 운치 있는 건물이 가득한 동네가 자리하고 있습니다. 이 동네에는 식민지 시대에 지어진 단독 주택과 20세기 후기에 지어진 빌라가 많습 니다. 이 동네를 함께 걷던 어떤 분께서 이런 말씀을 하셨습니다. 「저는 서울에 고층 아파트가 가장 많은 줄 알았는데, 여기 와서 보니까 서울 은 빌라의 도시였군요.」 조금이라도 서울을 깊이 걸어 보신 분이라면 이 말씀에 공감하시리라 믿습니다. 이 일대는 전체적으로 재개발될 여 지가 충분해 보여서, 변화하는 모습을 장기적으로 주목하려 합니다.

서울로 7017에서 만리동, 청파동을 거쳐 효창공원 일대에 다다르 면, 효창 맨션이라는 주상 복합, 건축가 황두진 선생의 말을 빌리자면 무지개떡 건물이 눈에 띕니다. 저는 대형 건물의 탈출용 외부 계단을 좋아하는데, 효창 맨션의 외부 계단은 서울시청 북쪽의 뉴국제 호텔 외 부 사다리와 함께 제 마음에 쏙 드는 모습입니다.

효창 맨션에서 조금 내려오면 나타나는 지하철 6호선 효창공원 역 앞 사거리에는, 식민지 시대에 유곽 건물로 쓰인 것으로 보이는 2층 건물이 있었습니다. 2004년 1월에 답사했을 당시에는 점집으로 쓰이 고 있었고, 그 오른쪽에 있는 오래된 단층 건물은 유흥업소로 쓰이고 있었습니다. 유학을 마치고 2011년 3월에 다시 이곳을 찾으니, 점집 에는 철거에 반대하는 플래카드가 붙어 있었고 그 오른쪽의 단층 건물 은 유흥업소에서 옷가게로 업종을 변경한 상태였습니다. 그 1년 뒤인 2012년에는 두 건물 모두 철거가 진행 중이었습니다. 2017년 11월 현 재는 이 두 건물 모두 철거되었고, 건물들이 서 있던 곳은 옛 용산선 철 로에 마련된 공원의 일부가 되어 있었습니다. 이렇게 해서 옛 용산의 흔적이 또 하나 사라졌습니다.

효창공원역에서 동남쪽으로 삼각지 고가 도로를 건너면 삼각지

회현 제2 시범 아파트. 2010년 10월.

(위) 차량용 도로로 이용 중이던 서울역 고가 도로.
2013년 5월.

(아래) 서울역 고가 도로를 리모델링한 서울로
7017. 2017년 9월.

서울로 7017에서 내려보는 서울의 모습. 2017년
9월.

서울로 7017 서남쪽 진입로 근처의
만리동·청파동. 2017년 9월.

유학 전에 들렀을 때는 옥색 외벽에 〈효창
맨숀〉이라고 적혀 있었는데 유학 후에 다시
답사하니, 연분홍빛으로 외부를 칠하고 이름도
〈효창 맨션〉으로 바뀌어 적혀 있었습니다. 2011년
3월.

(위) 효창공원역 사거리 동남쪽에 있던 식민지 시대의 건물. 〈천궁〉이라는 이름의 점집으로 운영되고 있었습니다. 2004년 1월.

(아래) 유학 후에 다시 이곳을 방문하니, 용산선 지하화 및 지상 노선 정리에 항의하는 플래카드가 붙어 있었습니다. 2011년 3월.

교차로에 다다릅니다. 이 삼각지 고가 도로에서 서남쪽으로 용산역 쪽을 바라보면, 경부선 철길 옆으로 길다랗게 형성된 마을이 있습니다. 1936년에 제작된 「대경성부대관」 지도에는, 이 마을 위치에 저탄장(貯炭場)이 그려져 있습니다. 증기 기관차에 공급할 석탄을 비축하는 곳이라는 뜻입니다. 저탄장으로서의 기능이 정지된 뒤에 마을이 형성되었나 봅니다.

제가 유학 가기 전에 용산을 답사했을 때만 해도, 이 마을을 포함해서 삼각지 교차로 일대에는 식민지 시대의 공간과 건물이 꽤 많이 남아 있었습니다. 역시 「대경성부대관」에 〈용산공작(龍山工作)〉이라는 업체가 들어서 있었다고 적혀 있는 건물과 그 주변에는 현재, 일본식 이자카야가 들어서 있습니다. 식민지 시대에 지어진 일본식 건물에 일본식 이자카야가 들어서서 현대 한국 시대에도 여전히 사랑받는 모습을 보면서, 건물과 공간의 역사가 이런 식으로 이어지는구나 하는 생각을 합니다.

2012년 10월에 이곳을 찾았을 때만 해도 이 경부선 철길 옆 마을은 건재한 상태였습니다. 그러다가 2017년부터 일부 건물을 제외한 이 구획 전체가 철거되기 시작했습니다. 2017년 10월에 삼각지 고가 도로 위에서 이 구획을 내려보았을 때에는, 아직 십자가 복음 선교회 건물을 비롯해서 몇몇 건물이 간신히 기능을 하고 있는 모양이었습니다. 하지만 이 건물도 머지않아 사라질 것 같습니다.

이 「대경성부대관」이라는 지도는 1936년 당시의 경성과 인천 지역을 대단히 세밀하고 입체적으로 그리고 있어서 보는 재미가 있습니다. 전체 지도를 서울 역사 박물관에서 책으로 냈고, 홈페이지에서 PDF 파일도 무료로 다운로드할 수 있으니, 관심 있으신 분들은 입수해서 찬찬히 살펴보셔도 좋겠습니다. 불교 문화재 연구소의 김선 선생

(위) 삼각지 고가 도로 아래 옛 마을을 관통하는
도로. 식민지 시대에는 철길이었습니다.
2012년에는 마을이 남아 있었습니다. 2012년
10월.

(아래) 2017년 7월에는 한창 철거가 진행
중이었습니다. 2017년 7월.

삼각지 고가 도로에서 남쪽으로 경부선 철로와
용산역 쪽을 바라보았습니다. 2012년 10월(위).
교회 첨탑 왼쪽의 민가들이 모두 철거되었음을
확인할 수 있습니다. 2017년 10월(아래).

삼각지 교차로와 전쟁 기념관 사이의 좁은 공간에
존재하는 옛 마을. 2017년 10월.

님은, 옛 경성에 해당하는 지역을 발굴 조사할 때 이 지도를 참고한다고 알려 주셨습니다. 약간의 오류는 피할 수 없겠지만, 그래도 식민지 시대 경성의 상황을 구체적으로 알 수 있는 희귀한 자료임에 틀림없습니다. 희귀한 내용을 담고 있으면서 읽는 재미까지 있으니, 그야말로 세상에 흔히 있기 어려운 희귀한 자료올시다.

삼각지 고가 도로를 내려와, 정체를 잘 알 수 없지만 잘 만들어진 식민지 시대의 2층 석조 건물을 지나면 삼각지 교차로에 다다릅니다. 이곳에는 미8군의 미군을 상대로 그림을 판매해 온 화랑과 국방부의 군인들을 상대로 하는 마크사가 공존하고 있습니다.

한편, 삼각지 교차로 동북쪽과 전쟁 기념관 사이에도 삼각지 고가 도로 근처와 마찬가지로 옛 마을이 좁고 길게 자리하고 있습니다. 한강 대로변의 건물들 뒤에 가만히 자리하고 있어서, 예전부터 삼각지 교차로를 지나갈 때마다 건물들 뒤에 무엇이 있을지 궁금해하고는 했습니다. 그러다가 2017년 3월에 전쟁 기념관에 갈 일이 있었기에 틈을 내어 이곳을 들렀고, 같은 2017년 10월에 다시 한번 방문했습니다. 7개월이라는 짧은 기간에도 벌써 몇 채의 집이 헐려서 공터가 되거나, 일부를 개조해서 카페로 변해 있었습니다. 개발이 제한된 미군 기지 옆에서 조용히 자리 잡고 있던 이 마을은, 아주 가까운 미래에 그 모습을 크게 바꿀 듯 합니다.

신용산

삼각지역에서 북쪽 숙대입구역 쪽으로 걸어가면, 한강 대교와 미군 기지 사이로 형성된 부대찌개 골목과 후암동을 거쳐 다시 남산으로 올라갈 수 있습니다. 또는, 해방 2년 전인 1943년에 완공된 경성 호국 신사의 유일한 흔적인 108계단을 올라 해방촌에 진입하는 코스도 좋습니다.

호국 신사라는 것은 자기 지방의 젊은이들이 전쟁에서 죽으면 그 영혼을 모시는 신사이고, 일본에서는 각지에 호국 신사가 세워져 있습니다. 제2차 세계 대전 말기에 군인으로 징용할 일본인 청년이 부족해지자 조선인과 타이완인도 징용 대상이 되었고, 이들 징용된 청년들이 전사하자 호국 신사가 세워졌습니다. 한반도에는 경성과 함경북도 나남에 호국 신사가 세워졌는데, 경성 호국 신사가 세워진 것은 1943년입니다. 그러니까 2년 정도만 운영되다가 한반도가 해방되면서 폐기된 것이지요. 그 후, 경성 호국 신사의 빈 땅에 월남민들이 정착하면서 해방촌이라는 공간이 만들어졌고, 지금도 해방 예배당이라는 종교 시설이 건재하여 당시의 상황을 상상할 수 있게 해줍니다. 2017년 현재 핫플레이스를 찾는 분들은 해방촌, 이태원, 경리단길로 이어지는 코스를 많이들 걷는 듯합니다. 하지만 여기서 저는 삼각지역에서 서남쪽으로 꺾어 신용산과 구용산을 주로 답사합니다.

1926년에 경성에서 출판된 『취미의 조선 여행』에서는 신용산과 구용산을 이렇게 설명합니다.

〈용산은 신구 두 용산으로 갈라져 있는데, 신용산은 대부분 철도와 육군 관련 마을이고, 구용산의 한강 주변은 한강의 수운이 편리하고 도처에서 큰 배들이 오고 간다.〉

그러니까, 구용산은 조선 시대의 용산이고, 신용산은 오늘날의 용산역과 미군 기지 일대 그리고 이 두 시설과 관련된 사람들이 살던 마을이라는 것입니다. 〈새로운 용산〉이라 불렸을 법한 신도시적인 경관을 오늘날에도 지하철 4호선 신용산역 일대에서 확인할 수 있습니다. 하지만, 식민지 시대에 일본인들이 살면서 〈신마산〉이라는 이름이 붙은 지역이 지금은 옛 마을로 인식되고 있듯이, 신용산 역시 이름과는 반대로 재개발을 기다리는 옛 마을이 되었습니다.

　신용산 답사는 삼각지 교차로 남쪽의 삼각 아파트 또는 삼각 맨숀이라 불리는 상가 아파트에서 시작합니다. 삼각 아파트는 2014년 4월 16일에 일어난 세월호 사고와 관계된 모 종교 집단의 관련 시설입니다. 온라인을 검색하시면 관련 내용을 쉽게 찾아보실 수 있습니다.

　이 상가 아파트가 아파트로도 불리고 맨션으로도 불리는 데 대해서, 건축가 황두진 선생은 〈건축물 관리 대장상 정식 명칭이《삼각 아파트》인데 B동 측면 벽에는 역시《삼각 맨숀》이라고 적혀 있어서 그 당시《아파트》와《맨숀》이라는 두 단어 사이에 존재했던 긴장감을 다시 한 번 확인할 수 있다〉고 지적합니다.

　일본어에서는 목조로 된 2층의 집단 주거 시설을 〈아파트〉라고 하고, 한국에서 생각하는 아파트는 〈맨션〉이라고 합니다. 이 개념을 그대로 받아들여서, 60년대 말부터 지어진 고급 아파트 이름에는 〈한강 맨션〉 하는 식으로 맨션이라는 단어가 붙었습니다. 맨션이라는 단어 자체도, 이 단어가 소개된 초기에는 일본어 발음에 가깝게 〈맨숀〉이라고 표기되다가, 나중에는 영어 발음에 가깝게 〈맨션〉으로 바뀌어 갑니다. 삼각 아파트도 외벽에는 삼각 맨숀이라고 적혀 있고, 주성동의 재개발 예정 지구에 자리한 양지 맨션 정문에서는 〈양지 맨숀〉과 〈양지 맨션〉이라는 두 개의 이름을 모두 볼 수 있습니다. 서울의 아파트 문화는 이런 과정을 거쳐 일본으로부터 독립되어 갔습니다.

　삼각 아파트 앞을 지나는 한강 대로 62길과 그 갈림길들을 걷다 보면, 아직도 식민지 시대의 신용산 풍경을 상상할 수 있습니다. 볼 때마다 정체가 궁금해지는 단독 주택, 철거해야 한다는 판정을 받았지만 여전히 많은 분들이 살고 계신 대형 목조 주택, 신용산의 옛 번영을 보여 주는 사거리의 슈퍼, 그리고 정성스럽게 지어진 석조 상가 건물까지.

신용산이 가까운 미래에 재개발되어 사라지더라도, 한때 서울의 다양
한 모습을 이루던 독특한 공간으로서 오랫동안 제 기억에 남아 있을 것
같습니다.

이쯤에서 다시 큰길로 나와 용산역 쪽으로 건너갑니다. 용산역에
서 한강 대로를 끼고 맞은편에서 한창 공사 중인 용산 4지구 재개발 구
역은, 2009년 1월에 사망 사고를 내면서 급하게 철거된 뒤 한동안 주
차장 등으로 쓰이면서 공터 상태였다가 비로소 공사가 시작되었습니
다. 철거 당시의 유혈 충돌에 대해서는 지금도 생생하게 기억하고 있습
니다. 그 사건 후에 이곳을 지날 때마다, 〈이렇게 비워 둘 거였으면서 왜
사람까지 죽여 가면서 철거를 해야 했을까……〉 하는 생각을 했거든요.

공사 구간을 지나면 다시 한강가 동부이촌동까지 옛 신용산 구
간이 남아 있습니다. 이곳을 대표하는 건물은 옛 용산 철도 병원입니
다. 1984년부터 중앙 대학교에서 이 건물을 병원으로 활용했지만,
2011년 이후에는 기능이 정지되고 폐쇄되어 있습니다. 유학 전에 이
건물을 답사했을 때에는, 아직 병원으로 활용되고 있던 시점이어서 건
물 안을 찬찬히 살필 수 있었습니다. 비교적 크고 단단하게 잘 만들어
진 건물이라는 느낌이었습니다. 만약 병원으로 활용할 수 없다면 문화
공간으로라도 다시 개방되기를 바라고 있습니다.

용산 철도 병원 건물을 지나면 국군 복지단과 트럼프 월드, 그리고
경의중앙선 철로 사이의 삼각형 공간에 마을이 존재합니다. 무라카미
하루키의 단편 소설 「치즈 케이크 모양을 한 나의 가난」을 떠오르게 하
는 삼각형 공간입니다.

동부이촌동과 용산역

이 지점에서 두 방향으로 답사를 이어 갈 수 있습니다. 만약 체력이 받

쳐 준다면, 한강 백사장을 매립해서 만들어진 한강 맨션 등 동부이촌동의 고급 아파트 단지를 지나, 재개발이 확정된 보광동, 한남동을 거쳐 이태원으로 가는 것입니다.

서민들에게 저렴하게 아파트를 공급한다는 국가의 정책이 1970년의 와우 시민 아파트 붕괴와 함께 끝났습니다. 이때부터 서울에는 중산층 이상을 타깃으로 한 고급 아파트가 건설되기 시작하는데, 그 스타트를 끊은 것이 동부이촌동의 한강 맨션과 여의도 시범 아파트입니다.

동부이촌동은 원래 〈한강 백사장〉으로 유명한 곳이었습니다. 1956년에 해공 신익희 선생이 이곳에 서울 시민 3분의 1을 모으고 〈못 살겠다 갈아 보자〉 연설을 한 곳으로 잘 알려져 있지요. 식민지 시대에 흑석동 한강가에 세워져 있던 한강 신사에서 이 방향을 바라보고 찍은 사진 엽서가 동부이촌동 개발 이전의 한강 백사장 모습을 전해 줍니다. 그 후 고급 아파트 단지로 개발된 이곳을 2017년 11월에 답사하면서, 지리적인 특성상 외부인의 접근이 어려우면서도 지역 내부의 공간이 널찍해서 쾌적하다는 인상을 받았습니다. 경의중앙선 이촌역에서 내릴 때마다 철길 너머 풍경이 궁금했었는데, 철길과 한강 사이의 공간이 생각보다 넓으면서도 깨끗해서 놀랐습니다.

한편, 동부이촌동에서 동북쪽으로 더 걸어가면 도달하는 보광동·한남동 일대는 식민지 시대에 쾌적한 주택지를 지향하여 개발되기 시작한 곳입니다. 다음에 소개하는 1925년 기사를 통해서 이 지역의 옛 모습을 상상할 수 있습니다.

〈지금 남산의 남편과 동편에는 약 200만 평의 이용되지 않은 땅이 있는데 이곳은 일반이 다 아는 바와 같이 공기가 신선하고 풍광이 명미하여 생활상 적호(適好)한 지역이나 모든 도회적 시설이 없어서 그와

옛 경성 호국 신사의 마지막 흔적인 해방촌
108계단. 2017년 11월 현재, 계단에 경사식
에스컬레이터를 설치하는 것이 확정되었습니다.
2018년 4월에 다시 이곳을 방문해 보니,
108계단을 철거하는 공사가 진행되어
있었습니다. 2017년 11월.

(위) 삼각 아파트 또는 삼각 맨숀. 2012년 10월.　　(아래) 주성동의 양지 맨숀 또는 양지 맨션.
2017년 11월.

(위) 삼각 아파트 뒤의 정체불명 단독 주택. 이
건물은 2018년 초봄에 철거되었습니다. 영화나
드라마 세트장 같은 용도로 살아남았더라면
좋았겠다는 아쉬움이 있습니다. 2012년 10월.

(아래) 한강 대로 50길 남산 기슭의 목조 다세대
주택. 2012년 10월.

(위) 목조 다세대 주택 아래 사거리의 슈퍼.
2017년 7월. 2012년 사진과 비교해도 간판과 슈퍼
앞 화분까지 그대로인 것이, 식민지 때부터 저 모습
그대로였으려나 하는 착각까지 들게 합니다.

(아래) 한강로 2가 재개발 예정 지역. 2009년
1월에 유혈 충돌이 있은 뒤, 이 사진을 찍은 2013년
10월 시점까지 이처럼 주차장 등으로 쓰이면서
비어 있었습니다. 2013년 10월.

(위) 옛 용산 철도 병원 건물. 2017년 7월.   (아래) 용산 공업 고등학교와 국군 복지단 사이의
                                                 길. 2017년 7월.

철길 옆 마을에서 한강 트럼프 월드를 올려다보다.
2018년 평창 올림픽 개최 직전에 모 신문에서
〈국가 이미지만 떨어뜨릴 수 있는〉 곳이라며 〈임시
펜스라도 설치해 서울 도심의 민낯이 드러나는 걸
최소화해야〉 한다고 했던 바로 그곳입니다. 도시
빈민들을 〈인간 방해물〉 취급해서 가려 버리려는
사고방식은 1988년 서울 올림픽 때나 2018년
평창 올림픽 때나 변함이 없는 듯합니다. 2017년
7월.

같이 비어 있〉다고 소개합니다.

　용산 및 돈암 지구 등과 함께 남산 동남부 일대 역시 전원도시로 개발되었습니다. 그러나 식민지 시대에 발달했던 지역이 대개 그러하듯이 이곳 역시 노후화가 진행되었고, 2017년에는 재정비 촉진 지구로 지정되었습니다. 2017년 11월에 이곳을 답사하면서, 서울의 한복판에서 이렇게 저밀도로 남아 있는 곳이 개발 압력에서 버티기는 쉽지 않겠다는 실감을 했습니다. 용산 미군 기지의 옛터와 함께 이 지역도 함께 재개발될 예정이어서, 제가 2017년 11월의 답사에서 본 풍경은 몇 년 내로 완전히 사라질 터입니다.

　강변에 형성된 마을답게 보광동에는 제갈공명을 모시는 보광사, 서빙고동 부군당, 민비선황 등 숱한 신앙 공간이 존재하고 있습니다. 이들 공간 역시, 한남 지역의 재개발과 함께 대부분 사라질 것으로 예상됩니다. 국가나 힘 있는 지배 계급이 세운 것이 아니라, 익명의 평민들이 세우고 지금까지도 미신 취급 받으면서 근근히 이어져 온 신앙의 대상들이기 때문입니다. 머지않아 사라질 공간을 답사하는 것은 언제나 쓸쓸한 일입니다.

　또 하나의 코스는 트럼프 타워에서 한강 대교를 건너, 한강과 용산역 사이의 철길 변에 형성된 마을을 거쳐 용산역 쪽으로 되돌아가는 것입니다. 단군 이래 최대의 개발 프로젝트라 불렸던 용산 국제 업무 지구 개발 사업이 2013년에 최종적으로 취소되면서, 경부선 철도와 한강 대로 사이의 식민지 시기 공간은 일단 다시 평온을 찾은 상태입니다. 그러나 이 정도의 땅이 재개발되지 않고 남기에는 서울이 너무나도 뜨거운 도시이기 때문에, 일부 고층 아파트를 제외한 나머지 저층 지역은 모두 재개발 대상이 될 것으로 예상됩니다. 한때 식민지의 흔적을 남기는 대표적인 공간이었던 용산이, 이렇게 해서 한 시대의 막을 완전히

2 식민지 시대의 신도시를 걷다: 청계천 남쪽에서 한강까지

내리려 하고 있습니다.

용산역 앞쪽의 공간에는 식민지 시기에 사창가가 설치되었다가, 지금은 고층 빌딩이 들어서고 있습니다. 그 짧은 공백기에는 잠시 포장마차촌이 들어서기도 했습니다. 종묘 앞에 존재하던 이른바 종삼, 청량리역 근처의 이른바 청량리 588 등도 마찬가지로 철거되었거나 2017년 현재 철거가 진행되고 있습니다. 「일본인들이 조선에 악(惡)의 시스템을 전달했다」라는 『시카고 트리뷴』 1919년 12월 26일 자 뉴스가 전하는 바와 같이, 집창촌이라는 시스템은 식민지 시대에 처음으로 한반도에 들어온 것입니다. 그리고, 역시 일본과 함께 들어온 호주제가 폐지되었듯이, 집창촌 시스템 역시 최소한 서울에서는 사라지고 있습니다.

물론, 한반도에 집창촌이라는 공간은 없었지만 기생 제도는 만연해 있었습니다. 21세기 한국에서도 종종 기생 제도를 미화하는 사람을 만나고는 하지만, 조선 시대의 기생 제도는 자기 손으로 자기 술도 못 따라 마시는 일부 남성을 위한 것이었을 뿐입니다. 조선 시대의 기생 제도든, 식민지의 집창촌 제도이든, 그 제도에 포섭된 여성들에게는 비참한 현실일 뿐이었습니다. 1920년대에 함경북도 청진 창기들이 〈우리들을 해방하지 않으면 죽음으로 대항하겠다〉며 동맹 파업을 일으킨 데에서도 그녀들이 처한 상황을 짐작할 수 있습니다. 청진 창기들의 동맹 파업은, 비슷한 시기인 1923년에 진주에서 시작된 천민들의 형평사 운동, 형평사 운동의 전신인 일본 교토의 수평사 운동과 견줄 수 있는 근대적 인권 운동이었습니다. 그래서 저는 서울 곳곳에서 헐리고 있는 집창촌 어딘가에, 그곳에서 인권을 희생당한 여성들을 추도하는 작은 비석이라도 하나 세워야 한다고 생각하고 있습니다.

이리하여 남산 안중근 기념관에서 시작된 답사는 용산역에서 일

단 끝납니다. 여기서 가좌역까지, 옛 용산선 부지에 조성된 공원을 따라 걸으면서 옛 흔적과 개발 현장을 답사하는 것도 좋을 것입니다. 도보로 두 시간 정도 걸리는 이 코스를 저는, 2004년부터 2017년까지 틈나는 대로 걸으면서 사진으로 기록을 남기고 있습니다. 이 구간은 여기에 대해서만 한 챕터를 쓸 수 있을 만큼 풍부한 이야기와 이미지를 지니고 있습니다. 이 장에서는 옛 용산선을 따라 걸으면서 찍은 몇 장의 사진을 소개하는 데 그치겠습니다.

(위) 동부이촌동 한강 맨션. 2017년 11월.

(아래) 한강에서 잘 보이는 높은 건물을 지으라는
높은 분의 지시가 있었지만, 한강 맨션 전체를
지시대로 하지 못하자 굴뚝만 높이 올렸다고
합니다. 2017년 11월.

(위) 한강 신사 엽서. 지금의 흑석동에서
동부이촌동 쪽 〈한강 백사장〉을 바라본
모습입니다. 이시바시 가쓰미 씨 소장.

(아래) 이태원에서 바라본 남산 남쪽. 2017년
11월.

머지않아 사라질 한남동과 보광동 풍경. 2017년
11월.

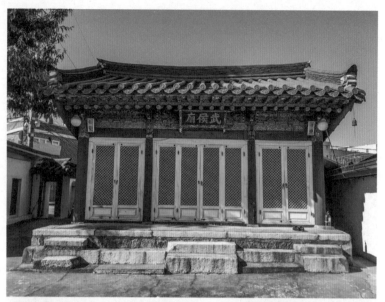

(위) 제갈공명을 모시는 보광동 보광사. 2017년 11월.

(아래) 한남동 한강가의 500년 고목은 민비선황이라 불리면서 활발한 신앙의 대상이 되어 있습니다. 1895년에 임오군란이 일어나자 명성 황후 민씨가 이곳에서 한강을 건너서 이런 이름이 생겼다는 설도 있지만, 확실한 것은 모릅니다. 2017년 11월.

(위) 강변 맨션과 경의중앙선 철길 사이의 옛 마을.   (아래) 강서 맨숀. 2017년 7월.
2017년 7월.

용산역 경부선 한강 대로 이촌로 사이에
사각형으로 남아 있는 식민지 시기 마을.
네모반듯한 공간이 이어지고 있어서, 용산 일대가
당시로서는 잘 구획된 신도시였음을 알 수
있습니다. 2017년 7월.

용산역 앞 옛 유곽 터. 2014년 7월(위), 2017년 7월(아래).

(위) 철거되는 청량리역 근처 사창가 구역, 이른바 〈청량리 588〉. 2017년 7월.

(아래) 옛 용산선. 효창역에서 공덕역으로. 2004년 4월.

(위) 옛 용산선. 효창역 근처에 있던
미생동(彌生洞) 건널목. 효창역의 식민지 시대
이름이 야요이초역(彌生町驛)이었던 데서
유래합니다. 지금의 용산구 도원동에 있었습니다.
2004년 4월.

(아래) 옛 용산선. 서강역. 2004년 4월.

3
1925년 을축년 대홍수의 문화사:
양수리에서 영등포까지

홍수는 서울의 풍물시(風物詩)

청계천에서 시작한 우리의 답사는 남산, 삼각지, 용산을 거쳐 한강가에
다다릅니다. 한강 대교, 원효 대교, 마포 대교 건너 식민지 시대의 신도
시인 영등포, 노량진, 흑석동으로 가기 전에 여기서 잠시 걸음을 멈추
고, 한강 그 자체에 대해 생각해 보겠습니다.

식민지 시대부터 여의도가 개발될 당시까지의 한강은 오늘날의
모습과 크게 달랐습니다. 여의도와 오늘날의 잠실 일대는 지금처럼 뚜
렷한 형태를 띤 섬이 아니라, 모래밭이 펼쳐져서 강북과 강남을 느슨하
게 잇고 있었습니다. 1963년에 대확장된 뒤의 서울 모습을 보여 주는
1966년의 「최신 서울특별시 전도」를 보면, 지도 오른쪽의 한강 상류
에서 잠실섬이 뚜렷이 모습을 드러내고 있습니다. 당시 잠실섬은 강남
보다는 오히려 강북 뚝섬 쪽에 속하는 지역이었습니다. 아직 잠실 개발
전이어서 잠실 주공 아파트 단지는 당연히 보이지 않고, 석촌 호수도
아직은 잠실섬 아래쪽을 흐르는 한강의 일부였습니다.

뚝섬 왼쪽에서 중랑천이 한강에 합류하는 지점에도 두 개의 커다
란 모래섬이 있습니다. 한강을 개발하면서 이들 모래섬은 일단 없앴지
만, 요즘 이 지점을 관찰하면 다시 모래섬이 생기고 있는 모습이 확인

(위) 1966년 「최신 서울특별시 전도」. 서울 역사
박물관 소장.

(아래) 중랑천과 한강이 합류하는 지점에 다시
모래섬이 생겨나고 있습니다. 2017년 10월.

됩니다. 한강 개발에 필요한 모래를 채취하기 위해 폭파한 밤섬에도 요즘 다시 모래가 쌓이고 있지요.

한편, 「최신 서울특별시 전도」 한가운데의 강북 쪽 한강가에 빈 땅이 보입니다. 〈한강 백사장〉이라고 적혀 있습니다. 앞서 말씀드린 대로, 신익희 선생이 1956년 대통령 선거에서 〈못살겠다 갈아 보자〉 연설을 해서 서울 시민의 3분의 1을 모은 곳이지요. 현재 동부이촌동으로 개발된 지역입니다. 또한 지도 왼쪽의 한강 하류 쪽에는 여의도와 난지도가 뚜렷하게 드러나 있고, 영등포 지역 왼쪽의 안양천과 굴포천 사이 강서 지역은 완전히 농촌 지역이었음을 알 수 있습니다.

이것이 한강 개발 사업 이전 한강의 모습이었습니다. 한강은 여름에 비만 내리면 넘쳤고, 주변 지역은 언제나 물에 잠겼습니다. 홍수가 날 때와 물이 없을 때의 차이가 워낙에 심하다 보니, 한강 주변과 한강 가운데의 섬을 자연 상태 그대로 둘 수밖에 없었습니다.

제가 잠실에 살던 1980년대 초반이나 신반포에 살던 1980년대 후반에도, 여름이면 장맛비가 내려서 한강이 넘치던 기억이 납니다. 홍수가 나면 수돗물이 끊겨서 급수차가 올 때마다 물통을 들고 물을 받았습니다. 신반포 시절에는 강남 고속버스 터미널 지하상가가 물로 가득 차고, 터미널 동쪽 사거리까지 물바다가 된 모습을 본 기억이 생생합니다. 언제인가, 홍수가 빠진 뒤에 한강 고수부지 반포 지구에 나갔더랍니다. 평소에는 꽃이 심어져 있던 땅에 1미터 정도의 진흙이 쌓여 있던 것을 가볍게 생각하고 밟았다가 푹 빠져 버려서 한참을 빠져나오지 못하고 죽음의 공포를 느낀 적도 있습니다. 그래서 저는 서울의 여름이라고 하면 장마와 홍수를 떠올립니다. 홍수는 서울의 풍물시입니다.

신반포 한신 2차 아파트 단지에서 한강
고수부지로 이어지는 반포 나들목. 2017년 10월.

유례없던 을축년 대홍수

역사상 수없이 많았던 홍수 가운데에도 한강의 모습을 크게 바꾸고 서울 곳곳에 그 흔적을 남긴 것은 1925년의 이른바 〈을축년 대홍수〉였습니다. 1925년에 네 차례 있었던 홍수 중에서도 특히 7월 중순의 홍수가 가장 규모가 컸습니다. 근대에 홍수를 기록하기 시작한 뒤로 가장 큰 규모의 홍수였던 을축년 대홍수는, 오늘날까지도 한강 하류 지역의 하천을 설계할 때의 기준 홍수량으로 되어 있을 정도로 기상학적, 문화사적으로 넓고 깊은 영향을 미치고 있습니다. 한강과 한강변에서 일어난 재난이 서울의 역사와 문화에 지울 수 없는 흔적을 남겼다는 점에서, 1925년의 을축년 대홍수는 1950년 6월 28일의 한강 인도교(지금의 한강 대교) 폭파, 1950년 7월 16일 미군 폭격기 55대의 용산 폭격 등과 함께 기억할 만합니다.

을축년 대홍수는 한강의 물길을 바꾸고 수많은 이재민을 낳았을 뿐 아니라, 전국적으로 수많은 문화재에 피해를 미쳤습니다. 서울 북쪽의 북한산성 같은 경우는 행궁이 남아 있었고 지금의 수문 근처에서부터 태고사 아래까지 500여 가구가 살고 있었습니다. 하지만 을축년 대홍수가 북한산성 안의 물길을 모두 바꾸어서 행궁 등이 소실되고 인가도 숱하게 파괴되었습니다.

이처럼 한반도에 큰 피해를 준 을축년 대홍수는 당시 〈대일본 제국〉 전체에 큰 충격을 주었습니다. 조선 총독부가 『1925년 조선 홍수 (大正一四年朝鮮ノ洪水)』라는 책을 출판해서 피해 및 복구 상황을 알려야 했을 정도였습니다. 홍수가 났다고 책을 만들어 알린다는 것은 흔히 있는 일이 아닙니다. 홍수 침수 지역을 보여 주는 「경성부 수재도 — 1925년 7월 18일 홍수 경성 부근 범람 지역 및 각소 수심 조사도」라는 지도도 제작 판매되었습니다. 이 정도로 을축년 대홍수는 당시 사람들에게 충격을 주었던 것입니다.

양수리에서 풍납동까지: 정약용, 암사동 선사 유적지, 풍납 토성
『1925년 조선 홍수』에 수록된 「한강 하류부 범람 구역도」에서 연두색
으로 칠해진 부분이 침수 지역입니다. 동쪽으로는 정약용의 고향인 양
수리가 침수되어 있습니다. 정약용 무덤은 처음부터 높은 곳에 마련되
었기에 피해가 없었지만, 정약용이 살던 여유당이 물에 떠내려가서 정
약용 친필본은 큰 손실을 입었습니다. 정약용이 집필 교정한『경세유
표』나『어정규장전운』같은 책에는 을축년 대홍수 당시 물에 젖은 흔적
이 뚜렷이 남아 있습니다. 한강 상류 지역에는 유력한 가문과 학자들의
집이 많았기 때문에, 을축년 대홍수 당시 정약용 친필 이외에도 수많은
유물 유적이 소실되었을 터입니다.
　　「한강 하류부 범람 구역도」에서 양수리의 서북쪽을 보면 미사
리·암사리·풍납리 등이 보입니다. 이 지역은 한강이 휘감겨 흐르는 지
역이어서 특히 땅이 많이 깎여 내려갔습니다. 서울과 하남의 경계선 서
쪽 한강가에 자리한 가래여울 마을이라는 자연 부락도 이때 홍수 피해
를 입고 높은 지대로 옮겨 온 것입니다. 이 마을을 포함한 강동구 강일
동 지역에서는 얼마 전까지만 해도 대단위 비닐하우스 농업이 이루어
지고 있었습니다만, 최근 강일 4지구 개발이 본격화하면서, 당시의 모
습을 오늘날에 남기고 있는 곳은 이 가래여울 마을뿐인 것 같습니다.
바로 옆 하남시 미사강변지구의 고층 아파트 단지들과 좋은 대조를 보
이고 있습니다. 이렇게 1925년의 대홍수로 땅이 깎이면서 발견된 암
사동 신석기 유적과 유물은 해방 이후에도 여러 기관에 의해 발굴되어,
현재는 수많은 박물관에 흩어져서 소장되어 있습니다.
　　암사동 유적지를 1971년에 발굴한 고고학자 조유전 선생의 회고

를 읽으면, 1963년에 서울시에 편입된 암사동이, 당시 서울의 동쪽 끝이었음을 생생하게 느낄 수 있습니다.

현장에서 제일 가까운 천호동 버스 정류장까지는 걸어서 30, 40분은 소요되었고 다른 대중교통 수단은 없었다. 지금은 한강에 열아홉 개의 다리가 있지만 당시에는 다리도 제1 한강교, 한남 대교, 마포 대교, 광진교 네 개뿐이었다. 그러다 보니 강을 건너다니는 것이 쉽지 않았다. (……) 당시 공무원이 시내 출장을 갈 때는 여비가 따로 지급되지 않았다. 그래서 시내 중심인 광화문통에 있는 사무실에 출근해서 천호동까지 일반 버스로 가서 다시 현장까지 걸어서 가는 데 오전이 다 소비되고, 점심 먹고 두 시간 정도 작업하고 다시 사무실로 돌아와야만 겨우 퇴근 시간에 맞출 수 있었다. 결국 출퇴근을 해서는 도저히 발굴 작업이 진척되지 않았다. 그래서 현장 근처에 닭장 같은 방 하나를 빌려서 궁색하게 5, 6인의 조사 대원이 함께 기거하지 않으면 업무를 수행할 수 없었다. 조사 지역이 서울시 경계 안에 있었기 때문에 시내 출장으로 처리되어 한 푼의 여비도 받을 수 없었던 것이다.

한편, 풍납리에 자리한 둔덕의 일부가 깎이고 백제 시대 유물이 발견되면서, 이곳이 백제 시대의 성이었음이 확인됩니다. 당시 풍납 토성의 피해 상황에 대해, 아오노 겐지라는 사람은 이듬해인 1926년에 다음과 같이 증언합니다.

〈이번 큰물로 한강 흐름에 변화가 생겼고, 흙탕물은 풍납리 마을을 지나 흘러 강안 토사를 씻어 내렸다. 며칠 전 박물관으로 고동기(古銅器) 2개를 팔러 온 자가 있었다. 발견지를 듣고 가보니 풍납리였는데,

농촌 서울(가래여울 마을)에서 도회지
경기도(하남시 미사강변지구)를 바라보다.
2018년 4월.

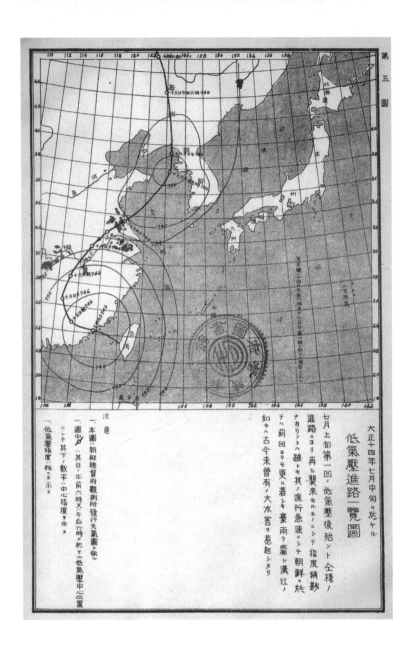

大正十四年七月中旬ニ於ケル

低氣壓進路一覽圖

七月上旬第一回ノ低氣壓後殆ント全樣ノ
進路ニヨリ再ヒ襲來セルモノニシテ指度稍數
ナカリシト雖トモ其ノ進行急速ニシテ朝鮮ニ於
テハ前回ヨリモ更ニ著シキ豪雨ヲ齋シ漢江ノ
如キハ古今未曾有ノ大水害ヲ惹起シタリ

注意

一、本圖ハ朝鮮總督府觀測所發行天氣圖ニ依ル
一、圖中ノ○ハ其日ノ午前六時又ハ午后六時ニ於ケル低氣壓中心位置
　ニシテ其下ノ數字ハ中心指度ヲ示ス
一、低氣壓指度ハ耗ヲ以テ示ス

조선 총독부『1925년 조선 홍수』에 수록된 1925년
7월 중순 태풍 진로.

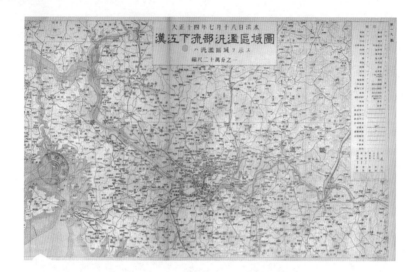

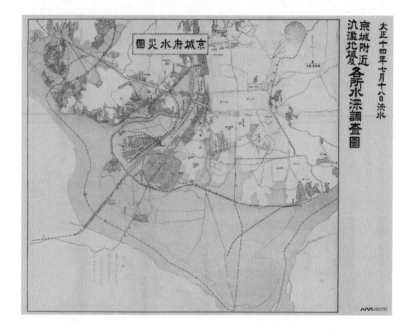

(위) 조선 총독부 『1925년 조선 홍수』에 수록된 「한강 하류부 범람 구역도」, 양수리에서 한강 어귀까지의 침수 상황. 지도에서 연두색으로 칠해진 부분이 침수 지역입니다.

(아래) 「경성부 수재도 — 1925년 7월 18일 홍수 경성 부근 범람 지역 및 각소 수심 조사도」. 용산과 이촌동 일대가 전부 한강에 잠겨 버렸음이 확인됩니다.

큰물에 씻겨 간 토사 단면에 커다란 항아리(壺)가 노출돼 있었으니, 동기(銅器)는 이 항아리 속에서 드러났다고 한다.〉

　　1925년 당시 풍납 토성의 서쪽 성벽은 모두 깎여 버리고 의미 있는 유물 유적이 남아 있지 않을 것으로 생각되어 왔지만, 2017년 10월에 이곳을 발굴한 결과 상당한 규모의 유적이 확인되었습니다. 풍납 토성 서쪽 성벽이 지나갈 것으로 추정되는 지역에는 현재, 시멘트를 생산하는 삼표 산업 풍납 공장이 자리하고 있습니다.

　　개인적으로는 풍납 토성에 대단히 큰 애정을 품고 있지만, 무리해서 공장을 철거하는 데에는 반대합니다. 나중에 이 공장이 산업적으로 의미가 없어지고 주민들이 더이상 공장을 이곳에 두지 말자고 결정했을 때, 그때 공장을 철거하고 풍납 토성 서쪽 성벽을 복원하거나 정비하는 것이 순리라고 생각합니다. 백제 시대의 왕성 안에 수많은 시민이 살고 시장과 공장이 존재하는 것은, 이곳의 역사가 여러 겹으로 중첩되어 있음을 보여 주는 흥미로운 증거입니다.

잠실, 송파: 〈을축년 대홍수비〉와 〈암행어사 이건창 영세불망비〉

「한강 하류부 범람 구역도」를 보면, 풍납리에서 좀 더 한강 하류 쪽에 있는 잠실섬이 완전히 물에 잠겨 있습니다. 이 일대에는 잠실섬, 부리섬, 무동섬 등의 섬이 있었고, 잠실섬은 당시 강북의 뚝섬 등과 같은 생활권이었습니다. 자양동과 잠실섬 북쪽 사이에는 작은 샛강이 있어서, 사람들은 배를 타지 않고도 건너다닐 수 있었거든요. 오늘날 잠실 지역의 신천 또는 새내라고 부르는 지명이 바로 이 샛강에서 비롯되었습니다.

　　이렇게 작은 냇가였던 신천이 1925년의 을축년 대홍수 때 넘치면서, 지금같이 큰 강이 되었습니다. 잠실섬과 부리섬의 마을 모두

새내 내력비. 2017년 10월.

부리도 부렴 마을 기념비. 2017년 7월.

대청 황제 공덕비. 이른바 삼전도비. 2014년 3월.

부산 성지곡 수원지. 융희 3년이라는 글자 왼쪽에
새겨 있었을 메이지 연호 표기가 시멘트로 메워져
있습니다. 2006년 10월.

군산 동국사. 〈쇼와 9년 6월 길상일〉이라는
문구에서 쇼와 연호 부분이 깎여 나갔습니다.
2017년 4월.

1925년의 범람으로 폐허가 되었다고 합니다. 다음과 같은 기록에서, 을축년 대홍수가 오늘날의 잠실 지역에 얼마나 큰 피해를 주었는지 짐작할 수 있습니다.

〈물이 빠진 뒤에는 퇴적한 모래와 진흙 때문에 도로와 마을의 흔적도 알 수 없을 정도로 황량한 모래벌판으로 변했으며, 겨우 포플러 나무와 나무 자재가 쌓인 것으로 보아 이곳이 마을의 터전이었음을 추측하게 한다.〉

한편, 원래 한강 본류였던 잠실섬 아래쪽의 강은 강남 개발 때 매립되어서, 지금은 석촌 호수에 간신히 그 흔적을 남기고 있습니다. 두 개의 석촌 호수 사이에 세워져 있는 〈대청 황제 공덕비〉 일명 〈삼전도비〉는 인근 마을이 폐허가 되는 중에도 홀로 서 있었다고 합니다. 옛 잠실섬 남쪽의 잠실 공원과 북쪽 아시아 공원에는 각각 새내 주민과 부리섬 주민들이 세운 기념비가 있어서, 지난 100년의 잠실 역사를 되돌아보게 합니다.

한편, 대청 황제 공덕비 동남쪽의 송파 근린공원에도 을축년 대홍수와 관계된 비석이 두 개 서 있습니다. 홍수가 끝난 이듬해인 1926년에 세워진 〈을축년 대홍수비〉, 그리고 홍수 때 쓸려 갔다가 1979년에 다시 발견된 〈암행어사 이건창 영세불망비〉입니다.

먼저, 〈을축년 대홍수비〉는 정식으로는 〈을축 7월 18일 대홍수 기념〉이라고 합니다. 1925년에 네 차례 있었던 홍수 가운데 서울과 한강 일대에 가장 큰 피해를 입힌 7월 중순 홍수를 기억하기 위한 것임을 알 수 있습니다. 주민들이 홍수 피해를 잊지 않기 위해 이듬해인 1926년 6월 20일에 세웠다는 내용이 비석 왼쪽 면에 새겨져 있는데, 1926년을 나타내는 〈다이쇼 십오 년(大正十五年)〉에서 〈다이쇼〉 부분이 깎여 나가 있습니다. 해방 이후에 누군가 깎아 낸 것이지요. 메이지(明

을축년 대홍수비. 2017년 10월.

行御史李公建昌永世不忘碑

암행어사 이건창 영세불망비. 2017년 10월.

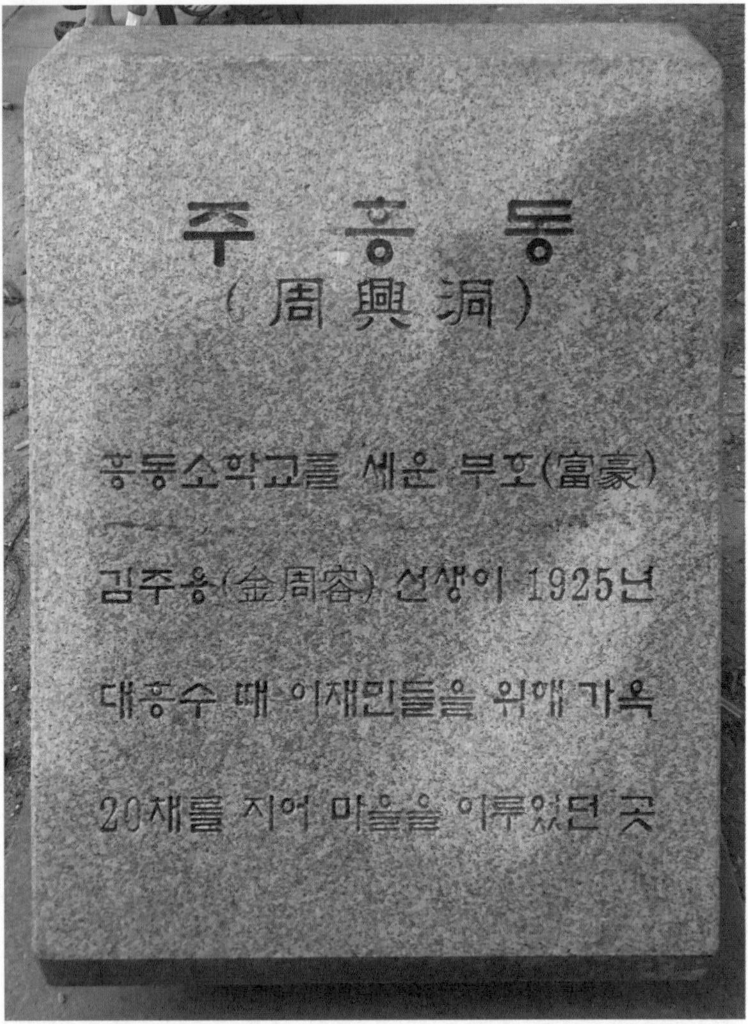

주흥동
(周興洞)

흥동소학교를 세운 부호(富豪)

김주용(金周容) 선생이 1925년

대홍수 때 이재민들을 위해 가옥

20채를 지어 마을을 이루었던 곳

주흥동 유래 표지석. 서초구 잠원동 주흥 어린이
공원에 있습니다. 2017년 9월.

治)·다이쇼·쇼와(昭和) 같은 일본 연호를 이런 식으로 깎아 낸 것은 부산 성지곡 수원지, 군산 동국사 등 전국에서 확인할 수 있습니다. 한편, 을축년 대홍수비 앞면에는 6·25 전쟁 당시 총알을 맞아 떨어져 나간 부분도 있습니다. 이처럼 〈을축년 대홍수비〉는 20세기 한반도가 겪은 숱한 재해와 전란을 잘 보여 주는 축소판이라 하겠습니다.

　그 옆에는 〈암행어사 이건창 영세불망비〉가 서 있습니다. 〈암행어사〉의 〈암〉자는 현재 보이지 않습니다. 1883년에 세워진 이 비석은 1925년에 을축년 대홍수로 사라졌다가 1979년에 발견되었습니다.

　그런데 〈암행어사 이건창 영세불망비〉 앞에 세워진 설명문을 포함해서 이 비석에 관한 여러 문헌을 살펴보면, 1979년에 이 비석을 다시 찾은 사람을 그저 〈어느 향토 사학자〉라고만 하고 있습니다. 제가 아직 확인하지 못한 문헌에는 그 〈어느 향토 사학자〉의 이름이 분명히 적혀 있을지 모르겠습니다만, 최소한 비석 바로 앞에 놓인 설명문이나 서울시에서 발간한 자료 등에는 그 발견자의 이름이 드러나 있지 않습니다. 이 비석을 다시 발견한 그 누군가에게 무언가 사연이 있어서 이름이 감추어진 것인지, 아니면 무명의 시민이 찾아낸 것이어서 이름을 기록으로 남길 필요가 없다고 생각한 것인지 모르겠습니다만, 참으로 안타깝고 한탄스럽습니다.

반포: 〈고 김주용 선생 기념비〉

잠실섬 아래에서는 동남쪽으로 가락리, 문정리, 수진리, 야탑리 등이, 서남쪽으로 삼성리, 대치리, 반포리, 양재리, 포이리, 염곡리 등이 피해를 입었음이 확인됩니다. 앞서 말씀드린 대로, 오늘날 프랑스 사람들이 많이 모여 있는 것으로 잘 알려진 서래 마을도, 원래는 반포리에 살던 주민들이 을축년 대홍수로 피해를 입고 이주해서 만들어진 것입니다.

원래의 서래 마을은 지금의 신반포 15차 한신 아파트 지역입니다. 저지대인 지금의 반포동 지역에 살다가 홍수 피해를 입자, 고지대인 지금의 서리풀 공원 기슭으로 옮겨온 것이지요.

반포리의 저지대에 살다가 고지대로 옮긴 것은 서래 마을뿐이 아니었습니다. 3호선 신사역, 7호선 논현역과 반포역 사이에 있는 주흥동 주민들도 원래는 지금의 잠원 한신 아파트 자리에 살고 있었습니다. 을축년 대홍수로 주민들이 큰 피해를 입자, 당시 경성의 부자이자 자선사업가였던 김주용 선생의 뜻을 이어받은 인사들이 고지대인 지금의 주흥동 자리로 사람들을 이주시키고 집까지 20여 채 지어 주었다고 합니다. 김주용 선생이 다시 흥하게 한 마을이라고 해서 이름을 주흥동이라고 한 게지요. 홍수 피해를 입은 주민들을 위해 땅을 내주고 집까지 지어 준 김주용 선생을 추모하여, 사람들은 옛 마을 자리에 〈고 김주용 선생 기념비〉를 세웠습니다.

또 이때 이곳의 어린이들을 위해 흥동 학교도 세워졌는데, 이 학교의 후신인 신동 초등학교 홈페이지를 보면 학교가 1946년 4월 2일에 개교한 것으로 되어 있습니다. 이상한 일입니다. 또, 잠원 한신 아파트 부지 내의 〈고 김주용 선생 기념비〉에 가보면 이 비석이 방치되어 있다는 사실을 한눈에 알 수 있습니다. 비석은 군데군데 큰 상처를 입은 상태여서, 한때 누군가 쓰러뜨리려 한 것이 아닌가 하는 생각까지 하게 합니다. 김주용이라는 이름이 적힌 부분이 뒤로 돌려져 있는 것 역시, 이 비석이 서 있는 것을 달가워하지 않는 사람이 있음을 짐작케 합니다.

오늘날 김주용 선생은 왜 기억되고 있지 않을까요?

제 생각에는 김주용 선생이 현대 한국 시민들에게는 〈친일파〉로 간주될 성격의 인물이기 때문일 것입니다. 당시 이 정도의 자선 활동을 할 수 있을 정도로 재산을 모으려면, 오늘날의 기준으로 친일파라 불릴

(위) 고 김주용 선생 기념비. 2017년 9월.

(아래) 비석을 세운 시흥군수 오노 히로키치 등의
발기인 이름이 적혀 있는 옆면. 2017년 9월.

만할 활동을 했을 터입니다. 또, 〈고 김주용 선생 기념비〉를 읽어 보면 비석을 세운 주체가 다음과 같이 적혀 있습니다.

〈시흥군수 오노 히로키치를 비롯한 시흥군 내 각 면장 및 각 초등 학교장과 군 내외 유지 일동. 홍동 학교장 도쿠하라 에이쇼를 비롯한 후원회 임원 및 학부형과 졸업생 유지 일동.〉

당시 반포 지역을 관할하던 시흥군의 일본인 군수 오노 히로키치, 그리고 창씨개명을 한 것으로 보이는 도쿠하라 에이쇼 홍동 학교장이 함께 이 비석을 세운 것입니다. 이런 내력을 지닌 인물이고 비석이다 보니 그 누구로부터도 기억되지 못하고 있는 것이겠지요.

오늘날 강남 지역은 원주민이 거의 모두 떠나고 새로운 주민들이 살고 있기 때문에, 정착민이 오랫동안 살아온 강북 사대문 안 지역에 비해 향토애라 할 것이 약한 것이 사실입니다. 하지만, 오늘날 서울 시 내 각지의 역사적 인물을 발굴하는 것이 유행하고 있는 와중에도, 을 축년 대홍수의 피해를 입은 사람들에게 땅을 주고 집과 학교를 지어 준 김주용 선생과 동지들의 뜻을 기리는 비석은 여전히 잊혀져 있습니다. 현재 한국의 일부 세력은 〈반일〉이라는 칼을 너무나도 쉽게 휘둘러 역 사를 왜곡하고 망각시키고, 자신들과 다른 생각을 하는 사람들을 낙인 찍습니다.

중랑천: 살곶이 다리와 수신비(水神碑)

「한강 하류부 범람 구역도」에서 반포리, 신사리, 압구정리 등 오늘날 강 남 지역의 북쪽을 보면 〈수도 수원지〉라는 표식이 보입니다. 그 오른쪽 뚝섬에 1903년에 만들어진 한반도 최초의 수도 정수장에 보낼 물을 퍼 올리던 곳이 여기라는 뜻입니다. 그곳부터 뚝섬을 지나 북쪽으로 중랑 천변은 월계리, 하계리 지역까지, 청계천·정릉천변은 종암리까지 침수 피해를 입었음을 지도에서 알 수 있습니다.

이처럼 당시 경성 동북 지역에도 막대한 피해를 입힌 1925년 을축년 대홍수를, 오늘날의 한양 대학교와 뚝섬 사이에 놓여 있던 살곶이 다리가 피해 갈 수 없었습니다. 오늘날 남아 있는 조선 시대의 돌다리들 가운데 가장 큰 살곶이 다리는 이때 일부가 없어졌습니다. 그 후 1972년에 철근 콘크리트 다리를 동남쪽에 붙여서 다시금 다리의 기능을 하게 했지요. 중랑천이 더 넓어졌기 때문에, 살곶이 다리를 다리로서 기능하게 하려면 필요한 작업이었습니다.

살곶이 다리에서 중랑천을 따라 북쪽으로 올라가다가 군자교 조금 못미치는 지점에는 송정 마을이라는 옛 강변 마을이 있습니다. 이 곳에는 을축년 대홍수가 일어나기 석 달 전인 1925년 4월에 동양 척식 회사 경성 지점에서 세운 〈수신비〉가 있습니다. 앞면에는 큰 글씨로 〈수신〉, 즉 중랑천 내지는 한강의 신을 가리키는 단어가 새겨져 있습니다. 그리고 그 왼쪽 면에는 비석을 세운 유래가 적혀 있는데, 각종 온오프라인 자료에서는 이 유래 기록의 일부 글자를 잘못 읽고 있습니다. 실제로 답사를 가서 비석을 찬찬히 살펴보니, 〈1925년 4월에 (물의 신에게) 제사 지내다. 동척 경성 지점(大正十四年四月祀 東拓京城支店)〉이라고 읽을 수 있겠더군요. 이렇게 강의 신에게 제사를 지내고 비석까지 세웠지만, 그 정성은 응답받지 못하고 송정 마을은 유례없는 대홍수에 시달리게 됩니다.

이 비석은 바로 얼마전까지만 해도, 고지대인 아파트 단지 내에 있었습니다. 하지만 제가 답사한 2017년 10월에는 아파트 단지 옆의 중랑천변 송정 마을 마당으로 옮겨져 있더군요.

짐작건대, 원래 아파트 단지와 송정 마을이 하나의 마을로서 존재하다가 고지대에 아파트 단지가 개발되었을 듯 합니다. 하지만 한반도

뚝도 정수장. 정문 왼쪽에 〈경성 수도 양수 공장〉,
오른쪽에 〈광무 십일년 건축〉(1907년)이라고
새긴 석판이 박혀 있습니다. 2017년 10월.

(위) 살곶이 다리. 2017년 10월.

(아래) 제가 이곳을 가장 최근 답사한 2017년 10월에는, 살곶이 다리의 한양대 쪽 그러니까 문화재로 지정된 부분의 일부가 수리되고 있었습니다.

수신비. 2017년 10월.

주민들은 신에게 바쳐졌거나 글자가 새겨진 비석에 손을 잘 대지 못하는 심리가 있습니다. 사람들이 손대지 말라는 경고문이 새겨져 있는 노원구 중계동 한글고비가 그러한 심리를 잘 보여 줍니다. 그래서 송정 마을의 고지대 부분이 아파트 단지로 개발된 뒤에도 〈수신비〉는 단지 안에 덩그러니 남아 있었겠지요. 송정 마을 분들은 해마다 이 비석에 제사를 지낸다고 하니, 아마도 아파트 단지 내에서 이런 식의 제사 지내는 걸 싫어하는 특정 종교 세력과 마찰을 겪고 나서, 저지대인 지금의 송정 마을 마당으로 옮겨진 듯 합니다. 작은 비석 하나를 통해서 옛 마을과 아파트 단지 간의 지리적 관련, 그리고 긴장 관계를 엿볼 수 있습니다.

또한, 수신비를 찾아 이 지역을 헤매면서, 특정한 테마에 맞춰 쇼핑하듯이 바쁘게 유적이나 유물을 보고는 다음 장소로 떠나 버리는 답사 방식이 얼마나 큰 한계를 지니고 있는지도 새삼 깨달았습니다. 만약 수신비가 예전처럼 아파트 단지 안에 있었다면, 저는 아파트 단지에서 좀 더 높은 언덕을 넘어야 나타나는 송정 마을에 갈 생각도 하지 않았을 것입니다. 중랑천변에 형성된 옛 마을이 아직도 남아 있고, 옛 신앙의 대상물을 둘러싸고 새로이 들어선 아파트 단지와 긴장 관계를 유지하고 있음을 알게 된 것은, 수신비의 위치가 바뀌었기 때문에 얻을 수 있었던 성과입니다. 송정 마을을 실제로 답사함으로써, 송정 마을이 수신비가 존재하는 지역으로서만 의미를 갖는 것이 아니라, 수신비가 송정 마을의 떼놓을 수 없는 일부로서 존재한다는 사실을 피부로 느꼈습니다.

수신비를 찾아 헤매는 과정에서, 아파트 단지와 그 주변 단독 주택의 주민들은 대부분 비석이 있었다는 사실조차 알지 못한다는 반응을 보였습니다. 일부 그 존재를 기억하는 분들도, 비석이 언제 어떻게 어

수신비가 세워져 있는 중랑천변 송정 마을.
2017년 10월.

디로 옮겨졌는지에 대해서는 알지 못했습니다. 어떤 분들은 호의적인 입장에서 잘못된 정보를 주셔서, 저를 상당히 헤매게 했습니다.

앞 절에서 소개한 창원시 신마산 지역의 식민지 시대 공간에 대해서도 비슷한 경험이 있습니다. 마산 출신의 어떤 분에게 〈마산에서 식민지 시대 흔적이 남은 곳이 있느냐〉고 물으니, 마산은 전부 개발되어서 옛 흔적이 전혀 안 남아 있다고 답하더군요. 하지만 나중에 신마산을 답사하니, 식민지 시대의 신도시 공간이 거의 그대로 남아 있었습니다.

관심이 없으면 눈에 들어오지 않는 법입니다. 답사를 할 때에는 현지 주민분들께 많이 묻고 그분들의 생각과 입장을 헤아려야 하는 것이 기본이지만, 현지인이 언제나 현지 상황을 가장 잘 알고 있다고 단정할 수는 없습니다. 어떤 경우는 그 지역에 관심을 갖고 찬찬히 조사한 외부인이 현지인보다 더 잘 알 수 있습니다.

이촌에서 영등포까지: 〈한강 수사자 조혼비〉

용산역 및 미군 기지와 한강 사이에는 이촌 지역이 있습니다. 이곳에는 용산역과 옛 일본군 기지에서 잡일을 하던 조선인과 일본인 하층민들이 살고 있었습니다. 이들 두 민족은 1923년에서 1927년 사이에 함께 생존 투쟁을 벌였습니다. 홍수를 막기 위한 제방을 짓고 높은 지대로 옮겨 가기 위한 자금을 총독부 경성부로부터 확보해야 한다는 지역 공동의 이해에서, 의식적으로 민족 간의 차이를 뛰어넘어 함께 싸운 것이지요. 결국 그들은 오늘날의 공덕역 서남쪽 높은 땅을 제공받아 이전했습니다. 이 지역 하층민의 생존 투쟁에 대해 조사한 김영미 선생은, 당시 조선인 신문들이 이 문제를 조선인과 일본인의 갈등 구도로 만들었던 것과는 달리, 이촌동 지역 주민들은 두 민족에서 골고루 대표를 선

No. 1

第一 洪水　水龍本道川仁津梁營

No. 2

第一 洪水　山裏蓮溝麻 籠山及營梁津方力面ヲ院ム 後五時二十分七日二十後

노량진에서 바라본 용산 방면의 피해 상황.
「1925년 조선 홍수」중.

第二回洪水　　　文平山上ヨリ見タル新蔣

第二回洪水　　　麻浦裏山ヨリ新舊龍山ヲ新リ望ヲ山龍舊新リヨ山裏浦麻　　午前九時十七日

狀況　　七月十八日午後三時四十五分

第二回洪水　　大島町附近ノ浸水狀況　　七月十八日午後四時四十分

마포에서 바라본 용산의 피해 상황. 「1925년 조선
홍수」 중.

第二回洪水　西部二村洞ノ被害狀況　七月二十三日

第二回洪水　新龍山鐵道官舍ノ被害狀況　七月二十三日

서부이촌동의 피해 상황. 『1925년 조선 홍수』중.

노량진에서 용산으로 가는 한강 인도교의 피해
상황. 「1925년 조선 홍수」중.

출했고, 이들이 공동으로 투쟁했음을 확인했습니다.

경성부는 이들 주민이 사는 이촌동을 제외한 신, 구 용산 지역과 영등포가 홍수로 침수되는 것을 막을 수 있는 제방을 쌓았습니다. 이촌동 지역은 한강 백사장이어서 사람들이 살게 하지 않겠다는 방침이었던 것이죠. 그러다가 1925년에 대홍수가 일어나자 이촌동 지역이 침수된 것은 물론이려니와, 제방이 쌓여 있던 용산과 영등포 일대도 침수되어 버렸습니다. 『1925년 조선 홍수』에 수록된 「한강 연안 경성 부근 범람 상황도」에 빨갛게 표시된 것이, 을축년 대홍수로 끊긴 제방입니다. 영등포 일대의 공장들은 물론이려니와, 1905년에 창립된 유서 깊은 영등포 교회도 이때 영등포 지역의 제방이 끊기면서 침수되었다고 합니다.

1936년에 제작된 「대경성부대관」을 보면, 여의도를 마주하는 영등포 땅에 높은 제방이 그려져 있습니다. 1925년의 피해를 되풀이하지 않기 위해 1926년부터 1931년까지 5년에 걸쳐 영등포 전체를 감싸는 방식으로 만들어진 것입니다. 당시 조선에서 영등포 공업 지역이 얼마나 중요했는지를 보여 주는 사례라고도 할 수 있겠습니다. 이윽고 총독부는 영등포 지역을 경성부에 편입시키고, 나아가 경성-영등포-인천을 잇는 〈경인〉 지역 전체를 식민 통치의 축으로 삼게 됩니다.

한편 영등포 오른쪽에는 노량진과 용산을 잇던 한강 인도교와 철교가 있었는데, 이 두 개의 다리도 을축년 대홍수로 끊겼습니다. 한강 인도교는 제1 한강교라고도 불린 한강 대교를 말합니다. 한강 인도교와 철교는 1950년 6월 28일에 폭파되어 끊기기 25년 전에도 이미 한 번 끊긴 적이 있었던 것입니다. 한강 북쪽과 남쪽을 잇는 중요한 다리 두 개가 모두 끊긴 것은 당시 사람들에게 큰 충격을 주었던 모양입니다. 『1925년 조선 홍수』에는 두 개의 다리가 어떤 피해를 입었고 어떻게 복구하고 있는지를 보여 주는 여러 장의 사진이 실려 있습니다.

그리고 을축년 대홍수가 있은 지 4년 뒤인 1929년에, 홍수 때 죽은 사람들을 추도하는 〈한강 수사자 조혼비(漢江水死者弔魂碑)〉가 한강 인도교 오른쪽 강변에 세워집니다. 뒷면에는 〈1929년 6월에 세우다. 용산 기자단 유지(昭和四年六月建 龍山記者團有志)〉라고 새겨져 있습니다. 이들이 누구인지는 잘 모르겠지만, 아마도 을축년 대홍수를 취재한 기자들을 가리키는 것이겠지요. 지금도 비석 주변에는 노숙자 분들이 묵고 있어서, 그 모습이 을축년 대홍수 당시의 한강가 풍경을 떠오르게도 합니다.

이 한강 수사자 조혼비는 1970년대에 홍수로 쓰러졌다가, 한강 인명 구조 대원인 김평산 선생이 1985년에 다시 일으켜 세우셨다고 합니다. 1979년에 〈암행어사 이건창 영세불망비〉를 찾아낸 분이 〈어느 향토 사학자〉라고만 알려져 있는 데 비해서, 〈한강 수사자 조혼비〉는 비석을 세운 분의 이름이 전해지는 것이 보기 좋습니다.

마지막으로, 한강 인도교 왼쪽의 유원 강변 아파트 주변에는, 이곳에 노강서원이라는 건물이 있다가 을축년 대홍수로 사라졌다는 내용의 철제 표지판이 서 있습니다. 이 표지판은 얼마전까지 아파트 103동 앞에 있었다고 하는데, 2017년 10월에 답사하니 아파트 단지 맞은편 인도 한구석으로 옮겨져 있었습니다. 표지판이 옮겨진 이유는 잘 모르겠지만, 어쩌면 노강서원과 지금의 아파트 단지 사이에는 관계가 없다는 누군가의 생각이 반영된 결과일지도 모르겠습니다. 아무튼, 표지판이 서 있는 지역을 실제로 답사해 보니, 이 지역이 한강가에서 가까운 저지대임을 한눈에 알 수 있었습니다.

북한 금강산 댐이 서울을 물에 잠기게 하기 위한 것이라면서 당시 저 같은 초등학생들에게서까지 강제로 성금을 모금해 평화의 댐을 만들고 한강 개발 사업을 추진한 결과, 한강에서 을축년 대홍수 규모의 홍수가 날 위험은 이제 없다고들 합니다. 한강은 사실상 강이 아니라 호수에 가까운 상태가 된 것이지요. 물론 앞으로도 서울은 국지적으로 홍수 피해를 겪겠지만, 홍수가 서울의 풍물시라고 할 정도로 대규모의 피해가 일어나고 을축년 대홍수처럼 서울 곳곳에 흔적을 남기는 일은 이제 없지 싶습니다.

흑석동 한강 수사자 조혼비. 2017년 9월.

노량진 노강서원 터 표지판. 2017년 10월.

삼성동 토성을 배경으로 서 있는 한강 종합 개발
기념비. 2017년 10월.

4
최초의 강남을 걷다:
영등포에서 흑석동까지

용산에서 한강 인도교나 한강 철교를 건너면 남쪽으로 노량진에 이릅니다. 식민지 시대에는 노량진, 영등포, 여의도가 한데 뭉뚱그려져서 서울의 서남쪽 땅끝으로 인식된 것 같습니다. 1927년에 경성에서 출판된 오키 하루조의 『취미의 조선 여행』에서 언급되는 한강 남쪽의 주요 지역 또한 영등포와 노량진이었습니다. 여기서는 식민지 시기의 강남이었던 영등포를 중심으로 해서 문래, 여의도, 노량진, 흑석동 일대를 걸어 보겠습니다.

최초의 강남, 영등포
영등포는 1910년 이후 시흥군청이 자리한 군청 소재지가 되면서 그 존재가 널리 알려지기 시작했습니다. 『취미의 조선 여행』에서 영등포에 대한 설명을 봅시다.

〈영등포: 이 역에서 경인선이 갈라지고, 영등포 일대는 공업 지대로서 급속히 발전했다. 조선 피혁 회사, 벽돌 공장, 대일본 맥주 대공장이 있다.〉

좀 이상합니다. 조선 피혁 주식회사는 1911년에 당산리에 들어섰으니 문제가 없고, 벽돌 공장도 문제가 없습니다만, 대일본 맥주 회사

『취미의 조선 여행』에 붙어 있는「경성 유람
안내도」. 지도 왼쪽 부분의 한강 주변으로 여의도
비행기 착륙장, 노량진역, 한강 신사 등이
보입니다.

가 영등포에 공장을 세운 것은 1933년인데, 이 책이 나온 것은 1927년 이란 말입니다. 수많은 연구자들이 1933년이라는 연대를 확인해 주고 있으니 이를 의심하기는 어렵습니다. 아마도 제가 가지고 있는 『취미의 조선 여행』은 1927년에 출판된 뒤 인기를 얻자 내용을 늘려서 1933년 이후에 출판된 것이라고 추정할 수 있겠습니다. 종종 있는 일입니다.

대일본 맥주 주식회사의 일본 본사는 조선의 영등포에 자회사인 조선 맥주 주식회사를 설립합니다. 광복 후에 이 회사는 크라운 맥주, 뒤이어 하이트 맥주가 됩니다. 영등포역에서 서남쪽에 위치하던 대일본 맥주 공장 자리에는 현재 대우 푸르지오 아파트가 세워져 있습니다. 한편, 대일본 맥주의 경쟁사였던 쇼와 기린 맥주 공장은 영등포역 동쪽에 세워졌는데, 이곳은 해방 후 오비 맥주가 되었다가 지금은 영등포 공원으로 바뀌어 있습니다.

식민지 시기에 발행된 여행 안내 팸플릿인 『경성 관광 안내』를 보면, 한강 인도교를 건너서 강남으로 오면 우선 한강 신사 입구에 다다르고, 여기서 경성 전기 버스를 타면 노량진, 아라이 목장 입구, 여의도의 경성 비행장 입구, 기린 맥주 공장 입구, 새로 편입된 영등포 일대의 행정을 관할하던 영등포 출장소, 영등포역 앞, 삿포로 맥주 공장 앞의 순서로 버스가 정차했습니다.

이처럼 1930년대에 공업 지대로서 발전한 영등포는 1936년에 경성에 편입됩니다. 그 후 영등포, 노량진, 흑석동은 〈강남〉이라 불리게 됩니다. 용산에서 남쪽으로 한강 인도교와 한강 철교를 건너면 다다르는 곳이니, 한강의 남쪽인 강남이 맞지요. 지금도 강남 아파트, 강남 중학교, 강남 교회를 비롯해서 강남이라는 단어가 붙은 시설과 업체를 영등포와 그 주변 지역에서 많이 볼 수 있습니다.

4 최초의 강남을 걷다: 영등포에서 흑석동까지 277

영등포역에서 서북쪽으로 갈라져 나온 철도 인입선이 다시 동북쪽으로 올라간 끝에는, 『취미의 조선 여행』에서도 언급되는 조선 피혁 주식회사 공장이 있었습니다. 그 자리에 세워진 아파트의 이름도 강남 맨션이었습니다. 이곳에는 현재 당산 래미안 4차 아파트가 세워져 있습니다. 지도를 보면 당시 철도 인입선이 놓여 있던 길이 지금도 남아 있습니다. 또, 식민지 시대 강남의 계획 신도시였던 명수대 즉 흑석동에도 강남장(江南莊)이라는 지명이 있었고, 명수대 남쪽으로 새로 개발된 신도시인 지금의 상도동 지역에는 강남 공립 국민학교가 설치되어 오늘날의 서울 강남 초등학교로 이어지고 있습니다. 이처럼 영등포·노량진·명수대·상도 지역이 강남이었으니, 오늘날의 강남은 영등포의 동쪽이라고 해서 영동이라고 불렸지요. 1969년에 한남 대교가 개통되고 1972년에 강남 대로가 개통되면서 영동은 강남이라 불리며 급성장했습니다. 하지만, 강남구의 영동 대교, 영동 시장, 영동 고등학교, 송파구의 영동 일고등학교와 같은 지명을 통해 이 지역이 영등포 동쪽으로 생각되던 때가 있었음을 기억합니다.

아카마 기후라는 사람이 1923~1924년 사이에 경성의 밑바닥에서 생활하던 조선인과 일본인 들을 취재한 『대지를 보라』라는 하층민 실태 조사 르포에는 시흥에서 태어난 조노마라는 소년이 등장합니다.

아버지가 죽고 어머니에게 버림받아 거지가 된 조노마는 지금의 영등포를 포함하는 큰 지역인 시흥에서 살았습니다. 그의 이름은 사람들이 그를 손가락질하면서 〈요놈아 조놈아〉 하고 욕하던 것을 그대로 가져온 것이었겠지요. 이렇게 마을 사람들이 자신을 노골적으로 배척하자, 조노마는 시흥군청이 있는 영등포를 거쳐서 한강 건너 경성으로 흘러들어 왔습니다.

아카마 기후와 만났을 당시에는 경성에서 거지 생활을 하고 있었

옛 오비 맥주의 맥주 담금솥. 영등포 공원에
있습니다. 2016년 8월.

강남 아파트. 2016년 4월.

강남마실애(愛)라는 상호의 업소. 강남 중학교
옆에 있습니다. 2017년 9월.

습니다. 〈경성에 가면 배 터지게 먹을 수 있겠지〉 하는 심정으로 경성에 왔지만, 경성에서는 거지 선배들의 텃세에 시달리던 차에 아카마 기후와 만났다고 하네요. 1933년 즈음부터는 영등포와 당산에 대규모 공장이 들어서면서 인구가 급격하게 늘어났기 때문에, 조노마 소년이 10년만 늦게 태어났다면 굳이 한강 건너 경성으로 가서 고생할 것 없이 영등포에 눌러앉았을지도 모르겠습니다. 그리고 운좋게 성인이 될 때까지 살아남았다면, 지금의 영등포동, 양평동 일대에 존재했던 빈민촌 어딘가에 살면서 해방을 맞이했겠지요.

영서 코스: 영등포에서 문래, 양평으로

〈대경성〉 시대의 강남을 답사하기 위해서는 영등포역에서 시작하는 것이 편리합니다.

이곳에서부터 답사를 시작할 때에는 두 가지 코스를 선택할 수 있습니다. 하나는 영등포역에서 서쪽으로 향해서 문래, 양평, 안양천, 목동 쪽으로 향하는 것입니다. 저는 이 루트를 영등포 서쪽으로 향한다는 뜻에서 영서 코스라고 부릅니다. 또 하나는 영등포역에서 노량진을 거쳐 여의도나 흑석동으로 향하는 것입니다. 이 코스는 영동 코스라고 부릅니다.

양평동 남쪽, 문래동 북쪽 사이에 자리한 양남 사거리에는 영서 교회라는 이름의 종교 시설이 있습니다. 짐작컨대는 영등포 서쪽에 자리한 교회라는 뜻이겠습니다. 1956년에 영등포·양평·문래 일대의 가난한 신도들과 함께 출발한 유서 깊은 교회일 터입니다. 그 시절 영서 교회에서 주변을 바라보면 빈민촌과 공장들이 눈에 들어왔을 것입니다. 영서 교회 근처에는 영서 엔지니어링·영서 식품·영서 텔레콤 등의 상업 시설이 있고, 영등포역 앞에는 한국 전력 공사 영서 전력소가 있는

(위) 영동 대교 남단의 동판. 2017년 11월.　　　　　(아래) 영등포역 근처의 유곽 지역. 2017년 8월.

등, 영등포구 일대에서는 영서라는 지명을 종종 보게 됩니다. 참고로,
1936년에 나온 「대경성부대관」에는 한전 영서 전력소 위치에 경성 전
력 출장소가 그려져 있습니다. 식민지 시대에서 현대 한국 시기까지 동
일한 전력 회사가 장소를 바꾸지 않고 자리하고 있는 데에서, 이 장소
의 연속성을 느낄 수 있습니다.

　영서 코스를 택해서 답사할 경우에는, 영등포역 교차로에서 곧바
로 서쪽으로 향하거나, 신세계 백화점 영등포점 옆을 지나서 서쪽으로
향하는 두 가지 방법을 주로 선택하고는 합니다. 특히 미성년자분들께
는 앞의 코스를 추천드립니다. 왜냐하면 뒤의 코스는 신세계 백화점 영
등포점 옆에 자리한 청소년 출입 금지 지역인 유곽 지역을 통과하기 때
문입니다. 이곳은 2017년 현재 영등포 도심권 도시 재생 사업 대상 지
역으로 정해져 있습니다. 그리고, 유곽 지역 바로 옆에 백화점과 주차
장이 들어서서 인구 이동량이 늘어나는 바람에, 이곳은 더 이상 외지고
구석진 지역이 아니게 되었습니다. 이런 식으로 변화가 시작되면 유곽
지역이 머지않아 사라져 버리는 모습은 현대 한국의 역사에서 숱하게
목격됩니다.

　영등포 서쪽에 자리한 문래는, 태평양 전쟁이 한창이던 1940년
대 초에 조선 주택 영단이 소형 영단 주택을 건설한 곳입니다. 그 후 이
곳은 영단 주택 단지의 공간 구조가 유지된 상태로 소규모 공장들이 들
어서서 지금까지도 작은 공단을 이루고 있습니다. 최근 10여 년 사이
에는 이런 분위기를 좇아 예술가들이 들어와서, 옛 영단 주택 단지와
그 주변은 일부 예술가들의 창작 거점으로 이용되고 있기도 합니다. 제
가 2017년 10월에 옛 영단 주택 단지 일대를 답사했을 때에는 창작 공
간들과 함께 현대식 카페가 이곳저곳에 들어서 있었고, 영단 주택 단지
사방을 고층 아파트 단지가 둘러싸고 있었습니다. 문래의 옛 영단 주택

（위）영등포역에서 철도 인입선이 갈라져 나오던   （아래）철도 인입선 주변에 형성된 청과물 시장.
지점. 2017년 11월.   2017년 11월.

(위) 옛 문래 영단 주택 단지를 내려본 풍경.
2017년 10월.

(아래) 영단 시절의 흔적을 남기고 있는 영단 슈퍼
사진. 2017년 10월.

단지가 언제까지 공단으로서 기능할 수 있을지 예측하기 어렵다고 생각했습니다.

참고로, 문래 영단 주택과 비슷한 풍경을 인천 부평구 산곡동의 옛 영단 주택에서도 볼 수 있습니다. 산곡동 영단 주택은 식민지 시대에 일본 육군의 조병창(造兵廠)에서 근무하던 노동자들의 숙소였습니다.

문래 공단 지역을 걸을 때마다, 저는 두 가지 느낌을 받습니다. 한 가지는, 한번 건물을 짓고 도시 구획을 만들어 놓으면, 그곳은 웬만큼 큰 전쟁이 나지 않는 한 오랫동안 남아서 사람들에게 이용되고 이용되고 또 이용된다는 것입니다. 아니, 이 옛 영단 주택 단지는 한반도를 뒤흔든 6·25 전쟁도 이겨 냈지요. 하지만, 이 구역 주변을 둘러싸고 있는 고층 아파트 단지들을 보고 있으면, 이곳 역시 대규모 재개발 또는 도시 재생의 움직임을 피하기는 어렵겠다는 생각을 하게 됩니다.

사실, 영단 주택 단지를 조성할 때에도 논밭과 마을을 철거했을 터이고, 그때의 흔적은 지워졌습니다. 그리고, 논밭과 마을을 밀어내고 지어진 영단 주택 단지가, 이번에는 자기 자신이 기억에서 밀려날 운명을 맞이하고 있습니다. 대규모 재개발이 이루어지고 나면, 그에 앞서 존재했던 건물과 도시 구획의 마지막 흔적인 길까지도 사라져 버립니다. 6·25 전쟁 때의 사례를 보면, 폭격으로 건물이 무너져도 길은 남았고, 그 길 옆으로 또다시 건물과 도시 구획이 들어섭니다. 이렇게 보면, 대규모 재개발은 전쟁보다도 더 강한 위력으로 도시의 모습을 바꾼다고 하겠습니다. 그 변화하는 모습을 관찰하고 기록하는 일이 저에게는 지적인 자극과 보람을 줍니다.

문래 공단을 걸으며 제가 느끼는 또 한 가지 감정은 친근감입니다. 어떤 분들은 이곳에서 느껴지는 이질감을 즐기실 것이고, 또 어떤 분들은 이곳에 존재하는 어쩔 수 없는 가난의 느낌을 캐치하실 터입니다.

요즘에는 이런 것을 〈상품화된 가난〉이라고 하지요. 하지만 제 경우는 이렇게 소규모 공장이 밀집한 지역에서 친근감과 향수를 느낍니다. 저희 집안은 제가 어릴 적부터 소규모 공장, 정비소, 세차장, 주유소 등을 운영했습니다. 그래서 저는 어릴 적부터 그곳에 놀러 가기도 하고 아르바이트를 하기도 하면서, 그곳에서 일하는 〈형〉들과 친하게 지냈습니다. 앞서 말씀드렸듯, 아르바이트하다가 피곤해지면, 그 형들이 쉬는 정비소 뒷방에서 뒹굴거리면서 자동차 부속들을 가지고 놀았습니다. 알록달록하고 반짝이는 자동차의 너트와 볼트, 부품들은 저에게 보석처럼 반짝이는 장난감이었습니다.

군 복무 때에는 대구의 모 부대에서 150대 정도의 트럭을 관리하면서 자동차 부품을 조달하는 행정 업무를 맡았더랍니다. 저는 지금도 운전면허가 없고, 자동차의 모습만 보고서는 도저히 그 메이커를 맞추지 못합니다. 여담이지만, 저는 자율 주행차가 한국에서 상용화되자마자 구입할 생각입니다. 컴퓨터를 이용하는 데 컴퓨터 기사 자격증을 요구하지 않듯이, 자가용을 타는 데 운전면허증이 필요 없는 날이 앞으로 4~5년 사이에 왔으면 좋겠습니다.

아무튼, 이렇게 자동차가 좋아지지 않는 제가 자동차 부품 이름과 품번을 외우고 발주해서 수리병·군무원에게 보급하는 업무를 맡았으니 우스운 일입니다. 이런 인생을 걸어온 덕분에 저는 문래나 구로 공단, 인천 남동 공단, 안산 반월 공단 길을 걸을 때마다, 뭐랄까, 고향에 돌아온 것 같은 그리운 느낌을 받습니다. 그렇게 생각하면, 제 마음속에 존재하는 고향의 이미지는 주공 아파트 단지와 공장인 것 같습니다.

문래 지역을 답사할 때는, 공단 동쪽의 지하철 2호선 문래역 근처에 자리한 문래 근린공원을 빼놓을 수 없겠지요. 이곳에는 1961년에 박정희 세력이 쿠데타를 계획한 6관구 사령부 벙커가 남아 있고, 벙커

인천 부평구 산곡동의 옛 영단 주택 단지와
영화관으로 쓰던 건물. 2014년 8월.

옛 문래 영단 주택 단지에서 신도림역으로 가는
길에 보이는 자재 공장의 바깥 부분. 저는 이렇게
철근이나 알루미늄이 배열된 모습이 좋더라구요.
2017년 10월.

옆에는 박정희 전 대통령의 흉상이 있습니다. 이 흉상을 둘러싸고는 첨예한 의견 대립이 있습니다. 이 흉상을 둘러싸고 펼쳐지는 갈등 자체가 21세기 초 한국이라는 나라의 상황을 잘 보여 주는 흥미로운 사례라고 생각하고, 그 갈등하는 모습을 기록으로 남기는 것이 제가 할 일이라고 생각해서 종종 들르고는 합니다.

영동 코스: 신길, 대방, 여의도, 노량진으로

이번에는 영등포에서 동쪽으로 가봅시다. 식민지 시대부터 영등포에 나 있던 길을 따라 걸으면서 주변 경관의 변화를 관찰하다 보면 신길을 거쳐 대방역 사거리에 다다르게 됩니다. 대방에서는 여러 갈래의 선택지가 있습니다. 동북쪽으로 샛강을 건너 여의도로 가거나, 그대로 동쪽으로 노량진을 향해 걷거나, 남쪽의 신대방, 봉천동 쪽으로 답사를 이어 갈 수 있습니다.

우선 여의도.

여의도를 〈답사〉한다는 것은 흔히 떠오르지 않는 발상일 터입니다. 사실 저도 여의도라고 하면 제일 먼저 떠오르는 건 몇 년 전에 광명에서 여의도로 진출한 냉면집 정인면옥, 그리고 여의도 곳곳에 보석처럼 숨어 있는 싱글 몰트 위스키 바입니다.

하지만 현대 서울의 역사에서 여의도는 동부이촌동의 한강 백사장에 세워진 한강 맨션과 나란히, 한국의 고급 아파트 단지 건설 붐을 이끈 여의도 시범 아파트가 있는 곳이어서 중요합니다. 이곳은 1971년에 워낙 튼튼하게 지은 곳이어서 재개발·재건축의 필요는 없다고들 합니다만, 결국 서울 시내 곳곳에서 불고 있는 재개발 재건축 열풍을 피하기는 어려울 것 같습니다. 그래서 이곳 역시 틈날 때마다 답사를 하고 있습니다. 여의도 시범 아파트의 대표적인 풍경이라고 하면, 녹색의 나무와 풀이 고층 아파트와 조화를 이루어 마치 작은 숲과 같이 보이는 모습, 그리고 흰색의 여의도 시범 아파트 1동과 황금색의 63빌딩이 나란히 서 있는 모습입니다. 이것이 바로 서울의 풍경입니다.

다음으로 노량진. 1926년에 출판된 『취미의 조선 여행』에서는 노량진을 이렇게 설명합니다.

〈노량진: 이곳으로부터 한강을 건너면 용산 경성과 가까워서, 장래 대(大)경성의 문호로서 읍성하기를 기대하며 기다려야겠다.〉

이 책에서는 영등포에 각종 공장이 빼곡히 세워져 있다고 말한 다음에, 노량진에 대해서는 이렇게 별다른 설명 없이 용산으로 넘어가 버립니다. 영등포와 경성 사이에 놓여 있는 중간 지점인 노량진 일대는, 예나 지금이나 뭐라고 딱히 특징을 말하거나 랜드마크를 지목하기 곤란한 지역입니다.

오늘날 노량진이라고 하면 수산 시장과 고시 학원이 가장 먼저 떠오릅니다. 원래 서울의 수산 시장이라고 하면 1927년에 서울역 주변에서 개장한 경성수산을 가리켰습니다만, 1971년에 한국냉장이 노량진으로 이전하면서 이곳이 수산 시장의 대명사가 되었습니다. 그리고 2015년에 노량진 육교가 철거되면서 노량진역 앞의 풍경이 바뀌었습니다. 역시 2015년에 완공된 새 건물로의 이주를 둘러싸고 살인 사건까지 일어나면서, 2017년 10월에 노량진 수산 시장을 답사했을 때에는 큰 혼란스러움을 느꼈습니다. 이 사건이 잘 보여 주는 것처럼, 서울의 변화는 부드럽게 진행되지도 않고, 낭만적인 풍경만이 펼쳐지는 것도 아닙니다. 그곳에서는 말 그대로 사람들의 목숨이 오고 갑니다. 한시도 쉼 없이 바뀌는 서울의 풍경과, 그 속에서 목숨을 걸고 살아가는 사람들. 그 대조적인 모습 역시 서울입니다.

(위) 문래공원에 있는 6관구 사령부 벙커. 2016년 8월. (아래) 문래공원 북쪽의 박정희 대통령 흉상. 2016년 8월.

여의도 시범 아파트 단지. 하얀 외관의 아파트가
황금빛의 63빌딩과 나란히 서 있는 모습이
인상적입니다. 2017년 8월.

영등포-신길 풍경. 2017년 8월.

대방 풍경. 2017년 8월.

신대방 풍경. 2017년 9월.

봉천동 풍경. 2017년 11월.

(위) 신구 노량진 수산 시장으로 분리되기 이전인
2014년 2월.

(아래) 신구 노량진 수산 시장으로 완전히 분리된
뒤인 2017년 10월의 풍경.

흑석동과 효사정, 또는 명수대와 한강 신사

그런데, 앞서 본 「경성 유람 안내도」가 실린 『취미의 조선 여행』이 출간된 1927년은 흑석동이 명수대라는 이름으로 개발되기 직전 시점이어서, 오늘날의 흑석동 일대는 한강 신사를 제외한 나머지 지역이 구름으로 가려 있습니다. 오늘날의 흑석동에 해당하는 지역에 들어선 신도시 명수대(明水臺)에 대한 언급도 당연히 보이지 않습니다. 명수대 신도시가 이 지역에 들어서는 것은 1929년 즈음부터이기 때문입니다.

명수대는 기노시타 사카에라는 건설업자가 개발한 전원도시이자 경성의 베드타운이었습니다. 기노시타는 만주에서 철도 등 토목 사업을 진행하던 시키구미라는 이름의 건설 회사에서 근무했습니다. 또, 도쿄 영업소에 있을 때에는 간토 대지진으로 피해를 입은 도쿄 교외 지역이 개발되는 모습을 보면서 주택지 개발에 관심을 갖게 되었다고 합니다. 이 시키구미는 오늘날의 한강 대교인 한강 인도교를 건설했습니다.

시키구미의 최고 경영자였던 시키 신타로는 현재 흑석동 서북쪽 끝에 있는 언덕에 한강 신사라는 이름의 종교 시설을 세우고는 공사의 안전을 기원했습니다. 당시에는 이 언덕을 상두산(象頭山)이라 불렀습니다. 한강에서 이 언덕을 올려보면 마치 고개 숙이고 물 마시는 코끼리 머리처럼 보여서 이렇게 불렀나 봅니다. 기노시타도 시키구미의 직원으로서 한강 신사를 참배하러 다니다가, 흑석동 일대를 주택지로 개발하면 좋겠다는 생각을 했으리라 짐작됩니다. 1925년 을축년 대홍수 때 익사한 사람들을 추모해서 용산 기자단이 1929년에 세운 비석 〈한강 수사자 조혼비〉가 바로 이 언덕 북쪽 아래에 있습니다. 이 1929년 즈음부터 명수대 주택지 개발이 시작되었으니, 흑석동 일대의 역사에서 1929년은 하나의 큰 출발점이라고 하겠습니다.

이리하여 신도시로 개발된 명수대. 『관광지 경성』이라는 안내서

景 全 社神江漢山頭象守鎭組岐志外城郊京

(위) 한강 신사 엽서. 이시바시 가쓰미 씨 소장.　　(아래) 한강에서 효사정을 올려다보고 찍은 사진.
황두진 촬영.

에는 한강 신사와 명수대가 유원지로 묘사되고 있습니다.

〈용산에서 한강 철교를 건너면 보이는, 아름다운 경치를 지닌 한 강 신사, 화장사(지금의 호국지장사 — 옮긴이), 명수각 일대에 걸친 약 80만 평의 권역, 이곳이 바야흐로 경성의 새로운 관광지로 모습을 드러낸 명수대 유원 지대다.〉

당시 경성 외곽에는 교외 주택지가 여럿 건설되고 있었고, 이들 가운데 가장 교통이 불편한 곳이 명수대였다고 합니다. 그래서 기노시타는 도심에서 떨어진, 매력 있는 고급 전원주택지라는 이미지를 명수대에 부여해서 부유한 일본인들을 이곳에 살게 하려 한 것 같습니다. 하지만 좀처럼 일본인이 모이지 않자 고객층을 조선인으로 바꾸고, 이곳의 성격을 학원 도시로 바꾸려 했습니다. 이곳에 개교한 많은 학교들 가운데 경성 상공 실무 학교와 중앙 보육 학교가 오늘날의 중앙 대학교로 이어집니다. 이로써 명수대는 조선인들의 거주 공간으로 자리 잡게 되어 오늘날의 흑석동으로 이어집니다.

당시 명수대에서 가장 유명한 관광지는 한강 신사였습니다. 나도향의 소설『어머니』를 보면, 주인공 남녀가 배를 타고 한강을 유람하다가 한강 신사를 올려보는 대목이 나옵니다.

〈다시 춘우와 창하는 배를 젓기 시작하였다. 이번에는 뱃머리를 돌려서 인도교 아래로 향해 가기로 하였다. 그러나, 춘우는 여러 사람의 뜻을 물으려고,《어느 쪽으로 갈까요?》하며, 젓던 노를 그치고 대답을 기다릴 때, 영숙은 얼핏《저리로 가시죠》하며, 수건 든 손가락으로 한강 신사 아래쪽을 가리키었다.〉

건축가 황두진 선생이 한강에서 카약을 타다가 옛 상두산을 올려보며 찍은 사진을 보여 주셨는데, 소설『어머니』의 남녀 커플이 바라보던 한강 신사의 풍경도 이랬겠다 싶었습니다.

옛 한강 신사가 있던 언덕 위에는 현재 효사정이라는 이름의 정자가 서 있습니다. 조선 제4대 국왕 세종 때 한성부윤 등을 지낸 노한의 별서, 그러니까 소규모 별장이었던 효사정은 원래 여기가 아닌 다른 곳에 있었다고 합니다. 그런데 지금은 원래 서 있던 자리를 알 수가 없어서, 편의적으로 한강 신사 터에 세운 것 같습니다.

서울 지하철 9호선 흑석역 1번 출구를 나와서 1분 정도 걸으면 효사정으로 올라가는 계단이 나타나는데, 그 계단 오른쪽에는 심훈의 시 「그날이 오면」을 새긴 비석이 놓여 있습니다. 심훈이라고 하면 소설 『상록수』로 유명하지요. 그가 식민지 시대에 지었지만 해방 후에야 세상에 알려진 것이 이 「그날이 오면」이라는 시입니다. 심훈이 태어난 곳은 정확지 않지만 중앙 대학교 병원 근처 흑석동 성당 주변이라고들 하니, 그의 시를 새긴 비석을 효사정 앞에 세운 것은 자연스러워 보입니다. 하지만, 하필이면 한반도 독립에 대한 그의 열망이 담긴 「그날이 오면」을 효사정 입구에 세워 놓은 것에서는 무언가 의도를 읽을 수 있습니다. 효사정을 원래 자리에 세우지 못하고 부득이 일본이 세운 한강 신사 자리에 복원하고는, 이렇게 심훈의 「그날이 오면」이라는 시로 그 기세를 누르려 한 것일 터입니다.

이런 식으로 식민지 시대의 신사나 일본 계통 절터에 해방 후에 종교 시설을 설치한 사례는 전국에서 확인됩니다. 경주 감포 신사가 있던 자리에 들어선 감포 제일 교회, 충청남도 성환 신사 자리에 들어선 성환 교회, 전주 조촌 신사 자리의 전주 동산 교회, 안동 신사 자리의 안동 교회, 포항 신사 자리의 포항 중앙 교회, 경주 신사 자리의 경주 교회, 익산 이리 신사 자리의 원불교 수도원, 완산사라는 사찰 자리에 들어선 전주 중부 교회, 그리고 조치원 신사와 익산 황등 신사 자리에 세워진 충혼탑 등이 비슷한 사례입니다. 충혼탑도 〈민족〉, 〈국가〉 같은 신앙의 대상을 모시는 종교 시설이라고 볼 수 있습니다. 용산에 있던 가토 기요마사를 모시는 가토 신사 자리에 프로테스탄트 계열의 성산 교회가 들어선 것도 이들 사례와 마찬가지 이유에서였습니다. 성산 교회는 용산 재개발 대상 지역에 포함되어 철거되었습니다.

임진왜란을 연구하는 제 입장에서, 성산 교회는 가토 기요마사를 모시는 신사 자리에 교회 건물이 들어선 사례로서 흥미로웠습니다. 또, 성산 교회 건물은 6·25 전쟁을 전후해서 세워진 건물로서, 소박하면서도 단정한 느낌이 인상적이었습니다. 이 시기에 지어진 단단하고 아담한 이미지의 석조 건물이 전국적으로 몇 곳 있는데, 저는 이들 건물을 참 좋아합니다. 1953년에 세워진 의정부 2동 성당, 1956년에 세워진 포천 성당 등이 그렇죠. 그런데 사회적으로는 이들 건물이 그다지 존중받지 못하는 것 같습니다. 성산 교회 건물도 헐렸고, 조금 늦기는 하지만 1968년에 세워진 연세대 연합 신학 대학원 건물도 2003년에 철거되었습니다.

2017년 현재, 흑석동의 풍경은 빠르게 바뀌고 있습니다. 명수대 주택지가 자리한 분지의 형태는 남아 있지만, 분지 동쪽에는 대단위 아파트 단지, 중부에는 중앙 대학교가 영역을 넓히고 있습니다. 서쪽에서도 대단위 아파트 단지들이 한창 건설 중입니다.

식민지 시대에 명수대라는 이름으로 개발된 이 지역은, 해방 후 흑석동이라는 이름을 찾았습니다. 2017년 현재, 명수대라는 이름을 붙인 지명은 이곳에서 많이 사라진 상태이지만, 그래도 아직 몇 곳에서는 그 이름을 확인할 수 있습니다. 분지 형태의 흑석동 동부에는 명수대 한양 아파트와 명수대 현대 아파트가 서 있고, 분지 가운데의 구시가지에는 명수대 상가와 명수대 아파트가 보입니다. 명수대 한양 아파트와 현대 아파트가 만나는 삼거리에 자리한 흑석 한강 센트레빌 상가에는

(위) 심훈 시비. 2017년 10월.　　　　　　　(아래) 효사정에서 한강을 바라본 풍경. 2017년
　　　　　　　　　　　　　　　　　　　　　10월.

감포 신사 터의 감포 제일 교회. 이곳에는 여전히
감포 신사의 일부 시설이 남아서 종교적 기능을
계속하고 있습니다. 2014년 4월.

(위) 익산 황등 신사 터. 2012년 6월.　　(아래) 이리 신사 터의 원불교 동산 선원. 2012년 6월.

이제는 철거된 용산 성산 교회 풍경. 2004년 1월.

용산 용문동의 임진왜란 강화 회담 자리 표시 비석.
2004년 1월.

(위) 의정부 2동 성당. 2004년 3월. 이승연 촬영.　　(아래) 포천 성당. 2014년 8월.

서달산에서 북쪽으로 흑석동 분지, 한강 대교,
노들섬, 이촌동, 용산을 바라본 모습. 2017년
10월.

효사정에서 남쪽으로 흑석동 분지를 바라본 모습.
2017년 10월.

명수대 교회가 있습니다. 흑석이라는 이름이 들어간 최신 상가 건물에 명수대라는 이름이 들어간 교회가 있다는 점이 흥미롭습니다. 1954년에 흑석동 교회에서 분리해 나와서 1956년에 교회를 세울 때 명수대 교회라는 이름을 채택했다고 합니다. 흑석동과 명수대. 이 교회가 입주해 있는 상가 근처에 입주한 편의점에는 아예 〈CU 흑석 명수대점〉이라는 명칭이 붙어 있어서, 이 지역을 가리키는 두 개의 이름인 흑석과 명수대 사이의 경쟁이 아직도 끝나지 않았다는 사실을 증언합니다.

그리고 영동은 강남이 되었다: 한남 대교와 강남 대로

흑석동 동쪽에는 동작동 국립 현충원이 자리하고 있습니다. 그곳으로부터 더 동쪽으로 구반포 신반포 고속버스 터미널로 이어지는 옛 영동, 오늘날의 강남이 시작됩니다. 영동 개발을 위해 1966~1969년에 한남 대교를 놓고 한남 대교부터 말죽거리까지 강남 대로를 건설하던 즈음의 황량한 풍경을, 손정목 선생은 『서울 도시계획 이야기』에서 다음과 같이 회상합니다.

제3 한강교 남단에 서서 앞을 바라보면 전개되는 들판은 여기저기 높고 낮은 언덕들이 흩어져 있기는 했으나 동서로 길게 뻗었고, 남북으로도 아득히 끝이 보이지 않는 엄청나게 큰 들판이었다. (……) 지금은 한남동이라 불리는 한강진 나루터에서 배로 강을 건너면 한동안 모래사장이 연속되다가 논밭이 이어지는 들판에 한줄기 길이 나타났다. 트럭 한 대가 겨우 지나갈 듯한 이 길이 경상도 천 리 길의 시작이었다. 길 양쪽에는 집이 보이지 않았다. 나루를 건너서 빠른 걸음으로 한 시간을 걸어야 말죽거리 마을이었다.

오늘날 강남 일대에서 40여 년 전의 영동 모습을 찾기는 쉽지 않습니다. 그러한 몇몇 흔적 가운데 하나가, 오늘날 강남 대로와 한남 대교가 만나는 반포 지점에 서 있는 큰 나무입니다. 토착민이 거의 없는 이 지역에서 수십 년을 거주한 어떤 분의 기억에 따르면, 본인이 어렸을 때 이 나무와 당집이 함께 있는 것을 보았다고 합니다. 당집 옆에 있던 당나무였을 가능성이 있는 이 고목은, 강남이 농촌이던 시절을 증언하는 오래된 목격자일지도 모르겠습니다.

흑석동에서 지금도 명수대라는 지명을 남기고
있는 명수대 한양 아파트, 명수대 현대 아파트,
명수대 상가, 명수대 아파트. 2017년 10월.

한남동에서 바라본 한남 대교. 2017년 11월.

강남 대로 북단의 느티나무. 반포에 오래 산 모
씨에 따르면, 본인이 어렸을 때에는 이 나무 옆에
당집이 있었던 기억이 있다고 합니다. 2017년
9월.

강남 개발의 상징인 양재역 사거리의 말죽거리
비석. 2017년 11월.

5
변화는 서울의 끝에서 시작된다:
종교, 공장, 노동자

사람들이 〈서울〉이라고 말할 때, 그 말이 가리키는 것은 어느 지역까지일까요? 물론 〈서울특별시의 행정 구역에 들어 있는 지역이 서울이다〉라고 생각하면 간단합니다. 하지만, 이 책의 처음에 소개한 어떤 연구자처럼, 〈사대문 안만 진짜 서울〉이라고 생각하는 사람도 있을 것입니다. 저는, 서울에서 태어났거나 서울에서 일하는 사람들이 살고 있는 서울특별시 주변의 경기도 일부 지역까지 포함해서 〈대서울〉이라고 생각합니다.

1936년에 경성의 행정 구역이 넓어지고 1963년에 서울의 행정 구역이 넓어진 뒤에도, 가난한 사람들은 행정 구역으로서의 서울특별시 바깥의 광주대단지나 시흥으로 자의 반 타의 반 옮겨 가 살았습니다. 그러면서 이들 지역은 행정적으로는 서울이 아니지만 사실상 〈대서울〉의 일부가 되었습니다.

서울 안에 살고 있던 이들 빈민이 〈대서울〉의 끄트머리로 옮겨 간 것은, 그들이 서울 한복판에 존재하는 것을 부끄럽게 여긴 현대 한국 서울의 의사 결정권자들 때문이었습니다. 서울에서 광주대단지로 옮겨진, 아니 사실상 버려진 그들이 1971년 8월에 봉기해서 서울로 쳐들어가려 했지만, 태평 고개 북쪽에 있는 서울까지 진격하기에는 너무도

멀었습니다. 빈민들을 서울의 끝으로 이주시킨 이유가 바로 이런 것이
었을 터입니다. 가난과 정치적 불안을 서울 시민들의 눈에서 보이지 않
는 곳으로 보내 버리기 위해서입니다.

　빈민들뿐 아니라 〈혐오 시설〉이라고 생각된 각종 공장도 서울의
끝으로 옮겨졌습니다. 청계천에 있던 공장과 상인들은 서울 끝으로 옮
겨졌고, 구로 공단, 영등포 공단, 온수 공단 등은 처음부터 서울의 끝
에 세워졌습니다. 청계천 한복판에 공장들이 있을 때는 1970년의 전
태일 분신 때처럼 노동자들의 문제가 즉시 시민들에게 전달되었지만,
1985년에 서울 서남쪽의 구로 공단에서 동맹 파업이 일어났을 때에는
파업의 배경이 되는 노동자들의 실상이 대다수의 서울 시민들에게 제
대로 전달되지 못했습니다.

　공단을 서울의 끝에 세운 의도는, 단순히 혐오 시설을 서울 중심부
에서 멀리 떨어진 데에 두려고 한 것뿐 아니라, 노동자와 일반 시민을
떨어뜨려 놓기 위함이기도 했습니다. 이렇게 지리적으로 고립된 상황
을 타개하기 위해, 서울 동쪽 끝 면목동에서 일하던 YH무역의 여성 노
동자들은 서울 한가운데 공덕 오거리의 신민당사로 이동했습니다.

　박정희 정권은 1971년에 광주대단지에서 봉기한 시민들의 요구
를 전적으로 받아들여야 했습니다. 1978년 대서울 서쪽 끝인 서부 인
천에서 봉기한 동일방직 여성 노동자들과 1979년 대서울 동쪽 끝 면
목에서 봉기한 YH무역의 여성 노동자들은 박정희 정권을 무너뜨렸습
니다. 1983년 대서울 서쪽 끝 목동에서 봉기한 철거민들과 1985년 대
서울 서남쪽 끝 가리봉에서 봉기한 노동자들은 전두환 정권을 위협했
고, 그들의 항쟁은 1987년의 6월 항쟁과 노동자 대투쟁으로 이어졌습
니다.

　대한민국 정부와 서울특별시는 빈민과 공장 노동자들을 서울의

끝으로 밀어내서 그들과 그 밖의 서울 시민들을 분리하려 했지만, 서울의 끝에서 봉기한 그들의 용기와 희생은 현대 한국의 역사를 크게 전진시켰습니다. 현대 한국의 변화는 언제나 서울의 〈땅끝〉에서 시작되었습니다.

이처럼 현대 한국의 변화가 서울의 끝에서 시작되기에, 그 변화의 주체들과 함께하는 종교 세력들도 서울의 끝에 자리한 경우가 많습니다. 이 중에서 저는 한강 남쪽의 서울 및 그 주변 경기 지역에 자리 잡은 각종 종교 시설에 주목하고 있습니다. 해방촌의 해방 예배당이나 을지로의 영락 교회가 1945년 8월 이후 북한 주민들의 남한으로 이주를 상징한다면, 한강 남쪽의 이들 종교 시설은 서울이 남쪽으로 확장되고 지방민이 서울로 이주·정착한 과정을 잘 보여 줍니다.

이들 종교 시설들이 자리한 지역은 크게 세 경우로 나뉩니다.

① 식민지 시대의 신도시이자 현대 한국 시기에 노동자와 빈민이
　　다수 거주하던 영등포 일대
② 현대 한국 시기의 신도시인 영동, 즉 강남 및 여의도
③ 완전히 새로운 종교적 실험을 할 수 있는 서울 행정 구역 외곽

서울의 끝에서 시작한 이들 종교 세력은 단순히 종교 영역에 그치지 않고 정치적 경제적으로도 서울 중심부에 막강한 위력을 미치고, 나아가 한국 전체에 영향을 미치게 됩니다.

저는 고등학교 때까지 프로테스탄트 신도였고, 대학교 신학과를 거쳐 성경 고고학자가 되고 싶어 했습니다. 그 과정에서 신구약 성경을 제 나름대로 비평적으로 읽었고, 신앙과 지식의 충돌에서 지식 쪽을 택해서 무교가 되었습니다. 그렇기에 저는 프로테스탄트 교도들이 몇몇

을지로 영락 교회. 2017년 11월.

(위) 영등포 일대에 자리한 A 종교 시설. 2017년
10월.

(아래) 영등포 일대에 자리한 B 종교 시설. 2017년
9월.

(위) 은평에서 강남으로 이전한 C 종교 시설.
2014년 10월.

(아래) 은평에서 강남으로 이전한 C 종교 시설의
서초동 신축 시설. 2017년 11월.

한남동에서 강남으로 진출한 D 종교 시설. 2017년
10월.

(위) 한남동에서 강남의 남쪽 끝 양재로 진출한 E
종교 시설. 2017년 11월.

(아래) 강남의 남쪽 끝 양재에 자리한 F 종교 시설.
2013년 9월.

(위) 은평, 서대문을 거쳐 모래밭 여의도에 자리
잡은 G 종교 시설. 2014년 4월.

(아래) 서울 동남쪽에서 출발한 H 종파가
관악구에 세운 종교 시설. 2013년 12월.

종교 세력을 이단이라고 부르면서, 이들 종교 세력이 식민지 시대와 현대 한국 시대에 한반도에서 수행한 역할을 언급하지 않는 데에 찬성할 수 없습니다.

식민지 시대에 수많은 프로테스탄트 교파들이 신사 참배 요구에 굴복했을 때, 그들이 〈이단〉이라고 경멸한 여호와의 증인은 우상 숭배를 거부하면서 신사 참배에 동참하지 않았기 때문에 감옥에서 여럿 죽어 갔습니다. 또한 문선명의 통일교와 박태선의 천부교가 발휘했던 거대한 영향력을 언급하지 않으면서 현대 한국 역사를 이야기할 수는 없습니다. 한편으로 현재 프로테스탄트의 〈정통〉으로 간주되고 있는 몇몇 종교 세력은, 제 입장에서는 그들이 〈이단〉이라고 부르는 세력들과 구분하기 힘든 활동을 하고 있기도 합니다.

제가 보기에 현대 한국의 종교 세력들은 이른바 〈정통〉과 〈이단〉을 불문하고 서울의 땅끝에서 큰 영향력을 미치면서 현대 한국을 만드는 데 일조했습니다. 어떤 비종교인들은 현대 한국 역사에서 불교·가톨릭·프로테스탄트가 수행한 역할을 전체적으로 언급하지 않으려 하는 경향을 보입니다. 한때 프로테스탄트라는 종교의 신도였다가 무교가 된 제 입장에서 보자면, 이 또한 현대 한국 역사의 복잡한 측면을 제대로 이해하는 데 도움이 되지 않습니다.

청계천과 성남시: 동남쪽 끝

1975년에 동아일보사에서 해직된 이태호 선생은, 당시 서울의 빈민들이 서울의 땅끝으로 옮겨진 과정을 다음과 같이 증언합니다.

〈서울에서 살 곳을 찾지 못한 빈민들은 서울 근처 경기도로 옮겨 생존을 위한 몸부림을 친다. 경기도 의정부시, 광명시, 부천시, 안양시, 안산시, 의왕시, 구리시, 하남시, 성남시, 광주시 등에는 잠을 잘 새로운 생활의 터전을 마련하고 벌어먹기 위해 지하철로 서울을 오가는 불편을 감수하는 빈민들이 꽤 있다. 판자촌 대신 고시원을, 옥탑방을, 반지하 셋방을, 쪽방을 전전하는 빈민들이 이 시각에도 있다.〉

　이태호 선생의 말처럼, 한국 정부와 서울시는 서울시 중심부에 살던 빈민들을 서울의 끝으로 몰아냈지만, 애초에 먹고살 터전이 서울에 있던 그들은 결국 예전보다 더 멀어진 통근 시간을 감내하며 서울의 중심부와 끝을 오고 갑니다. 가족이 없는 경우에는 고시원이나 옥탑방에서 잠만 자면서 생계를 유지하기도 합니다.

　2017년 현재 한국에서 고시원은 더 이상 고시 준비를 하는 고시생들의 거주 시설이 아니며, 옥탑방은 〈옥탑방 고양이〉라는 제목의 소설과 드라마에서 그려지는 것처럼 낭만적인 공간이 아닙니다. 국제적 기준에서 이들 시설은 이른바 〈슬럼〉으로 간주됩니다. 서울에서 가난은 〈퇴치〉되고 있고 빈곤층은 줄어들고 있는 것 같지만, 이것은 스스로가 슬럼에 사는 빈곤층이라고 자각하지 못하는 서울 시민이 늘고 있다는 사실을 보여 주는 착각일지도 모르겠습니다. 저부터가, 1997년 외환 위기로 집안이 어려워져서 서울에서 부산으로 이사 간 뒤, 군에서 제대하고부터 성북구 안암동의 고시원에 살면서도 제가 슬럼 지역에 살고 있다는 자각을 하지 못했습니다. 자신이 빈곤층에 속해 있으면서도 빈곤층이 아니라고 생각하는 시민들이 늘어나는 것을 반기는 사람들도 있을 터입니다.

　식민지 시대부터 이미 청계천변에 살고 있던 빈민들이 광주군 중부면, 그러니까 지금의 성남시 수정구, 중원구로 옮겨진 것은 1969년부터였습니다. 상하수도, 전기, 전신, 전화, 통신 등 아무런 기반 시설도 없는 땅에 이주된 20만 명의 빈민들은 문자 그대로 굶주림에 시달렸습니다. 몸은 옮겨졌지만 직장이 서울이다 보니, 두 시간에 한 대 오는

버스를 타고 편도 두 시간 걸려서 서울에 출퇴근해야 했습니다. 그러
다 보니, 본래 여기 정착하기로 기대되었던 사람들의 일부는 다시 서울
로 돌아가기도 했습니다. 1965년에 전라도에서 상경해서 동대문 평화
시장 봉제 공장에서 일하던 신순애 선생은 청계천 동쪽 끝 중랑교 뚝방
판자촌에 살았습니다. 그러다가 1973년에 판자촌이 철거되자 광주대
단지로 갔는데, 그곳 사정이 워낙 열악해서 판자촌 때의 집이 별천지처
럼 느껴질 정도였다고 합니다. 사람이 살기 위한 최소한의 조건이 갖추
어져 있지 않았고 서울로 일하러 나가기도 어려워서, 결국 3개월 만에
이곳을 떠나 가족들이 뿔뿔이 흩어졌다고 합니다.

　　본래 서울 빈민들을 위한 정착지였던 이곳에 부동산 투기 세력이
유입되고 정부가 이에 대한 대책을 서두르자, 혼란에 빠진 광주대단지
시민 5만 명은 1971년 8월 10일에 궐기 대회를 열었습니다. 일부 시민
들은 경기도 성남 출장소를 점거했고, 광주대단지와 광주 경찰서 성남
지서 사이의 태평 고개를 지나 서울까지 진격하기로 했습니다.

　　일반 시민들이 봉기한 것에 충격을 받은 박정희 정부는 사실상 무
조건 항복을 선언하고 이들의 요구를 받아들였습니다. 하지만 빈민과
힘없는 시민을 서울의 땅끝으로 보내는 정책까지 포기한 것은 아니어
서, 그 뒤로도 86 아시안 게임, 88 올림픽, 청계천 복원 공사 과정에서
빈민과 상인들은 서울의 끝으로 밀려나고는 했습니다. 태평 고개 너머
성남 대로, 송파 대로를 따라 직진하면 나타나는 가든파이브가 바로,
청계천 복원 때 밀려난 상인들이 이주한 곳이지요.

　　오늘날 옛 광주대단지 일대에서는 빈민촌의 옛 모습을 찾을 수 없
지만, 1971년에 광주에서 봉기한 시민들이 행진했던 태평 고개 너머
복정역 사거리 서남쪽에는 2018년 현재도 빈민촌이 남아 있습니다. 일
반 시민들이 그 모습을 보지 못하도록 빈민촌 주위를 둘러친 모습에서,

광주대단지 시민들에게 점거된 옛 경기도 성남
출장소, 훗날의 성남시청은 현재 대형 마트로
바뀌었지만, 지금도 버스 정류장 이름에 그 흔적을
남기고 있습니다. 2017년 10월.

(위) 옛 광주 경찰서 성남 지서, 지금의 수정 경찰서 오른쪽에 자리한 태평 고개. 이 고개를 넘으면 현재의 복정역 사거리에서 가든파이브, 수서, 양재 등으로 갈 수 있습니다. 2017년 10월.

(아래) 복정역 사거리 서남쪽의 빈민촌. 2017년 11월.

옛 광주대단지 일대의 현재 모습. 광주대단지 개발 당시에 구획되었던 토지가 지금까지 그 흔적을 남기고 있습니다. 고저차가 심한 언덕의 모습에서, 이주 당시 주민들이 겪었던 고초를 능히 짐작할 수 있습니다. 2017년 10월. 이승연 촬영.

(위) 지금의 서울 지하철 8호선 신흥역 주변에서는 식민지 시대에 형성된 것으로 보이는 구획과 건물들을 볼 수 있습니다(사진 오른쪽 구획). 이를 통해, 광주대단지가 개발되기 전에 이 지역이 어떠한 모습이었을지 상상할 수 있습니다. 2017년 10월.

(아래) 신흥역 주변의 집창촌. 2017년에 옛 광주대단지 일대를 답사하면서, 신흥역 주변 옛 구획 일부에 자리 잡고 있던 집창촌도 이제는 거의 운영을 정지한 상태임을 확인했습니다. 옛 광주대단지 일대가 전체적으로 재개발되고 있는 가운데, 이곳 역시 소멸한 집창촌 리스트에 이름을 싣게 될 날이 멀지 않았습니다. 2017년 10월.

빈민에 대한 현대 한국 행정 당국의 인식을 잘 알 수 있습니다. 방글라데시 다카시 당국은 1970년대에 9만 명의 도시 빈민을 추방하면서 이들을 〈인간 방해물〉이라고 불렀습니다. 1988년 올림픽 당시의 철거에서 보듯이, 현대 한국 정부의 빈민 정책은 다카시 당국의 그것을 월등히 능가하는 냉정함을 보였습니다.

　서울에서 추방된 시민들이 이주한 광주대단지가 곧 성남의 출발점이었다고 할 수는 없겠습니다. 하지만 구 광주군 성남 출장소·성남 시청이 광주대단지 한가운데 있었던 것으로 보아, 광주대단지가 성남시의 성장에서 중요한 축이 되었다는 말은 과장이 아니라 하겠습니다. 또한 서울로 출퇴근하는 시민들의 베드타운으로서 1989년에 분당 신도시가 건설되었고, 최근에는 IT·게임 업체들이 성남의 판교·분당으로 이전하면서 서울의 중산층이 성남으로 이주하고 있습니다. 서울 지하철이라는 이름을 단 8호선은, 2018년 현재 대부분의 노선이 성남시를 지나고 있습니다. 이처럼 성남은 강북 빈민과 강남 중산층이 두 번에 걸쳐 이주하여 만들어진 성격이 강하기 때문에, 저는 성남을 〈대서울〉의 떼어 놓을 수 없는 일부라고 생각합니다.

YH무역과 원진레이온, 그리고 동일방직: 동쪽 끝

광주대단지 사건이 있은 뒤로 8년 후인 1979년. 서울과 구리의 경계를 이루는 용마산·아차산 서북쪽 면목동에 자리한 YH무역에서는 여성 노동자들이 농성을 시작했습니다. 그들의 구호는 〈배고파 못 살겠다 먹을 것을 달라〉였습니다. 사장이 회사 자금을 미국으로 보내고 폐업을 선언하자 노동자들이 생존을 건 투쟁에 나선 것입니다. YH무역의 장용호 사장은 박정희 정권의 핵심 인사였던 김형욱 중앙 정보부장과 모종의 관계에 있었다는 보도도 있었을 정도이니, 당시 정부가 YH 여성 노동자들의 농성을 정치적 성격의 것으로 판단하고 강경 진압했음을 추정할 수 있습니다.

회사가 농성하는 직원들을 압박하기 위해 건물 내의 전기와 물을 끊고 외부로부터의 식사 전달까지 차단하자, 그들은 8월 9일 새벽에 삼삼오오 기숙사를 빠져나왔습니다. 나이 어린 노동자들이 회사에 남아서 경찰이 눈치채지 못하게 하고, 187명의 노동자들은 서울 시내 곳곳으로 흩어졌다가 신민당사가 있던 공덕에서 다시 모였습니다.

이 책을 집필하기 위해 면목동의 옛 YH무역 건물과 공덕 오거리의 신민당사 터를 답사하면서, YH무역의 여성 노동자들이 1979년 8월 9일 새벽에 면목동에서 공덕까지 가면서 무슨 생각을 했을지 상상해 보았습니다. 그들을 움직인 것은 무슨 거대한 이념이 아니라, 남들 먹는 만큼 먹고, 사람이라면 마땅히 쉬어야 하는 최소한의 휴식 시간을 확보하고 싶다는 마음이었을 터입니다.

영등포 반도상사에서 노동 운동을 한 장현자 선생은, 회사가 자신들 같은 일반 노동자들에게는 퉁퉁 불은 국수를 주면서, 관리직 사원에게는 몰래 떡갈비니 설렁탕을 주는 모습을 보면서 분노했다고 합니다. 〈누구는 입이고 누구는 뭐냐? 식사 같은 것도 이렇게 먹는 것까지 차별이 돼야 하는가〉라고 말이죠.

제국주의 일본이 세운 만주국에서는, 중국인에게 수수, 일본인에게 쌀, 조선인에게 수수 반 쌀 반이 섞인 식량이 배급되었습니다. 현대 한국의 공장에서는 이민족이 아닌 같은 민족에 대해 음식을 차별했습니다. 아무리 다른 것으로 차별을 하더라도 사람은 꽤나 진득하게 참을 수 있지만, 먹는 것으로 차별하는 것은 사람의 가장 근본적인 지점을 건드리는 일입니다. 현대 한국의 어떤 고용주들이 공장 노동자들을 자신과 같은 인간으로 보지 않았다는 사실을 이보다 더 잘 보여 주는 이야기는 없을 것입니다.

　이런 고용주들에 비해, 노동자들은 인간다웠습니다. YH무역 노동자들이 신민당사로 찾아갔을 당시의 신민당 총재는 김영삼 전 대통령이었습니다. 그는 당원들의 반대를 물리치고 노동자들을 당사 안으로 받아들였습니다. 신민당사에 들어간 노동자들은 〈배고파 못 살겠다 먹을 것을 달라〉라는 플래카드를 걸고 당사 안에서 다시 농성을 시작했습니다. 이 플래카드를 본 신민당 당원들이 그들에게 빵과 우유를 주었지만, 그들은 면목동에 고립되어 있는 동료 노동자들도 굶고 있다면서 이를 먹지 않았다고 합니다. 작은 음식이라도 공평하게 나눠 먹겠다는 그들을, 박정희 정권은 경찰 1천 명을 파견해 체포하고, 김경숙 선생을 살해했습니다.

　지난 2017년 9월에 찾아간 녹색 병원에서는, 한국에 진폐 사건의 심각성을 널리 알린 원진레이온 사건의 결과로서 이 병원이 건립되었음이 건물 곳곳에서 강조되고 있었습니다. 하지만 이 건물이 원래 YH무역 건물 터에 서 있고, 그곳의 여성 노동자들이 1979년에 파업을 벌이면서 박정희 정권이 몰락하게 되었다는 사실은 떠올리기 어렵게 되어 있었습니다.

　물론 YH무역의 여성 노동자들이 농성을 시작하고 김경숙 선생이 의문의 죽음을 맞이한 것이 공덕의 옛 신민당사였고, 현재 공덕의 구 신민당사 터에 박힌 미래 유산 명판에는 YH 사건이 언급되어 있습니다. 그렇기 때문에, 녹색 병원 정문에 박힌 미래 유산 명판에 원진레이온 사건만이 언급되어 있는 것은 어떤 의미에서는 공평합니다. 당시 YH무역 노동 사무장 박태연 씨도 〈병원 목적이 YH 노동자들의 염원과도 연결되는 만큼 잘되기를 기원한다〉라고 덕담을 하셨다고 하니, 저같은 국외자가 이 문제에 대해 무언가 코멘트하는 것은 주제넘은 일

(위) 공덕 오거리의 옛 신민당사 터에 박혀 있는
YH 사건과 김경숙 선생 사망 추모 명판. 2017년
10월.

(아래) 원진레이온 사건 관련 인권 서울 명판.
2017년 9월.

공덕 오거리의 식민지 시대 구획과 21세기 한국의
주상 복합 건물. 2017년 10월.

(위) 동일방직 정문과 옛 우일 사진관이 있는
제물량로의 모습. 2017년 10월.

(아래) 옛 우일 사진관. 2017년 10월.

입니다. 하지만, 역사적인 사건이 발생한 곳에서 그 사건의 주인공들이 분명하게 기억되지 않고 있는 모습을 보면서 어쩐지 안타까웠습니다.

한편, 서울 동쪽 끝에서 일어난 YH무역 사건에 대해 말할 때마다, 저는 〈대서울〉인 경인 지역의 서쪽 끝 인천 동구 만석동 동일방직에서 1978년 2월 21일에 일어난 여성 노동자들의 항쟁을 함께 떠올립니다. 최소한의 생계를 유지하게 해달라는 여성 노동자들의 요구에 대해 회사와 남성 노동자들, 어용 상급 노조, 정부가 그녀들을 알몸으로 끌어내 똥물을 퍼부은 사건.

동일방직 여성 노동자들은 파업 주동자를 색출하려는 정부의 움직임에 맞서서 자신들 모두가 주모자라고 외쳤습니다. 이들에 대해, 같은 회사의 남성 노동자들은 그녀들에게 똥물을 퍼붓고, 정부와 상급 노조에서 파견 나온 사람들은 이를 조장 내지는 방치했습니다. 여성 노동자들은 〈아무리 가난하게 살았어도 똥을 먹고 살지는 않았다!〉라고 소리쳤습니다. 이처럼 남성 노동자를 동원해서 여성 노동자들을 압박하는 방식은 1980년대에도 계속되었습니다. 1982년 콘트롤데이타 파업 농성에 참가한 유옥순 선생은 이렇게 증언합니다. 〈회사는 농성장에 에어컨을 틀어 조합원들을 추위에 떨게 해 임신 중인 조합원은 하혈을 하기도 했고, 심지어 남성 직원을 시켜 농성장에서 성기를 내놓고 방뇨까지 하게 했다.〉 이것이 정치적으로 올바른 표현인지 자신은 없습니다만, 이들 사건을 떠올릴 때마다 저는 남자로서 부끄럽고 인간으로서 수치스럽습니다.

2월 21일 새벽에 남성 노동자들이 퍼부은 똥물을 뒤집어쓴 동일방직의 여성 노동자들은, 회사 앞 제물량로 건너편에 있는 우일 사진관으로 달려갔습니다. 지난 2017년 9월에 현장에 가보니, 동일방직 정문 앞의 제물량로 길을 가로질러 우일 사진관으로 달려갔을 1978년 2월

21일 새벽 동일방직 여성 노동자들의 모습을 여전히 상상할 수 있었습니다.

노조 간부 이총각 선생은 우일 사진관의 이기복 선생에게 사건 현장의 모습을 찍어 달라고 부탁했습니다. 이기복 선생은 당시 목격한 현장을 이렇게 회상합니다.

〈10여 명의 여공들이 똥물을 뒤집어쓰고 있었고 노조 사무실과 사무장실 천장과 벽에 온통 똥물이 묻어 있었습니다. 또 몇몇의 여공들은 바닥에 누워 울고 있었습니다. (……) 노조 사무실 현장에서 사진값이라고 똥 묻은 봉투에 돈을 담아 주는데, 차마 그 돈을 못 받겠더라.〉

그 후, 어용 노조와 정보부 사람들이 사진의 필름 원본을 내놓으라고 협박했지만 이기복 선생은 이 요구를 거부했습니다. 동일방직 여성 노동자도, 사진가 이기복 선생도, 그 순간 자신들이, 자신들이 한 일이 역사에 남게 될 것임을 깨달았던 것입니다. 역사는 이렇게 우리 같은 평범한 시민들에 의해 만들어지고 기록됩니다.

1978년에 인천 서쪽에서 일어난 동일방직 사건과 1979년에 서울 동쪽 끝 면목동에서 일어난 YH무역 사건, 그리고 1980년대에 서울 동쪽의 구리시에서 일어난 원진레이온 사건은 서울 중심부에 충격을 주었고, 그 충격은 이윽고 한국 전체를 뒤흔들게 됩니다. 그 변화의 주인공은 〈아무것도 아닌〉 우리 시민들이었습니다.

구로 공단과 가리봉: 서남쪽 끝

광주대단지, 가락동 농산물 시장, 가든파이브, 포이동 개척 마을, 그리고 세곡동의 보금자리 주택에 이르기까지, 한국 정부와 서울시는 자신들이 보기에 아름답지 않고 모범적이지 않은 시민들을 서울의 끝으로 몰아넣었습니다.

옛 가리봉역, 현 가산디지털단지역 앞의 마을버스
승차장. 가산디지털단지역, 구로디지털단지역,
독산 고개 등의 지명이 보이지만, 가리봉이라는
지명은 보이지 않습니다. 2017년 10월.

앞서 소개한 동아일보사 해직 기자 이태호 선생은, 1970년 당시 판자촌에 살던 빈민은 187만 5천 명으로, 당시 서울 인구의 3분의 1에 육박했다고 증언합니다. 그렇게 많은 수의 가난한 서울 시민들이 땅끝으로 밀려났습니다. 그 후에도 빈민들은 새벽 첫차로 서울에 출근해 빌딩을 청소하고 건물을 지었지만, 일반 시민들은 그들을 투명 인간 취급했습니다. 노회찬 씨가 2010년 5월에 서울시장에 출마할 때 이런 말을 하셨더랍니다.

「생각하면 있지만 우리 눈에 보이지 않는 무수한 투명 인간들. 이런 분들이 이 서울 시내에 얼마나 많습니까.」

사람뿐 아니라, 지역도 그렇습니다.

공업 도시로서의 서울, 그리고 빈민의 힘으로 성장한 서울을 상징하는 〈가리봉〉이라는 이름이 옛 가리봉 일대에서 지워지고 있습니다. 예전에 부산 세관 박물관에서 관계자로부터 이런 말을 들은 적이 있습니다. 「부산은 원래 항구다. 그러나 주민들이 그 정체성을 싫어해서 감추다 보니, 지금 부산은 정체를 알 수 없이 덩치만 큰 도시가 되어 버렸다.」 서울도 마찬가지입니다. 많은 사람들은 서울의 정체성을 〈궁궐의 도시〉니 한국의 정치·경제·행정 중심지에서 찾고 싶어 합니다.

그리고 그들은 1936년, 1963년 등 여러 차례에 걸쳐 새로이 서울에 편입된 농촌 지역, 그리고 서울로 사람이 몰리게 하고 서울의 재정을 책임졌던 공단 지역의 정체성을 불편해하고 지우려 합니다. 〈구로 공단〉이라는 이름은 〈구로디지털단지〉, 〈G 밸리〉로 바뀌고, 〈가리봉역〉이라는 이름은 〈가산디지털단지역〉으로 바뀝니다. 〈가산〉은 1963~1970년 사이에 존재한 지명이기는 했지만, 〈가리봉〉이 훨씬 오래 쓰였음에도 불구하고 〈가리봉〉과 〈독산〉을 합친 인공적인 지명인 〈가산〉이 〈가리봉〉을 대체한 데서, 저는 모종의 의도를 느낍니다.

　　1985년 6월에 구로 공단에서 일어난 구로 동맹 파업은 1980년 광주 민주화 운동과 1987년 6월 항쟁, 노동자 대투쟁 사이에 위치한 충격적인 사건이었습니다. 구로 동맹 파업은 개별 공장을 뛰어넘어 여러 공장의 노동자들이 일치단결, 연대 투쟁한 기념비적 사건이었습니다.

　　저는 구로 동맹 파업에서 연대한 노동자들을 생각할 때마다, 1953~1960년 일본의 미쓰이 미이케 탄광에서 발생한 노동 운동 당시 시위 진압 폭력배에게 살해당한 구보 기요시의 무덤에 새겨진 〈악수하는 손〉을 떠올립니다. 강자는 약자를 분열시켜서 각개 격파하려 합니다. 약자가 이에 맞설 수 있는 가장 강력한 무기는 단결과 연대입니다.

　　가리봉오거리 인도에 박혀 있는 구로 동맹 파업 기념 명판을 찾아다니면서, 저는 이 사건이 서울과 광명시 사이, 즉 서울의 〈땅끝〉에서 고립되어 일어났다는 실감을 느꼈습니다. 2호선 구로디지털단지역에 내려 구로 공단 1단지와 2단지를 지나, 수출의 다리로 경부선을 건너 3단지 서쪽의 서부 간선 도로 안양천에 다다르면, 서울의 서남쪽 끝에 왔다는 감회에 사로잡힙니다. 물론 그 너머에는 대서울의 서쪽으로서의 〈경인〉 지역이 펼쳐집니다만.

　　그리고 구로 공단 노동자들이 묵었던 가리봉오거리 벌집촌은, 이제 차이나타운이 되었습니다. 외국인 노동자는 21세기 한국의 새로운 피차별 집단입니다.

　　신경숙 선생의 소설 『외딴방』에서도, 구로 공단을 서울의 끝으로 상상하던 당시 구로 공단 노동자들의 심상 풍경imaginary landscapes을 엿볼 수 있습니다.

　　이 소설을 읽으신 분들은 각각의 이미지를 이 소설에 품고 계실 터입니다. 저는, 주인공이 살던 곳에서 가장 가까운 전철역이 어디인가를 궁금해하면서 『외딴방』을 읽었습니다. 물론, 이 소설의 후반부에는 그

곳의 지명이 〈가리봉역〉 그러니까 지금의 〈가산디지털단지역〉이라고
분명하게 나와 있습니다.

　　단 한 번도 그 근처엔 얼씬도 하지 않았다. (……) 그런데 지금 내
　　마음속의 음습한 그 헛간이 나를 부른다. 서울역이나 종각에서 수
　　원행 전철을 타고 가리봉역에 내리면 된다.(469쪽)

　　참고로, 이 소설의 시대적 배경은 1979년이었고, 〈가리봉역〉보다
남쪽에 있는 〈독산역〉이 영업을 개시한 것은 1998년이니까, 이 추리
를 할 때 〈독산역〉은 의식할 필요가 없습니다. 그런데,『외딴방』의 앞부
분에 나오는 묘사를 찬찬히 읽으면, 소설의 주인공이 말하는 전철역은
〈가리봉역〉이 아니라 〈시흥역〉 그러니까 지금의 〈금천구청역〉일 수밖
에 없게 됩니다. 묘사를 조금 인용해 보겠습니다.

　　수원행 국철은 그 동네의 전철역을 통과한 뒤면 경기도 길을 달리
　　게 된다. 전철로 수원을 가는 도중이라면 그 전철역은 서울의 마지
　　막 전철역이다.(50쪽)

　　이 소설의 시대적 배경은 1979년입니다. 이때 경부선 수원 방면에
서 서울의 가장 마지막에 자리한 역은 〈가리봉역〉이 아니라 〈시흥역〉
이었습니다.
　　그러면 왜 신경숙 선생은 〈가리봉역〉을 〈서울의 마지막 전철역〉이
라고 묘사하셨을까요. 어쩌면 신경숙 선생은, 이 소설을 집필하실 당시
에 〈시흥역〉을 경기도 시흥시에 있는 철도역이라고 착각을 하셨던 것
이 아닐까 싶습니다.

오늘날의 〈금천구청역〉이 자리한 곳은 원래 시흥군 땅이었습니다. 그래서 1908년부터 〈시흥역〉이라는 이름의 역이 철도 업무를 시작했지만, 1989년에 경기도 시흥시가 생기면서 〈시흥〉이라는 지명이 서울특별시 시흥동과 경기도 시흥시의 두 곳에서 쓰이게 되었습니다. 그래서 승객들이 〈시흥역〉을 경기도 시흥시에 있는 역이라고 착각하는 일이 많았다고 합니다. 〈시흥역〉이 자리한 지역은 1963년의 서울 대확장 때 시흥군에서 서울시로 편입되었습니다. 따라서, 『외딴방』의 소설 속 시간인 1979년에 경부선 수원행 구간 중 서울의 마지막 역은 〈시흥역〉이었습니다. 〈가리봉역〉은 서울의 마지막에서 두 번째 역이었습니다.

4호선 오이도 연장 구간이 완공된 이후에는 〈시흥역〉 승강장과 개찰구에 〈여기는 서울시 금천구 시흥동입니다. 경기도 시흥시를 찾아가실 분은 목적지를 다시 한번 확인하신 후에 소사역, 안양역 등에서 버스를 이용하시거나, 4호선 오이도역, 정왕역 등을 이용해 주시기 바랍니다〉라는 안내가 붙어 있었다고 합니다. 이런 혼란을 피하기 위해, 2008년에 〈시흥역〉이 〈금천구청역〉으로 바뀝니다.

이와 같은 상황을 생각하면, 신경숙 선생이 〈시흥역〉이 아니라 〈가리봉역〉을 〈서울의 마지막 전철역〉이라고 묘사한 것을 이해할 수 있습니다. 1995년 시점에 『외딴방』을 집필하시던 신경숙 선생 역시, 한국인이라면 누구나 혼동하게 마련인 서울 시흥동과 경기도 시흥시를 혼동하셨으리라 추정됩니다. 이런 혼동이 발생할 정도로, 당시 구로 공단의 구성원들에게 그곳은 서울의 끝으로 상상되었던 것입니다. 〈서울 끝의 구로 공단〉이라는 심상 풍경으로 말입니다.

(왼쪽) 구보 기요시의 무덤에 새겨진, 악수하는 손. 2017년 2월.　　(오른쪽) 구로 공단 수출의 여인상. 2017년 9월.

(위) 디지털단지오거리(가리봉오거리). 2017년 9월.

(아래) 구로 동맹 파업 현장임을 알리는 인권 서울 명판. 2017년 9월.

가리봉오거리 벌집촌. 2017년 9월.

가리봉 시장 연변 거리. 2017년 9월.

(위) 디지털 2단지 사거리에 자리한 SG세계물산. 옛 대우어패럴 기숙사. 2017년 9월.

(아래) 디지털 2단지 사거리의 옛 공장과 새로운 빌딩. 2017년 9월.

(위) 수출의 다리. 2017년 9월   (아래) 구로 공단 3단지의 옛 공장. 2017년 9월.

(위) 구로와 광명 사이 서부 간선 도로. 이 도로가
지하화되고 나면, 서울의 끝이라는 느낌이 강했던
구로 지역도 크게 바뀌겠지요. 2017년 9월.

(아래) 구로 공단 3단지에서 서쪽으로 안양천을
바라보다. 2017년 9월.

시흥동, 목동, 그리고 시흥시: 남쪽 끝

원래 경기도 시흥군의 중심 지역이었던 오늘날의 서울특별시 시흥동은, 이제 시흥역이라는 이름마저 경기도 시흥시에 빼앗겼습니다. 시흥 관아, 시흥 향교, 시흥 행궁 같은 중요한 건물들의 위치조차 잘 알 수 없을 정도로, 시흥동은 원래의 정체성을 상실한 상태입니다. 서울의 주변부에서 그저 행정적으로 서울특별시에 편입되었을 뿐인 지역으로 간주되다 보니 이런 취급을 받았을 터입니다. 금천구 시흥 1동 주민 센터 홈페이지에서는 이러한 현실에 대해 〈통탄스럽다〉는 강한 표현까지 이용하여 아쉬움을 표하고 있습니다.

　〈시흥 지역은 오랫동안 현(縣)의 관아가 있었던 지역이면서도 이렇다 할 유적은 없다. 다만 나이가 800살 넘은 은행나무와 그 근방에 선정비(善政碑) 몇 개가 있을 뿐이다. 아쉬운 것은 80여 년 전까지만 해도 엄연히 존재했던 금천(시흥)현 관아가 지금은 형태는 물론 위치마저도 기록으로 확인되지 않으니 통탄스럽다. (……) 1960년대 이후 개발이라는 이름으로 귀중한 문화유산을 상실하였음은 아쉬움으로 남는다.〉

　하지만 이러한 정체성 상실 현상은 비단 시흥동에만 해당하는 것이 아닙니다. 서울 사대문 밖 많은 지역도 이와 크게 다르지 않습니다. 서울특별시에 속해 있지만 옛 사대문 안이 아닌 지역에 살고 있는 시민들은 스스로의 정체성을 사대문 안의 〈진짜 서울〉, 〈궁궐의 도시 서울〉에서 찾기 위해 한강 너머 사대문 안을 바라볼 뿐, 자신들이 바로 지금 살고 있는 지역에 대해서는 무관심합니다.

　오늘날 한국 시민들 가운데 많은 수는 〈시흥〉이라고 하면 금천구 시흥동보다는 경기도 시흥시를 떠올릴 것입니다. 하지만, 현재의 시흥시에는 옛 경기도 시흥군의 땅이 한 치도 포함되어 있지 않습니다.

1963년에 서울이 크게 넓어지면서 옛 시흥군의 중심지를 비롯해서 상
당수를 흡수해 버렸습니다. 그리고 안양, 광명, 군포, 의왕 같은 옛 시흥
군 지역까지 모두 각각 시로 독립하면서, 현재의 시흥시는 이름만 빌려
왔을 뿐 옛 시흥군의 역사와는 무관한 지역이 되어 버렸습니다. 〈시흥〉
은 아마도 근현대 한국의 지명 가운데 가장 파란만장한 100년을 보내
지 않았을까 싶습니다.

　　1927년에 출판된 『취미의 조선 여행』에는 시흥에 대해 이렇게 적
혀 있습니다.

　　〈시흥: 이곳은 해마다 한강과 안양천에서 수해가 날 때마다 당
한다.〉

　　이때의 시흥은 지금의 시흥시가 아니라, 영등포구에서 안양시까
지 포함하는 〈대시흥군〉을 말합니다. 『취미의 조선 여행』에서 시흥이
한강과 안양천의 홍수 피해를 입는다는 것은, 두 개의 물줄기가 만나는
양평동 일대를 염두에 둔 것으로 보면 될 것입니다.

　　그런데, 안양천이 동쪽 지역에만 수해를 입힐 리는 없지요. 안양천
서쪽의 목동 지역도 여름에 비만 내리면 침수되고는 했습니다. 오죽하
면 목동보다, 사대문과 영등포에서 더 멀리 떨어져 있는 화곡동 지역이
1963년부터 먼저 개발되고, 목동은 그 중간에서 행정적으로 방치에 가
까운 상태에 놓여 있었겠습니까. 당시 목동의 상황에 대해, 목동 투쟁
당시 뿌려진 호소문에서는 다음과 같이 설명합니다.

　　목동 뚝방 동네가 시작된 것은 20년 전인 1964년 10월부터였습
　　니다. 국도인 김포 가도와 경인 고속 도로를 끼고 중간에 위치하
　　며 안양천변을 옆에 끼고 길다랗게 뚝방 동네가 형성되어져 있읍
　　니다. 목동 뚝방 동네가 형성되기 전, 그러니까 저희들이 20년 전

에 이곳에 왔을 때는 허허벌판에다 온통 진흙구덩이였읍니다. 동네가 생기고부터 〈마누라 팔아서 장화를 사 신는다〉는 말까지 생길 정도로 엉망이었읍니다. 청소 쓰레기차에 짐을 싣고 강제로 이곳에 내던져진 수많은 사람들은 당시 저와 똑같은, 재개발이라는 구실에 밀려 쫓겨난 철거민들이었읍니다. 지금 저희들이 길거리로 내쫓긴 것처럼 그 당시에도 무척이나 추웠읍니다. 찬바람이 옷깃에 스며들고 서러운 눈물을 마음속으로 삼키면서 시 당국에서 큰 인심 쓰고 준 8평의 터에 움막집을 지은 게 이곳 옛날 사람이었읍니다. 숭인동, 대방동, 여의도 비행장 근처, 대현동, 후암동, 이촌동, 해방촌 등에서 철거되어 쫓겨난 이곳 사람들은 너나 할 것 없이 전쟁 후 복구하는 아수라장 속처럼 지금까지 살아온 것입니다. 지금 헐린 집은 비록 블록집입니다만 20여 년 동안 먹을 것, 입을 것 제대로 찾아 먹지 못한 대가인 피와 땀의 결실입니다. 움막집에서 판자집, 루핑에서 슬레이트 등으로 20년간 가꾸어 온 보금자리입니다. 허허벌판에 아무런 대책 없이 내던져진 저희들은 그동안 살아온 것을 생각하면 꿈만 같이 느껴집니다. 연중행사처럼 장마 때면 으레히 찾아오는 물손님에 임시 수용소에서, 길에서 자는 건 당연한 것처럼 여겨졌으니까요.

저 같은 문헌학자는 목동 사태에 대해 서울시나 한국 정부가 제작한 그 어떤 문서보다도 이런 문서에 관심이 갑니다. 당시부터 목동 투쟁에는 주민들 이외에 외부 세력이 배후에서 움직이고 있으며, 주민들이 서울시 등 각계 각층에 발송하는 문서도 이들 외부 세력이 제작해 주고 있다는 소문이 있었습니다. 하지만 호소문을 읽어 보면, 설령 글의 순서나 몇몇 구절을 외부 세력이 코치해 주었다 하더라도, 글 전체를 쓴 것이 목동 주민이었음은 분명하다고 느껴집니다.

근대 이전에는 문헌을 남길 수 있었던 것이 대체로 지배층이었기 때문에, 옛 문헌을 통해서 옛 시대를 상상한다고 해도 그것은 기껏해야 문헌을 남긴 지배층이 바라보고 생각한 옛 시대일 뿐입니다. 옛 문헌이 가지고 있는 이러한 근본적인 한계를 답답해하고 옛 시대를 살았을 피지배층의 목소리를 궁금해하는 저 같은 문헌학자에게, 근현대에 피지배층이 만든 이런 문서는 간접적으로나마 옛 시대의 피지배층도 이런 생각을 하면서 살았겠다는 추정을 할 수 있게 해주는 귀중한 자료입니다.

그래서 저는 여기서 다시 한번 강조합니다. 한반도에 옛 문헌이 남아 있지 않다고 한탄할 시간에, 뭐라도 좋으니까 무언가 끄적이고 찍어서 남기자고 말입니다. 지금 우리가 남기는 문서와 사진이 백 년 뒤에는 21세기 초 한반도를 이해하기 위한 귀중한 문헌이 될 것일 터이니.

아무튼, 이렇게 목동 일대의 상습 침수 지대에서 집을 만들어 살던 빈민들에게 철거의 위협을 가져온 것은 1988년 서울 올림픽 유치였습니다. 마이크 데이비스가 『슬럼, 지구를 뒤덮다』에서 대서 특필하고 있듯이 한국 정부는 김포 공항에 내려서 한강변을 따라 잠실로 이동할 외국인 관광객들에게 목동 빈민촌을 보이고 싶지 않았습니다. 양평동, 목동뿐 아니라 신당동, 창신동, 숭인동, 사당동, 암사동, 오금동, 상계동 등에서도 같은 시기에 철거가 이루어졌습니다. 1970년대부터 각지의 철거 현장에서 산발적으로 맞서던 철거민들은, 1984년 목동 지구 택지 개발 사업 때부터 조직적으로 투쟁하기 시작합니다. 그리고 그 과정에서 고(故) 제정구 국회의원 등 크리스트교 세력과 학생 세력이 철거 투쟁에 합류합니다. 광주대단지 투쟁 이후 13년 만에 다시 일반 시민들이 반정부 투쟁을 벌인 데 충격을 받은 정부와 서울시는, 이번에도 이들의 요구를 대체로 수용함으로써 사태를 끝냈습니다.

제정구 선생은 정일우 신부와 힘을 합쳐, 시흥시가 인천광역시 및 부천시와 만나는 북쪽 끝 대야동, 은행동 지역에 서울 철거민들이 이주할 곳을 마련했습니다. 이에 따라 1977년에 복음자리 마을, 1979년에 한독 마을, 1985년에 목화 연립이 건설되었습니다. 세 마을이 만나는 중간 지점에는 작은자리 사회 복지관이 있고, 그곳 1층 마당에는 〈국회 의원 칠원제공 정구 바오로 추모비〉라는 이름의 추모비가 세워져 있습니다. 또, 시흥시청 1층에는 〈시흥의 인물〉 세 사람 가운데 하나로 제정구 선생의 브론즈 마스크가 전시되어 있습니다.

현재 아파트 단지로 재건축된 복음자리 마을은 〈복음자리 입구 사거리〉 등의 지명으로만 남아 있고, 한독 마을도 아파트 단지로 재건축 되었습니다. 〈목동 살던 사람들이 화합하며 지내자〉는 뜻에서 이름 붙여진 목화 연립은 〈아시아 최초의 사회 주택〉으로서 최근 해외에서도 주목받고 있습니다. 지난 2017년 10월에 이곳을 답사하면서, 참으로 견고하고 아름답게 지은 건물이라고 생각했습니다. 현대 한국, 현대 서울 역사의 산증인으로서 목화 연립이 오랫동안 남아 있기를 기원합니다.

시흥군의 대부분이 현재의 서울에 편입되고 그 후에도 우여곡절을 거치면서 지금의 시흥시는 원래 시흥군의 영역과는 관계가 없어졌지만, 서울의 철거민이 시흥 북쪽 끝으로 이주하면서 서울과 〈시흥〉은 다시금 연결되었습니다. 이들이 정착한 시흥시 북부는 〈대서울〉의 실질적인 남쪽 끝입니다. 목화 연립에서 남쪽 길을 바라보면 제2 경인 고속 도로 건너 넓은 농지가 펼쳐지고, 군데군데 공장들이 무리 지어 들어서 있습니다. 이 농지를 사이에 두고 남쪽으로 시흥시청이 자리하고 있어서, 시흥시청을 중심으로 한 시흥시 남부보다는 부천시와 더 지역적으로 가깝게 느껴졌습니다. 2017년 10월 1일, 목화 연립에서 남쪽으로 펼쳐진 농지와 공장 지대를 바라보면서, 과연 〈대서울〉의 남쪽 끝에 어울리는 풍경이라고 느꼈습니다.

이리하여 빈민과 작은 공장들이 가득하던 청계천에서 시작한 우리의 답사는, 서울의 철거민들이 이주한 시흥시 북부에서 끝났습니다. 여기가 〈대서울〉의 남쪽 끝입니다.

(위) 금천구청역 앞의 연탄 공장인 고명산업. 40여
년 전부터 이곳에서 영업을 계속하고 있습니다.
2017년 10월.

(아래) 옛 시흥의 중심지에 서 있는 은행나무와
비석들. 2017년 10월.

(위) 옛 시흥 중심지의 랜드마크인 은행나무
한의원. 2017년 10월.

(아래) 목동과 양평동을 잇는 오목교. 목동 철거
투쟁 당시부터 이곳에 존재하던 많지 않은 유적
가운데 하나입니다. 2017년 10월.

(위) 1999년에 작은자리 사회 복지관에 세워진
제정구 선생 추모비. 2017년 10월.

(아래) 시흥시청에 전시되어 있는 제정구 선생
브론즈 마스크. 2017년 10월.

목화 연립에서 바라본 대서울의 남쪽 끝. 2017년
10월.

제4장
서울, 어떻게 기억할까

이 책의 마지막 장은 은평 뉴타운과 은평 한옥 마을 이야기입니다. 서울 동남쪽의 풍납 토성으로 책을 시작해서, 서울 서북쪽의 은평에서 책을 끝내는 셈이 되었습니다.

오해를 피하기 위해 미리 말씀드리면, 저는 은평 뉴타운에 들어서 있는 아파트 단지들 그 자체에 대해서는 별로 반감이 없습니다. 부동산 연구자 김학렬 선생의 견해와 같이, 환경 쾌적성이라는 미래의 부동산 가치를 이미 구현한 은평 뉴타운은 〈시대를 너무 앞서간 상품〉입니다. 2020년 즈음이 되어 사람들이 은평 뉴타운의 가치를 깨닫고 나면, 서울 서북쪽 전체에 대한 서울 시민들의 이미지도 크게 바뀔 것으로 예상됩니다.

1
은평 뉴타운

대단위 아파트 단지에 대해

뉴타운 개발과 대단위 아파트 단지에 대해서는 기존에 많은 비판이 있어 왔습니다. 예를 들어 건축가 황두진 선생은 〈한 지역을 깡그리 밀어 버리고 들어서는 건립 과정도 문제고, 일단 지어지고 나면 도시 곳곳을 중세적인 구조로 단절해 버리는 단지 개념도 문제〉라고 말합니다. 저역시 실제로 삶의 대부분을 아파트 단지에서 살아온 입장에서 황두진 선생의 지적에 공감합니다.

다만, 아파트 단지가 도시를 〈중세적인〉 구조로 단절시킨다는 황두진 선생님의 말씀에서 떠오르는 것이 있습니다.

〈왜 사람들은 이렇게 문제가 많은 아파트 단지에 살고 싶어 하는가?〉

물론 대도시에서 많은 인구가 모여 살려면 아파트 같이 고밀도의 건물과 공간이 필요합니다. 그러나, 저는 그런 건축학적 도시 공학적 차원과는 별도로, 아파트 특히 고층 아파트 단지가 현대 한국의 시민들에게 제공하는 신체적·심리적 요인 또한 무시할 수 없을 만큼 크다고 생각하고 있습니다. 국가가 공공 인프라 건설 의무를 시민들 개개인에게 떠맡긴 현대 한국에서, 시민들은 각자도생하기 위해 아파트를 지어

(위) 그린벨트 지대에서 일산 신도시 백석 지구 쪽을 바라본 모습. 일산 와이시티가 밭 한가운데 내리꽂히고 있습니다. 2017년 10월.

(아래) 지축역에서 은평 뉴타운 쪽을 바라본 모습. 서울시 외곽의 그린벨트 바로 옆까지 은평 뉴타운 아파트들이 접근해 있다는 사실을 잘 알 수 있습니다. 고층 아파트 단지 바로 옆 오른쪽, 서울 서북쪽 끄트머리에 소규모 공장과 운수업체들이 아슬아슬 자리하고 있습니다. 2017년 10월.

일종의 사설 경호원인 경비원을 고용함으로써 치안을 유지하고, 단지 안에 존재하는 상가 건물에서 생활에 필요한 편의를 제공받고, 계급적으로 비슷한 사람들끼리 모여 산다는 안도감을 얻었습니다. 6·25 전쟁으로부터 시작되는, 중세 유럽의 암흑기 같은 현대 한국의 혼란 속에서 나와 내 가족을 지켜 줄 수 있는 성곽 도시의 역할을 아파트 단지가 수행한 것입니다.

유학을 마치고 서울 서북쪽의 일산에 살게 되면서, 서울로 출퇴근하기 위해 지하철 3호선을 이용했습니다. 일산 신도시의 동남쪽 끝인 백석역에서 열차를 타면, 잠시 후에 지상으로 올라가는 열차 옆에 펼쳐지는 그린벨트와 그 가운데 휑뎅그렁하게 서 있는 대곡역. 그 앞에는 다시, 중세 이탈리아의 성채 도시처럼 우뚝 솟아 있는 화정역 일대의 아파트 단지. 화정역을 지나면 또다시 그린벨트 속의 지상 원당역. 다시 지하 삼송역. 다시 그린벨트와 소규모 공장들과 지하철 3호선 차량 기지가 자리한 지축역. 그리고 열차는 구파발역에서 다시 서울의 지하로 파고들어가 옥수역에 다다릅니다.

그린벨트 속에 드문드문 자리한 키 작고 낡은 마을과 그린벨트 한 가운데 마치 섬처럼 고립되어 우뚝 서 있는 대단위 아파트 단지들 사이의 대조적인 모습을 보면서, 저는 이런 생각을 하곤 했습니다.

〈한국인들은 좀처럼 진행되지 않고 있는 거주 공간의 근대화를 일거에 해결하기 위해 아파트 단지로의 지역 재개발을 바라는 것일까?〉

옛 동네 한가운데 투하되어 순식간에 그 공간의 구조를 바꾸어 버리는, 조금 거칠게 비유하자면 주변 지역에 단숨에 근대 문명을 퍼뜨리는 〈폭탄〉 같은 역할을 대단위 아파트 단지와 주상 복합이 수행하고 있는 것이 아닐까 하는 생각을, 서울 곳곳에서 이루어지고 있는 뉴타운 대상 지역을 지나갈 때마다 합니다.

　1964년에 세워진 마포 아파트와 그 주변의 단층 주택들을 찍은 항
공 사진은, 아파트 단지라는 폭탄이 주변 지역을 잠식해 들어가는 과정
을 시각적으로 보여 줍니다. 또, 경의중앙선 가좌역 동쪽에 있는 좌원
상가 아파트에서 동북쪽을 바라보면, 2017년 현재 고층 아파트 단지들
이 모래내 시장과 주변 마을을 잠식해 들어오는 모습을 잘 알 수 있습
니다.

　여담입니다만, 건축가 황두진 선생이 조사한 바에 따르면, 좌원 상
가 아파트는 세운 상가보다도 앞서서 만들어진 주상 복합 건물일 가능
성이 있습니다. 디지털미디어시티와 마찬가지로, 좌원 상가 아파트도
고층 도시화가 덜 진행된 서울 서북쪽을 변화시킨다는 야심을 가진 사
람들에 의해 1960년대에 이곳 모래내에 〈투하〉된 것이 아닐까 상상해
봅니다. 그렇게 서울 서북쪽에서 탄생한 주상 복합 건물이, 한때 세계
최대의 환락가로 불리기도 한 서울 중심부 종묘 앞 속칭 〈종삼〉 길 건너
편의 세운 상가를 거쳐, 서울 남쪽 끝 양재천변의 타워팰리스로 이어졌
다고 해도 틀린 말은 아닙니다. 서북쪽에서 동남쪽으로 투하된 주상 복
합 건물들입니다.

　키 낮은 단독 주택들과 빌딩들의 군집 속에 대단위 아파트 단지들
이 우뚝 솟아 있는 모습은, 유럽·일본의 성곽 도시와 주변 공간을 연상
케 합니다. 그 공간의 중심에 자리한 아파트 단지는, 그 일대의 옛 공간
과 주민들에게 위압적으로 근대화, 또는 한국인들의 상상 속에 존재하
는 근대화를 강제하는 〈혁명군〉이라고 부를 수 있을는지요. 이들 대단
위 아파트 단지들에 대해, 단순한 환경론적인 찬반 논리를 펼치거나 부
동산에 대한 현대 한국 시민의 욕망만을 읽어 내는 데 그치면 안 된다
고 생각합니다. 속마음을 잘 드러내지 않는 한국 시민들이 강렬하게 품
고 있는 이상적인 〈도시〉, 이상적인 〈삶〉의 모습 일부를, 이들이 우연찮

1965년에 찍은 마포 아파트와 주변 지역의 항공
사진. 국가기록원.

좌원 상가 아파트에서 바라본 고층 아파트 단지들.
2017년 9월.

(위) 세종 문화 회관 뒤편 당주동의 한옥을 개조한   (아래) 경복궁역 근처 고층 빌딩 사이의 필운동
식당. 2017년 10월.   한옥 구획. 2017년 10월.

낙원 상가에서 동쪽으로 내려다본 익선동 한옥
골목. 2017년 10월.

게도 드러내고 있기 때문입니다.

현대 한국이라는 국가는 중세 유럽 같은 약육강식의 세계에서 살
아남기 위해 선택과 집중으로 몇몇 재벌을 키웠습니다. 마찬가지로
〈대서울〉의 구성원들 또한, 정글과 같은 현대 한국 사회의 혼돈 속에서
최소한의 안전을 지켜 줄 지점을 선택과 집중의 논리로 서울 곳곳에 만
들고 싶어 했습니다. 그것이 아파트 단지였습니다.

1973년 1월 22일에 중앙청 종합 청사 14층에서 지금의 세종 문화
회관 뒷편 한옥 밀집 지역을 내려다본 박정희 전 대통령은 격한 어조로
이렇게 말했다 합니다.

〈저런 곳에서 자라난 아이들이 장차 무슨 큰일을 하겠느냐. 빨리
재개발을 추진해서 어떤 외국의 수도에도 손색이 없도록 하라.〉

저는 박정희 전 대통령의 이 말이, 당시를 살았던 서울 사람들이
공통적으로 품고 있던 심정이었으리라 짐작합니다. 이러한 마음이 중
세 성곽 같은 대단위 아파트 단지를 탄생시킨 것입니다. 북촌이나 서촌
같은 한옥 마을을 낭만적인 삶의 공간으로 생각하게 된 것은 겨우 최근
의 일이지요.

대단위 아파트 단지는 인공적인가?

어쩌면, 저를 포함해서 많은 사람들이 대규모 뉴타운 개발과 대단위 아
파트 단지에 대해 부정적으로 생각하는 배경에는, 변화되기 이전의 서
울의 모습이 원래부터 있던 〈자연스러운〉 서울 모습이라는 생각이 깔
려 있을 것 같습니다. 하지만 아파트 단지에 의해 바뀌기 전의 서울은
자연스럽고, 바뀐 뒤의 서울은 인공적이라고 할 수 있을까요?

〈북아메리카 대륙〉 하면 떠오르는 광활한 벌판. 흔히 우리는 이 모
습을 북아메리카 대륙의 원형적인 모습이라고 생각하고는 합니다. 하

지만 사실은 아메리카 인디언들이 들판을 불태워서 농사를 짓는 화전 농업을 영위한 결과 이런 풍경이 만들어졌다는 연구를 미국의 지리학자 윌리엄 데니번이 내놓은 적이 있습니다. 그러니까, 아메리카 인디언이 만들어 낸 인공적인 풍경을, 지금의 우리는 원래부터 그랬던 〈자연스러운〉 모습이라고 생각하고 있다는 거죠.

지금은 인공적이고 살풍경하게 느껴지는 대단위 아파트 단지 역시, 시간이 지나면 서울의 원래 풍경으로 자연스럽게 받아들여질 것입니다. 제가 잠실 주공 아파트에 대해 그렇게 느끼고 있는 것처럼. 다만 한 가지 아쉬운 건, 타워팰리스처럼 외부인의 접근이 원천적으로 금지되어 있는 주상 복합이나 대단위 아파트 단지를 어떻게 답사하고 어떻게 해석할 수 있을지 잘 모르겠다는 점입니다. 저는 그렇습니다만, 그곳에서 자라고 생활한 분들은 당연히 자신들의 추억과 관점을 만들어 낼 터입니다. 그분들이 자신들의 목소리를 들려주실 것을 기다립니다. 2017년에 출판된 정헌목 선생의 『가치 있는 아파트 만들기: 재건축 열풍에서 아파트 민주주의까지, 인류학자의 아파트 탐사기』와 같은 책은 그러한 움직임이 이미 시작되었음을 예감케 합니다. 저 역시, 이 책의 후속편에서 좀 더 본격적으로 〈고층 아파트 단지와 서울〉이라는 문제를 다룰 생각입니다. 난공불락의 요새란 없는 법이니까요.

2
은평 한옥 마을과
은평 역사 한옥 박물관

은평 한옥 마을에 대해

제가 은평 뉴타운에서 문제의식을 갖는 대상은, 뉴타운 한쪽에 들어선 은평 한옥 마을과 은평 역사 한옥 박물관입니다.

　은평 한옥 마을에 가보시면 그곳에는 기와집만 지어져 있다는 것을 확인할 수 있습니다. 그것도 충청·전라·경상 삼남 지역의 조선 시대 기와집을 본뜬 것들뿐입니다. 국토교통부가 시상하는 〈2016 대한민국 한옥 공모전〉에서 〈올해의 한옥 대상〉을 수상한 목경헌 같은 실험적 한옥도 있지만, 이런 한옥은 은평 한옥 마을에서는 예외적입니다. 하지만, 과연 삼남 지역의 기와집만 한옥입니까? 초가집은 한옥이 아닌가요? 20세기에 만들어진 북촌의 개량 한옥은? 뗏집*은? 너와집은? 또는, 가난한 한국 시민들이 만든 토막집은? 하코방**은?

　은평 뉴타운이 들어선 지역은 신라 시대에서 근대까지 공동묘지였습니다. 그것도 수십 기, 수백 기 정도가 아니라 5천여 기의 무덤이 있었습니다. 이곳에 묻혀 있다가 뉴타운 개발 중에 발굴된 5천여 기의

---

　* 뗏, 즉 잔디 따위의 풀로 지붕을 엮은 집.
　** 일본어 はこ(하코: 상자)와 한국어 방이 더해져서 만들어진 합성어. 판잣집을 속되게 이르는 말.

(위) 은평 한옥 마을. 2017년 9월.

(아래) 국토교통부가 시상하는 〈2016 대한민국 한옥 공모전〉에서 〈올해의 한옥 대상〉을 수상한 목경헌. 2017년 9월.

무덤 대부분은 그 주인을 알 수 없습니다. 그들 대부분이, 내력을 추정할 만한 유물을 무덤 속에 남길 돈도 명성도 없는 서민들이었기 때문입니다. 이렇듯 평민들의 공동묘지였던 곳에, 삼남이라는 특정 지역에서 조선 시대라는 특정 시기에 발생한 기와집만이 한옥으로 인정받아 〈한옥 마을〉이라는 이름의 구역 안에 세워져 있습니다.

물론 조선 시대 후기부터 식민지 시대에 걸쳐서, 낮은 신분의 사람들이 돈을 벌어 기와집에 사는 경우가 늘어났습니다. 하지만, 한반도 역사의 거의 모든 시기에 대부분의 서민들이 살아온 집은 기와집이 아니었습니다. 그렇기에, 삼남 지역의 커다란 기와집 형태만 짓게 한 동네를 〈한옥 마을〉이라고 부르는 것은 조금 심하게 말하자면 역사 왜곡이고, 온건하게 말하자면 〈만들어진 전통〉입니다. 지금 사람들의 편의와 필요에 따라 과거의 기억이 선택적으로 지워지고, 그들의 목적에 맞는 새로운 전통이 창조되고 있는 것입니다.

은평 역사 한옥 박물관에서 생각한다

은평 역사 한옥 박물관에 들어가면, 은평 뉴타운 개발 당시 확인된 5천여 개의 무덤에 대한 소개가 2층 전시실에서 이루어지고 있습니다. 그리고 그 위를 눌러 찍듯이 3층 전시실에 한옥 코너가 마련되어 있습니다. 2층 전시실에서도 평민의 무덤은 5천 개의 무덤 가운데 불과 수십 개가 축소 전시되어 있을 뿐이고, 전시의 중심에는 자헌대부 김자근동처럼 이름을 알 수 있는 소수의 지배 계급 출신자 무덤에서 발굴된 유물이 놓여 있습니다. 양반의 회곽묘가 아니라 그냥 땅에 구덩이를 파서 만든 평민의 토광묘가 은평 뉴타운 개발 예정지에 훨씬 많았음에도 불구하고, 전시실에서는 이러한 사실을 잘 알 수 없습니다. 문제의식을 갖지 않고 2층 전시실을 보는 사람은, 은평 뉴타운에서 발굴된 대부분

은평 뉴타운 발굴 당시 사진. 2017년 9월.

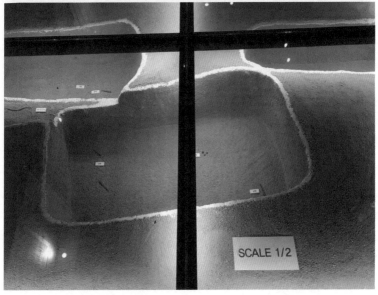

(위) 은평 역사 한옥 박물관 3층의 한옥 코너.
2017년 9월.

(아래) 은평 역사 한옥 박물관 2층에 축소
전시되고 있는 토광묘. 2017년 9월.

영덕(盈德)
괴시(槐市)마을

경상북도 영덕군 영해면 괴시리

(위) 은평 역사 한옥 박물관의 2층에서 3층으로 올라가는 계단 벽에 붙어 있는 영덕 괴시 마을 한옥 사진. 2017년 9월.

(아래) 은평 역사 한옥 박물관 1층 엘리베이터 앞의 한옥 축소 모형들. 2017년 9월.

의 무덤이 오늘날 한반도 주민 대다수의 조상들이자 우리 서민들과 비슷한 정치 경제적 상황에 놓여 있었을 서민들의 것이라는 사실조차 잘 알지 못하고 지나칠 것 같습니다.

　여담입니다만, 제가 은평 역사 한옥 박물관 3층의 한옥 코너를 방문했을 때에는 〈세계가 취한 우리 문학〉이라는 특별전이 열리고 있었습니다. 저는 과문해서 세계가 〈우리 문학〉에 취해 있는지 모르겠습니다만, 그걸 따지기 전에, 도대체 여기서 말하는 〈우리 문학〉이 무엇을 가리키는지부터 잘 모르겠습니다. 예를 들어 일본의 한국 문학 연구자인 오무라 마스오 선생은, 한국 문학은 남한, 북한, 옌볜, 일본에서 한국어로 활동하는 사람들의 작품을 모두 포함한다고 강조합니다. 이 전시가 이런 풍요로운 한국 문학을 보여 주고 있다고는 생각되지 않았습니다.

　2층 전시실에서 3층 전시실로 올라가는 계단의 양쪽 벽에는 안동 등 삼남 지역의 한옥 마을 사진들이 걸려 있습니다. 또, 엘리베이터 1층 앞에도 한옥의 축소 모형들이 전시되어 있어서, 〈이 박물관의 핵심은 삼남 지방 양반 가문의 한옥이다〉라는 주장이 강하게 느껴졌습니다. 이렇게 전시 공간이 구성되어 있는 은평 역사 한옥 박물관에서 제가 받은 느낌은, 삼남이라는 특정 지역에 뿌리를 두고 있는 양반이라는 특정 계급이, 평민이었거나 노비였을 조상으로부터 유래되어 서울이라는 중부 지역에서 살고 있는 저 같은 서민의 존재를 지우려 한다는 것이었습니다.

　평민들의 토광묘뿐이 아닙니다. 신라 시대부터 유명했던 큰 절이었던 청담사의 것으로 보이는 유적도 은평 뉴타운 개발 과정에서 홀대를 받았습니다. 이는 조선 국왕 성종의 후궁인 숙용 심씨의 묘표(墓表)가 잘 보존되고 있는 것과 극명하게 대조됩니다. 청담사 발굴에 참여했

던 어떤 분은 2015년 인터뷰에서 〈문화재 위원회도, 문화재청도, 서울
시도 보존하라고만 했지 제대로 관리하지 않으니까 이런 실정〉이라며
답답해하고 계시더군요. 조선 왕족 관련 유물이었거나 조선 시대의 주
자학·양반 관련 유적이었으면 이렇게 홀대받지 않았으리라는 생각이
저의 선입견일 뿐이면 좋겠습니다.

은평 한옥 마을에서 숙용 심씨 묘표가 세워져 있는 구간의 한옥 건
설에 참여한 건축가 황두진 선생도, 개발 당시 숙용 심씨 묘표에 대해
서는 문화재 심의를 요구받았지만 은평 한옥 마을의 원래 터에 서민들
의 무덤이 이렇게 많이 있었다는 사실은 설계 기본 자료 어디에도 전혀
적혀 있지 않았다며 당황해했습니다. 서민들의 무덤이 이런 식으로 깨
끗이 망각되었다는 사실을 저에게서 들은 황두진 선생은 이렇게 한탄
했습니다.

「아마도 숙용 심씨는 지배 계층이어서 비를 문화재로 간주한 모양
입니다. 평범한 시민들 한 사람 한 사람이 주인인 공화국이 이러면 안
되죠.」

5천여 기의 무덤에 대한 발굴 작업에 참여했던 저의 또 다른 지인
은, 자신이 무덤을 발굴하고 있는 바로 뒤에서 건설 회사의 포클레인이
따라오면서 땅을 파고 있었다는 증언을 들려주었습니다. 어차피 문화
재로서의 가치도 없는 서민들의 토광묘 같은 걸 뭐 하러 그렇게 정성스
럽게 조사하느냐는 분위기가 당시 현장에 존재했던 듯합니다.

하기는 이런 분위기는 은평 뉴타운 개발 당시에만 있었던 것이 아
닙니다. 1980년대 강남에서는 백제의 왕족으로 추정되는 인골들도 포
클레인으로 찍혀 나갔으니까요. 이미 풍납 토성이 백제 왕성일 것 같다
는 심증이 굳어진 상태에서도, 대량의 유물이 나온 경당 지구의 구덩이
를 건설 회사가 설 연휴 동안에 몰래 파묻어 버리려다가 선문대 이형구

선생에 의해 발각되기도 했습니다.

　물론 건설 회사나 조합원 분들의 심정과 처지는 이해가 갑니다. 개발하는 지역에서 유물 유적이 나오면 그 땅의 소유주와 건설 회사가 발굴 비용을 대야 하고, 그 유물 유적이 문화재로 인정되면 개발이 중단되기 때문입니다. 풍납 토성 내의 경당 지구도 결국 개발이 중단되고 역사 공원으로 조성되었습니다. 이와 같은 현실적인 문제로 인하여 대부분의 유물 유적은 파괴되고 묻힙니다. 그리고 깨끗이 정돈된 땅에는 현대 한국을 지배하는 사람들의 취향에 맞는 전통이, 복원이라는 이름 아래 창작됩니다.

은평 뉴타운에서 지워진 존재들

아무런 유물도 없는 일반인의 묘와 유골을 가지고 어떻게 박물관을 꾸밀 수 있느냐는 말을 하는 사람도 있습니다. 그 질문에 대해 저는, 그 오천 명의 유골을 모셔서 연구하고 전시 활용했으면 됐다고 답합니다. 전세계 유적의 미라와 유골을 연구하는 서울 대학교 의과 대학의 신동훈 선생은, 최소한 1천~2천 명의 유골만 있다면 한반도에 살았던 사람들의 몸이 바뀐 모습을 시대적으로 알 수 있을텐데, 아직 유골의 개수가 턱없이 부족하다고 한탄합니다. 일본의 국립 과학 박물관 한 곳에서만 6천 기의 유골이 발굴 지역별로 분류되어 활용되고 있는 것과 뚜렷이 대조됩니다.

　물론 미라든 인골이든, 그 후손이 확인된다면 후손분들의 뜻에 따르는 것이 당연합니다. 하지만 은평 뉴타운 개발 때 발굴된 신라 시대부터 근대까지의 유골들은 대부분 이름도 모르는 서민들의 것이었습니다. 그렇다면 〈이 사람들의 정체도 모르고 유물도 나온 게 없으니 없애 버리자〉라고 할 게 아니라, 〈이렇게 한곳에서 1천여 년간의 유골이 집중적으로 나타나고 있으니, 이것을 잘 연구하면 옛 서울 사람들의 삶을 알 수 있을 것이다〉라고 생각할 수도 있었을 터입니다.

최소한 은평 뉴타운에 들어서는 박물관이라면, 서울에 사는 대부분의 시민과는 아무 관계 없는 삼남 지역의 양반집 한옥들을 전시하는 대신, 옛 서울 땅에 묻혔던 사람들의 마지막 모습을 전면에 내세웠어야 합니다. 그것이 서울에서 살고 묻힌 사람들에 대한 최소한의 예의이고, 서울의 역사를 후세가 정중하게 기억하는 방식이었습니다. 이런 의미에서, 지금의 서울은 조선 시대 삼남 출신 양반 문화의 식민지입니다.

현대 한국 시민들은 이 땅에 살았던 사람들의 유물 유적을 이해타산 때문에 깨끗이 없애 버린 다음에, 다른 나라의 도시와 박물관을 보고 와서는 〈한반도의 유물 유적은 빈약하다〉라고 말합니다. 〈한반도에 이렇게 문화재가 없는 것은 외국의 침략이 많아서 그렇고 일제 때 약탈되어서 그렇다〉라고도 말합니다. 그렇지 않습니다. 외침을 받고 식민지 시대에 약탈되어 없어진 것 이상으로, 1945년 광복 이후 6·25 전쟁과 고도 성장 과정에서 없어진 것도 많습니다. 남 탓만 할 것이 아니라 우리 스스로를 탓해야 합니다.

사람들은 기억하고 싶은 것만 기억하고, 잊고 싶은 것에 대해서는 언급을 회피함으로써 역사에서 지워 버리는 일을 태연하게 저지르고는 합니다. 한옥과 관련해서는 방금 전에 말씀드린 은평 한옥 마을과 은평 역사 한옥 박물관이 그러했고, 서울 북촌 또한 그렇습니다. 1930년대에 정세권과 같은 선각자적인 건설업자가 근대 한반도 주민들을 대상으로 조성한 한옥 집단 지구가 북촌입니다. 그런데 현재는 이러한 사실을 지우고, 마치 북촌 한옥들이 조선 시대 양반들의 거주지였던 양 선전하는 경우가 늘고 있습니다.

서대문 형무소와 안산 선감 학원

근대와 현대 한국·서울의 역사에 대해서는, 서대문 형무소와 안산의 선감 학원에서 기억이 편의적으로 조작되고 있습니다.

서대문 형무소가 서대문 형무소 역사관으로 다시 태어나는 과정에서는 광복 이후의 수감자들에 대한 기억이 지워졌습니다. 지금 서대문 형무소 역사관에 가서 전시를 보고 나면, 식민지 시대에 독립 운동가들이 갇혀 있던 감옥이었다는 느낌만을 주로 받게 됩니다. 하지만 서대문 형무소는 1987년에 이전될 때까지 현대 한국의 교도소로서도 이용되었습니다. 1974년의 이른바 인혁당 재건위 사건으로 여덟 명이 대법원의 사형 판결 열여덟 시간 만에 처형된 곳도 여기였습니다. 서대문 형무소는 독립 운동가들이 고초를 겪은 곳이자 동시에, 현대 한국의 〈사법 살인〉 현장으로서도 중대한 의미를 지니는 곳입니다.

서대문 형무소가 건설된 1907년부터 1945년 8월 15일의 광복 때까지가 38년, 광복 이후 1987년에 운영 중지될 때까지가 42년이니, 현대 한국 시기에 이용된 기간이 더 깁니다. 그런데도 서대문 형무소 역사관에서는 앞부분의 38년 역사만 주로 강조됩니다. 식민지 시대에 독립 운동가 이외에 일반 범죄자들이 수감되었다는 사실도 물론 강조되지 않습니다.

게다가, 식민지 시기에 일본군 성 노예로 희생당한 여성들의 추모 시설을 이곳에 함께 건설하자는 주장에 대해, 그녀들의 희생을 이곳에서 기리면 〈우리 민족이 적극적인 항일 투쟁보다 일제에 의해 수난만 당한 민족〉이라는 〈왜곡된 역사 인식〉을 관람객들에게 주게 된다면서 남성 위주의 독립 운동 관련 단체들이 반대 움직임을 전개한 적도 있습니다.

한편, 경기도 안산의 선감 학원은 1942년에 세워진 부랑아 보호 시설이었습니다. 선감도라는 섬에 지어서 청소년들이 뭍으로 도망가지 못하게 했죠. 이곳은 광복 후에도 계속 이용되다가 1982년에야 폐쇄되었습니다. 식민지 시대에 3년, 현대 한국 시기에 37년 이용된 것입니다. 그런데, 2015년 8월 13일에 안산시 공식 블로그에 올라온 〈슬픈 역사를 간직한 대부도 선감 학원〉이라는 글의 말미에는 이런 문구가 적혀 있습니다.

〈생존자분들. 그리고 역사를 제대로 알리고자 하는 분들의 말씀은 한결같았습니다. 소리를 내어 달라는 것! 왜곡된 역사를 바로잡고 주권을 강하게 키우라고 강조하셨어요.〉

그러나, 안산시 공식 블로그에 이 글이 올라온 3개월 뒤인 11월 16일에 JTBC의 《취재수첩》 선감 학원 잔혹 동화 《국가가 죽였다》라는 기사를 통해, 안산시의 이러한 공식 입장과는 정반대의 증언을 생존자분들이 하고 계신다는 사실이 알려집니다. 〈해방 이후 선감 학원은 일제 강점기에 비해 더 지옥 같은 곳이었다〉는 것입니다. 이보다 한 달 앞선 10월 4일에 『한겨레』와의 인터뷰에서도 안산 지역사 연구소 정진각 선생은 다음과 같이 한국 정부와 경기도를 비판합니다.

〈해방 이후 경기도가 선감 학원 관리 주체였다. 실제로 일부 불량기가 있는 청소년들도 있다고 해도 객관적으로는 대부분이 부모 등 연고자가 있는 아이들이었다. 그런 아이들을 잡아 수용한 것은 인권 유린 정도가 아니라 강제 납치라고 해야 한다.〉

서대문 형무소와 선감 학원을 둘러싼 이와 같은 엇갈린 주장은, 사람들이 하나의 사실과 장소를 자신의 입장과 이해타산에 따라 얼마나 서로 다르게 바라보고 이용할 수 있는지를 보여 줍니다.

(위) 옛 선감 학원 건물. 현재는 경기 창작 센터
건물로 쓰이고 있습니다. 정면 오른쪽 위령비
뒷면에 새겨진 시에는 이런 구절이 있습니다.
〈아주 오랜 날 유폐된 섬 속에 소년들이 있어야만
했으니.〉 그러나, 선감 학원이 폐쇄된 1982년은
지금으로부터 36년 전이니, 〈아주 오랜 날〉이라고
할 정도는 아닙니다. 이 시를 포함하여 위령비
전체를 살펴보아도, 이 위령비가 과연 어느 시기의
누구를 추모하는 것인지 잘 알 수 없게 애매합니다.
저는 이러한 애매함에서 의도적인 동기를
느낍니다.

(아래) 선감 학원을 탈출한 어린이들이 목숨을
걸고 건너간 서해 바다. 현재 물이 빠져 육지로
변해 있습니다. 이들은 섬 안에서 만난 어른들에게
억울함을 호소했지만, 그들의 억울함을 들어 주고
탈출을 도와준 어른은 없었다고 합니다. 한밤중에
컴컴한 서해 바다를 헤엄치던 그들에게, 옛 선감
학원 교가는 어떤 느낌으로 다가왔을지요.
〈바닷가 자갈들도 우리하고 놀고요 / 푸른 하늘
별들도 우리하고 놀아요 / 아끼고 사랑하자
우리들의 동무들 / 정다웁게 잘 자라자 선감 학원
형제들〉.

옛 선감 학원에서 여러 가지 경위로 사망한
어린이들을 집단 암매장하던 언덕. 뜻있는 분들이
암매장지 위에 플래카드를 걸어 두셨습니다.
〈이름도 없는 어린 원혼들이여 천년을 두고 울어
주리라〉. 같은 한국인끼리, 전쟁이라는 특수한
때가 아니라 평화 시기에, 심지어 부산 형제
복지원처럼 사립 기관이 아니라 국가 기관이 수십
년에 걸쳐 무고한 청소년들을 납치해 와서는 강제
노역을 시키고 암매장한 선감 학원 사건. 자기
조직을 지키기 위해 아무렇지도 않게 무고한
사람들을 죽이던 사람들이 바로 30여 년 전까지
한국 행정의 현장에 있었습니다.

3
역사 왜곡에서 서울을 지켜라

조선 왕조냐, 대한민국이냐

은평 역사 한옥 박물관, 북촌, 서대문 형무소, 선감 학원.

이 네 곳의 공간을 지금과 같은 모습으로 정비한 사람들이 공통적으로 기억에서 지우고 싶어 한 것은, 자기 주장을 펼칠 만한 돈과 권력을 갖지 못한 가난한 사람들, 불교 승려와 같이 주자학적 사회에서 배척받은 존재들, 일본군 성 노예 희생자와 같은 소수자 여성들, 그리고 현대 한국의 정부와 권력 기관들에 의해 정치적으로 이용된 피해자들이었습니다.

이들 소수자들을 시민들의 기억에서 지워 버리면서 만들어 내려고 하는 것은, 〈선비〉니 〈양반〉이니 〈사대부〉니 자칭하는 소수의 남성 지배자들이 조선 시대부터 현대 한국에 이르는 시기까지 한반도의 역사를 주도했고, 이들이 주축이 되어 일본의 침략을 물리쳤으며, 지금도 한국 사회를 이끌어 갈 권리가 있다는 세계관입니다. 굳이 이렇게까지 거창하게 해석하지 않는다 하더라도, 조선 시대 후기에 만들어진 주자학적 세계관의 양반 집단이 누렸던 문화가 가장 고상하고, 그 밖의 누추하거나 비참하거나 부끄러웠던 과거는 현대 한국 시민들이 잊어 주었으면 좋겠다는 의지를 이들 장소에서 읽어 내는 것은 어렵지 않습니다.

일본이 멸망시킨 조선 왕조를 부각시키고, 조선 왕실을 한민족·한국 시민과 동일시하려는 움직임이 21세기 들어 활발해지고 있습니다. 조선 시대의 왕릉 그 자체도 아닌 왕릉 주변 묘역을 확장 복원한다면서 1966년에 만들어진 태릉 선수촌을 철거하려 한다든지, 조선 왕조의 의례 공간인 사직단을 확장 복원하기 위해 1968년부터 운영해 온 종로 도서관 건물을 철거하려 한 사례 등이 그렇습니다.

특히 종로 도서관은 1920년에 서울 최초의 근대적 도서관으로 탄생한 경성 도서관의 책과 설립 정신을 물려받은 곳입니다. 1920년이라고 하면, 독립된 한반도에 들어설 국가는 왕조가 아니라 공화정일 것이라고 선언하며 대한민국 임시 정부가 탄생한 이듬해입니다. 임시 정부 인사들은 한반도의 미래 국가 이름으로서 왕정인 〈대한 제국〉 대신 공화정인 〈대한민국〉을 채택했습니다.

왕조 시대의 유적을 확장 복원하기 위해서는 근현대 서울 시민들의 유산을 헐어도 된다는 사고방식에 저는 반대합니다. 저는 왕조의 신하가 아니라 1919년에 수립된 대한민국이라는 공화국의 시민입니다. 저에게는 이미 사라진 왕조의 의례 시설을 확장하는 것보다, 대한민국이라는 공화국이 수립된 이듬해인 1920년에 영업을 시작한 도서관의 책들을 1968년부터 지켜 오고 있는 종로 도서관 건물이 훨씬 더 소중합니다. 더욱이 식민지 경성과 현대 서울의 건물·공간을 파괴하고 들어설 조선 시대 양식의 건물은, 조선 시대 건물을 복원한다는 명목으로 창작되는 〈조선 시대식 현대 건축〉입니다. 고대 이집트를 배경으로 한 1923년의 할리우드 영화 「십계」의 무대 배경으로 쓰이고 난 뒤에 캘리포니아 사막에 묻혔다가 2017년에 발굴된 회반죽 스핑크스가 〈고대 이집트식 할리우드 건축〉의 상징으로 평가받는 것처럼, 20세기 후반

종로 도서관(오른쪽)과 사직단(왼쪽). 2017년
10월.

에 서울 곳곳에서 복원이란 이름으로 창작된 〈조선 시대식 현대 건축〉들 역시, 시간이 지나면 하나의 고유한 양식으로서 그 가치를 인정받으리라고는 생각합니다. 하지만 서울은 캘리포니아 사막이 아닙니다. 〈조선 시대식 현대 건축〉을 만들기 위해서는, 멀쩡히 잘 쓰이고 있는 식민지 경성과 현대 서울의 건물·공간이 파괴되어야 합니다. 이것은 조선 왕조를 띄우기 위해 근현대 한반도의 역사를 파괴하는 것입니다. 식민지 경성과 현대 서울의 건물·공간을 무조건 보존하자는 말이 아닙니다. 사람들이 좀 더 쾌적하게 살기 위한 서울의 재개발은 불가피합니다. 하지만, 이미 역사 속으로 사라져 버린 조선 시대의 건물·공간을 창작한 뒤에 비워 둘 거라면, 그런 복원은 퇴행적인 역사 왜곡이라는 말입니다. 조선 왕실이 곧 한민족은 아니며, 조선 왕조가 곧 현대 한국인 것은 아닙니다. 현대 한국의 발전은 조선 왕조를 긍정하고 계승한 것이 아닌, 조선 왕조를 부정하고 대한민국이라는 공화정을 건설한 데서부터 시작되었다고 저는 믿고 있습니다.

어떤 사람들은 이렇게 주장합니다.

〈다른 나라를 가보면 왕조 시대의 화려한 유산을 자랑스럽게 보존하고 외국에 자랑한다. 현대 한국의 시민들이 자기 나라에 대해 열등감을 갖는 것은, 우리들이 조선 왕조를 부정하고 왕정을 폐지했기 때문이다.〉

하지만 저는 이렇게 생각합니다.

어떤 사람들에게는 누추해 보이고 비참해 보이고 부끄럽게 느껴져서 부정하고 싶어지는 20세기의 유물 유적까지도, 현대 한국을 구성하는 귀중한 전통의 일부라고 말입니다. 찬란하고 강해 보이는 과거만이 기념할 가치가 있는 것이 아닙니다. 한반도는 미국이나 유럽, 중국, 인도, 일본 등에 비하면 상대적으로 유적, 유물, 책이 풍부하지 않은 지역입니다. 이런 한반도에서 그나마 남아 있는 것들을 이런 저런 이유로 기억에서 지워 버리고 물리적으로 없애 버린다면 한국에는 도대체 뭐가 남게 될까요?

식민지 시기에 경희궁 부지에 설치된 방공호가 경희궁 복원으로 인해 철거될 수 있다는 사실에, 서울 시민들은 어두운 역사도 한국의 역사라며 안타까워 합니다. 경희궁 방공호를 참관하고 시민들의 목소리를 청취한 어떤 기자 분의 증언입니다.

〈경희궁 방공호를 방문한 날에는 어린아이부터 할아버지까지 다양한 연령대의 체험자들을 만날 수 있었는데, 경희궁을 복원하기 위해서는 이 방공호를 없애게 될 수도 있다는 박물관 관계자의 말에 그들은 《아픈 역사가 새겨진 의미 있는 장소를 왜 없애냐》며 진심으로 아쉬워했다.〉

공화정 대한민국의 시민들은, 자꾸만 조선 왕조로 회귀하려고 하는 정책 결정자들보다 냉철합니다.

그나마 식민지 시대에 일본인들이 파괴한 경희궁 같은 곳에 대해서는 비난할 대상인 〈제국주의 일본〉이 존재하고, 〈일제 잔재 청산〉이라는 최소한의 정당성이라도 있습니다. 물론 그 정당성이 당시의 현실과는 대단히 거리가 먼 경우도 있습니다만.

예를 들어 식민지 시대에 창덕궁과 종묘 사이를 끊는 율곡로가 건설된 데에 대해, 현재 한국에서는 〈민족 정기를 말살하기 위해〉 식민지 당국이 이 도로를 만든 것이라는 이야기가 돌고 있습니다. 하지만 근현대 서울 연구자인 서울 시립대 염복규 선생은 최근 저서에서 이러한 주장에 근거 없음을 밝혔습니다. 당시 율곡로는 경성 도시 계획의 일부로서 건설된 것이며, 마지막 국왕 순종과 왕실 측이 이 공사에 반대해서 착공이 늦어지자 조선어 신문들이 이를 비판하고 조속한 착공을 요

(위) 창덕궁과 종묘를 연결하던 육교 윗부분.
2008년 11월. 이문영 촬영.

(아래) 육교 난간석들은 서울 역사 박물관으로
옮겨졌습니다. 식민지 시대의 조선 총독부와
창덕궁-종묘 육교의 석재, 현대 한국 시대에
건설한 고가 도로의 석재 등을 함부로 없애 버리지
않고 이렇게 일부라도 보존하는 서울 역사 박물관
측의 혜안에는 언제나 감탄하고 있습니다. 2017년
11월.

구합니다. 이들 신문의 주장은, 망한 나라의 유적과 제사 시설 때문에 청계천 북쪽 조선인 지역의 도시 인프라 정비가 남쪽 일본인 지역에 비해 늦어지고 있다는 것입니다.

당시 조선인들은 율곡로가 창덕궁과 종묘를 끊는 것에 대해, 21세기 한국 시민 일부가 생각하는 것처럼 민족 정기를 끊는 것이라고는 생각하지 않았습니다. 1926년 4월 7일 자 『동아일보』 기사는, 〈북부 간선 도로의 창덕궁 앞으로부터 대학 병원 앞까지 이르는 도로는 종묘 관통 문제로 인하여 종친종약소(宗親宗約所) 대 이왕직 간, 이왕직 대 경성부 간에 여러 가지 지장이 생기어 그 간선 도로 전부가 개통한 오늘까지 중간의 일부인 전기 각선만 개통되지 못하여 불편도 적지 않〉다고 전합니다. 당시 경성부의 도시 계획상 제6호선이라 불리던 율곡로의 이 구간이 뚫리지 않아서 조선인들의 불편이 적지 않다며, 공사가 계획대로 진행되는 것을 환영하고 있습니다.

염복규 선생은, 교통의 편의를 위해 이 구간이 개통되어야 한다는 주장과 함께 〈왕조의 상징으로서 종묘의 존엄〉을 부정하는 관점이 시간이 지날수록 조선인들 사이에서 점점 더 확산되었다고 결론 내립니다. 회사가 망하면 CEO가 책임을 지듯이, 나라가 망한 데에는 조선 왕실의 책임이 있다고 그들은 생각한 것입니다. 일제가 민족 정기를 훼손하고 풍수적으로 좋은 맥을 끊기 위해 율곡로를 개통했다는 주장은, 왕실과 민족·국민을 하나로 생각하는 현대 한국 일부 시민들의 퇴행적인 생각입니다. 왕실의 이익을 이른바 〈민족 정기〉와 동일시하는 현대 한국 시민들보다, 지배층과 자기 자신들을 구분해서 생각한 20세기 초기의 조선인들이 오히려 더욱 근대적인 사람들이었습니다.

당시에는 토목 기술 미비로 인해 어쩔 수 없이 지상으로 끊었지만, 기술이 진보한 21세기에는 좀 더 원형에 가깝게 복원하자는 접근, 그

육교는 2017년 현재 이런 형태로 잘려 있습니다.
2017년 11월.

리고 왕궁 구역이 도로로 끊겨 있는 것이 마음에 들지 않는 감정이 있을 수 있다는 사실은 인정합니다. 아무튼, 식민지 시대에 마련된 건물이나 공간을 파괴하는 것은 어쩔 수 없다고 칩시다.

그렇다면 이것은 어떻습니까? 1945년 8월 15일 이후의 대한민국 시기에 만들어진 서울의 남산 식물원이나 시민들의 성금만으로 세워진 진주의 형평 운동 기념탑 같은 유산을, 한양 도성을 복원하거나 1592년 진주 전투 승전 기념 공원을 만들기 위해 철거하는 21세기 한국의 모습을 후세에 무어라 변명할 수 있을까요?

조선 왕조로부터 현대 한국을, 조선 시대로부터 현대사를 지켜야 합니다.

초라해서 소중한 서울

저는 이렇게 생각합니다. 세계 최빈국에서 출발해서 세계 10위권의 경제 대국으로 성장한 지금의 눈으로 보았을 때 누추하고 부끄러운 과거의 것이라도, 우선은 힘써 온전히 보존하고 기록했으면 좋겠다고 말입니다. 한반도는 원래부터 유적, 유물, 책이 세계적으로 풍부하게 존재하는 지역이 아니기 때문에, 최소한 지금까지 살아남아 준 것들에 대해서만이라도 현대 시민들 각자의 기준과 이념에 따라 재단해서 없애자느니 남기자느니 따지지 말고, 우선은 남아 있는 것을 최대한 온전히 남겼으면 좋겠습니다. 인사동이나 황학동에서 채 100년이 안 되는 과거에 빈약하게 시작된 전통도, 지금에 와서는 한국 안에서 달리 유례를 찾기 어려운 중요한 유산이 되어 있지 않습니까?

고인류학 연구자인 신동훈 선생이 경복궁 담장, 광화문 광장 서울 시청사 부근, 종묘 광장 등 사대문 안 곳곳의 지층에서 기생충이 발견된다는 사실을 보고한 적이 있습니다. 이러한 결과는 조선 시대 사대문

안 도로에 인분이 널려 있었음을 보여 주는 증거입니다. 이 연구 결과
가 신문에 보도되자, 해당 신문사의 웹사이트와 포털 사이트, 뉴스 토
론 사이트 등에서는 신동훈 선생을 매국노라고 비난하는 익명의 글이
올라왔습니다. 조선 시대의 부끄러운 모습을 왜 굳이 드러내야 하느냐
는 거죠.

　하지만, 조선 시대 사대문 안에 위생 시설이 미비해서 이런 현상이
일어났다는 것은 유적과 문헌을 통해 확인되는 팩트입니다. 또, 조선
시대 사대문 안의 위생 상태가 좋지 않았다는 연구가 21세기 서울 시민
의 위생 상태가 좋지 않다고 비난하는 것 또한 아닙니다. 현대 한국 시
민이 전혀 부끄럽게 여길 일이 아닙니다. 오히려 그런 정도의 위생 상
태였던 한반도가 이제는 이렇게 잘 살게 되었다는 것을 자랑스러워해
야 할 일입니다. 20세기 후기에 한국의 구석구석을 촬영한 구와바라
시세이 선생은 다음과 같이 회고합니다.

　　촬영이 가경에 들어갈 즈음 친하게 지내던 한 사진작가로부터 청
　　계천 촬영을 그만하라는 주의를 받았다. 그의 심중을 헤아려 보면
　　언젠가 일본에서 사진 발표를 하게 될 때 일본의 독자들에게 한국
　　은 가난한 나라로 비치는 것이 우려되었으리라 생각한다. 1989년
　　서울에서 개최된 사진전 「격동의 한국 사반세기」(조선일보미술
　　관)에서 청계천 사진도 함께 전시했다. 이때 앞서 말한 그 사진작
　　가가 〈청계천을 기록해 주셔서 감사합니다〉라는 말을 건네 주었
　　다. 내 추측으로는 1980년대의 한국은 고도 경제 성장을 이룩하고
　　청계천이라는 이미지가 풍기는 빈곤의 정경은 이미 과거지사가
　　되었다고 하는 여유가 한국인들에게 생기기 시작했기 때문이었을
　　것이다.

실제로 있었던 일을 부끄럽다며 감추려 하고, 그런 말 하는 사람의 입을 폭력적으로 다물게 하고, 자신들의 마음에 들지 않는 과거를 기억에서 지우고는 자신들 보기에 바람직한 과거를 창조하려는 것을 역사 왜곡이라고 합니다. 동북공정이니 식민사관이니 하면서 이웃 나라들을 비난하기 전에, 한국 시민은 스스로가 떳떳한지 돌아봐야 합니다.

이처럼 무심히 제거되는 유물 유적의 흔적을 시민이 남긴 유명한 사례가 대전 목원대 신학관입니다. 1956년에 세워진 목원대 신학관은 캠퍼스 이전 과정에서 철거되었습니다. 그런데 이를 안타깝게 여긴 건축사 연구자 김정동 선생이, 해체된 건물 자재를 모두 수거해서 개인적으로 보존하고 설계도까지 그려 두었습니다. 21세기에 이르러서야, 목원 대학교 당국은 신학관 건물이 없는 바람에 1954년에 창립된 학교가 〈신설 학교〉 같은 느낌을 주고 있는 것이 문제임을 깨달았다고 합니다. 그리고 김정동 선생이 보존해 둔 자재와 설계도를 바탕으로 신학관을 복원했습니다. 김정동 선생은 〈대한민국 문화유산상〉의 부상으로 받은 상금 1천 만원까지 신학관 복원 비용으로 기증하셨습니다. 깨어 있는 시민 한 사람이 한반도 전체의 역사와 문화를 위해 얼마나 큰 일을 할 수 있는지를 웅변합니다.

경성 제국 대학 예과로 쓰이던 청량리의 건물 역시, 식민지 시대 조선 총독부가 세운 건물이라는 이유에서 무관심 속에 2015년 철거되었습니다. 예과 건물이 철거되기 전과 철거 중인 사진을 찍은 어떤 블로거 분이, 해체된 건물 자재들이 매립지로 보내진다는 이야기를 듣고는 안타까운 마음에 벽돌, 나무 기둥 몇 개를 수거해서 댁에서 보관하고 계신다고 합니다. 깨어 있는 시민 한 사람이 권력 있고 돈 있는 기관들보다 더 큰 일을 하신 것입니다. 이 시민의 뜻을 진심으로 이해할 곳이 있을지는 모르겠습니다만…….

버려지는 벽돌과 목재 기둥들은 어디로 가냐고 했더니 그냥 다 매립지행이라는 말을 듣고 역사의 흔적이 사라지는 것이 너무나 안타까워 제가 되는대로 벽돌 몇 장, 목기둥 몇 개를 현장에서 수거해 와서 집에 보관하고 있습니다. 훗날 혹시 서울 대학교 박물관 같은 곳에서라도 경성 제국 대학 예과의 흔적을 찾는다면 기증할 생각입니다만, 그럴 생각들이 있을지 회의적이네요. 지금까지 흔적도 없이 사라져 간 안타까운 건물이 한두 동이 아니었습니다만⋯⋯. 제 눈이 철거를 직접 목격하게 된 이 건물은 특히 안타깝습니다.

그렇기에 서울을 답사하는 사람은 마음이 바쁩니다. 사대문 밖에 존재하는 수많은 건물과 길과 도시 구획은 오늘도 어딘가에서 철거되고 재개발되고 있습니다. 거듭 말씀드리지만, 100년 전에 망해 버린 조선이라는 나라의 유적을 복원이라는 이름으로 창조하기 위해 민주 공화국의 수도인 서울의 유산을 파괴하는 것을 저는 반대합니다. 하지만 경제적인 이유에서 서울 구석구석이 바뀌어 가는 것을 저지할 이유는 없으며, 그것은 한국이라는 나라가 자본주의를 원리로 삼고 있는 한 필연적인 변화라고 생각합니다.

여담이지만, 저는 한국의 문제가 자본주의 일변도 정책에서 생긴 것이 아니라고 생각합니다. 오히려, 자본주의 원칙에만 철저히 입각하더라도 한국의 미래는 훨씬 더 밝을 것이라고 믿고 있습니다. 이렇게 말한다고 해서 제가 〈기업할 자유〉가 한국에 없다고 주장하는 것은 아닙니다. 예컨대 저는, 노동자가 파업할 권리를 국가와 기업이 결탁해서 방해하고 유혈 진압하는 것 역시 자본주의 원리에 어긋난다고 생각합니다.

아무튼, 건축가 황두진 선생은 서울의 용적률이 다른 국가의 대도시에 비해 현저히 낮다는 사실을 지적합니다. 아직도 서울에는 단층 건물이나 2층 건물 같은 키 낮은 건물들이 많다 보니 1천만 명의 인구가 살기에는 공간이 부족하다는 것이죠. 그렇기 때문에 아직도 서울에는 고층 건물과 무지개떡 건물이 들어설 여지가 무궁무진하고, 키 낮은 건물로 가득한 문래동이나 돈의동, 봉천동같은 곳은 결국 재개발될 것입니다. 저는 이런 변화를 부정적으로 바라보지 않습니다. 오히려 서울이라는 도시가 살아 있다는 증거로서 받아들입니다. 다만, 40여 년간 저라는 사람을 만들어 준 공간들이 없어지는 데 대한 안타까움이 사라지지 않을 뿐입니다. 제 마음속의 그 안타까움에 대해 깊이 생각하고, 지금 서울에서 일어나고 있는 변화를 있는 그대로 관찰하기. 이것이 서울이란 도시가 우리에게 주는 깨달음의 기회일 터입니다. 하늘 아래 같은 것은 없고, 우리는 같은 강물에 두 번 발을 담글 수 없습니다. 만난 것들은 반드시 헤어짐이 있게 마련입니다.

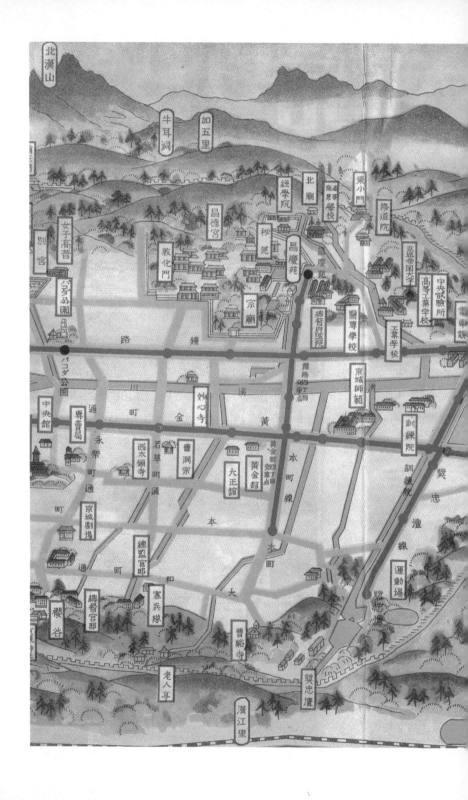

「취미의 조선 여행」수록「경성 유람 안내도」에
보이는 경성 제대 예과 건물. 안내도 우측 상단을
보면 청량리역, 청량사, 홍릉 등과 더불어 경성
동북 지역의 명소로서 그려져 있습니다.

(위) 봉천동 일대에서 마지막까지 대규모 산동네 빈민촌이 존재하던 쑥고개 일대를 재개발하고 있는 광경. 2017년 10월.

(아래) 2호선 봉천역과 서울대입구역 일대에는 현재도 빈민촌이 다수 존재합니다. 이들 지역은 대개 재개발을 앞두고 있습니다. 2017년 11월.

맺음말

카를 마르크스라는 19세기의 경제학자를 모두들 알고 계실 것입니다. 그는 『포이어바흐에 관한 테제』라는 짧은 글의 가장 마지막에서 격언처럼 이렇게 말했습니다.

〈철학자들은 세계를 단지 여러가지로《해석》해 왔을 뿐이지만, 중요한 것은 그것을《변혁》시키는 일이다.〉

그의 말을 금과옥조로 받아들인 서양 사람들은, 자신들이 바라는 모습으로 세상을 바꾸는 데 전력을 기울였습니다. 한반도에서 이러한 생각을 가진 사람들은 자신들의 사회 참여를 〈선비 정신〉의 발로라고 말하기도 합니다. 그들이 이렇게 생각하는 것은 그의 자유이기 때문에 존중받아야 합니다.

하지만, 사람들이 제각기 자기들 뜻대로 서울을 바꾸려 할 때 누군가는 뒤에 남아서, 그들에 의해 바뀌어 가는 서울의 모습을 기록해야 합니다. 모두들 앞을 향해 달려가셔도 좋습니다. 저는 여러분의 뒤에 남아서, 바뀌어 가는 서울을 기록하고 기억해서 증언할 것입니다. 서울의 그 어떤 것도, 잊혀져서 홀로 쓸쓸하지 않도록.

전국 시대 일본에서 이름을 남긴 사람들은 전투에서 앞장서서 싸운 자들이었습니다. 하지만, 그들의 명성 뒤에는 신가리(殿)라 불리는 존재가 있었습니다. 그들은 자기 부대가 퇴각하는 것을 지키기 위해 부대의 맨 뒤에서 진군하다가 적의 추격대에 희생되었습니다. 설사 무사히 살아남더라도 역사에서 화려하게 그 이름이 기억되는 일은 별로 없습니다. 하지만, 그들이 뒤에 남아서 지켜 주었기에 그 집단은 살아남을 수 있었습니다. 진정한 용기를 지닌 자들은, 앞장서서 자신의 이름을 떨치는 대신 뒤에 버티고 서서 자기 집단의 이름과 행적이 역사에 남을 수 있게 했습니다.

그래서 저는 서울을 걸으면서 앞서 소개한 마르크스의 말을 뒤집어서 중얼거립니다.

〈사람들은 단지 세계를 바꾸어 왔을 뿐이지만, 중요한 것은 그것을 기록하고 여러 가지로 해석하는 것이다.〉

저는 서울을 사랑하고 서울을 더 좋은 방향으로 바꾸어 가려는 사람들의 뒤에 남아서, 그들이 필요할 때 찾아 쓸 수 있는 근거 자료와 논리를 제공하려 합니다. 누군가 문득 〈이곳의 예전 모습은 어땠더라〉라고 궁금해하거나 〈왜 여기는 이런 식으로 개발이 된 걸까〉 하고 의아하게 여길 때, 이 책에서 흔적과 힌트를 찾을 수 있을 것입니다.

서울을 떠나기 위한 작별 의식으로서 시작된 이 책의 집필과 답사를 통해, 비로소 저는 서울의 시민이라고 떳떳하게 말할 수 있게 되었습니다. 이 책의 집필 과정은 곧, 아직 제각각의 정체성이 강하고 서로 간의 관계성이 긴밀하지 않은 서울을 그 전체로서 온전하게 이해하기 위한 〈나의 서울 순례〉였습니다. 이 책은 제가 지난 40년간 서울을 걸으며 생각한 것을 기록한 〈서울 이야기〉이자, 서울에 대한 저의 생각을 밝힌 〈서울 선언〉이며, 김시덕이라는 인문학자의 〈서울학(學)〉입니다. 그리고 그 무엇보다도, 독자분들께서 서울이라는 도시를 걸을 때 참고로 하실 수 있는 〈서울 답사 매뉴얼〉입니다.

이 책이 출간되어 독자 여러분께 읽히고 있을 즈음에 제가 어디에서 무엇을 하고 있을지는 저도 잘 모르겠습니다. 하지만, 쉼 없이 변화하는 서울의 어딘가를 틈날 때마다 걸어 다니면서, 그 공간을 저의 몸에 기억시키고 사진으로 찍어 기록하고 있을 것임에 틀림없습니다. 이 책을 쓰기로 결심한 지난 2017년 7월부터, 뜻 맞는 분들과 서울을 함께 걸어 다니고 있습니다. 이 책을 읽어 주신 독자 여러분과도 함께 서울을 답사하고 기록할 기회를 만들고 싶습니다.

이 책이 태어날 수 있도록 도와주신 이승연, 황두진, 사사키 다카히로, 앤듀 마일즈 로기, 정준영, 이시바시 가쓰미, 염복규, 유대혁, 이문영, 김선, 박종욱, 조광희, 김종만, 박철수, 오세 루미코, 신동훈, 곽한영 선생님께 감사를 표합니다. 열린책들 편집팀에는 이번에도 신세를 졌습니다. 팔리지 않을 연구서를 두 권이나 출간해 주신 데 대한 감사의 뜻으로 이번에는 팔릴 만한 책을 쓰겠다고 약속드렸더랍니다. 그런데 책이 완성되고 나니, 처음 약속드렸던 것과는 영 다른 책이 되어 버린 것 같습니다. 글이라는 게 살아 있는 것이어서, 처음 계획했던 것과는 다른 물건이 탄생하는 일이 종종 있습니다. 이 책이 그렇습니다. 이 책이 한국 사회에서 어떤 식으로 받아들여질지 잘 모르겠습니다. 열린책들 편집팀에는 미리 죄송하다는 말씀을 드립니다. 마지막으로, 아내 장누리와 딸 김단비는 이 책을 쓰는 과정에서도 저와 늘 함께해 주었습니다.

참고 자료

단행본·논문·기관 발행 자료

「경성부 수재도──1925년 7월 18일 홍수 경성 부근 범람 지역 및 각소 수심 조사도」, 1925년 추정, 서울 역사 박물관 소장.

「서울특별시 지도」, 1960, 서울 역사 박물관 소장.

「지번입 서울특별시 지도」, 1958, 서울 역사 박물관 소장.

「지번입 서울특별시 지도」, 1968, 서울 역사 박물관 소장.

「최신 서울특별시 전도」, 1966, 서울 역사 박물관 소장.

『한강 신사 사진 엽서첩』, 이시바시 가쓰미(石橋克美) 씨 소장.

교토 대학 대학원 문학 연구과, 『글로벌화 시대의 다원적 인문학 거점 형성 제2회 보고서 인문학의 새로운 종합을 향하여(グロ バル化時代の多元的人文學の據点形成 第二回報告書 人文知の新たな總合に向けて)』, 2004년 3월.

구와바라 시세이, 『다시 보는 청계천 1965-1968』, 청계천 박물관, 2017.

국립 중앙 박물관 고고역사부, 『고적 36 암사동 4』, 2007.

김경민, 『건축왕, 경성을 만들다: 식민지 경성을 뒤바꾼 디벨로퍼 정세권의 시대』, 이마, 2017년.

김대중, 『풍석 서유구 산문 연구』, 돌베개, 2018.

김영미, 『동원과 저항: 해방 전후 서울의 주민 사회사』, 푸른역사, 2009.

김태우, 『폭격: 미 공군의 공중 폭격 기록으로 읽는 한국 전쟁』, 창비, 2013.

김학렬, 『서울 부동산의 미래』, RHK, 2017.

나카가와 노리코(中山紀子), 「만주국 건국 대학 중국인 학생의 반만 항일 운동: 1938년 개학부터 1941년 12·30 사건까지를 중심으로(「滿洲國」の建國大學における中國人 學生の反滿抗日運動: 1938年の開學から1941年の12·30事件までを中心として)」, 『現代社會文化研究』 61, 新潟大學大學院現代社會文化研究科, 2015년 12월.

노무라 모토유키, 『노무라 리포트: 청계천변 판자촌 사람들 1973-1976』, 눈빛, 2013.

대구경북연구원, 『삼성 기업 유산의 문화·관광 자원화 방안』, 2009.

루스 배러클러프, 『여공 문학: 섹슈얼리티, 폭력 그리고 재현의 문제』, 김원·노지승 옮김, 후마니타스, 2017년.

마이크 데이비스, 『슬럼, 지구를 뒤덮다』, 김정아 옮김, 돌베개, 2007.

박철수, 『근현대 서울의 집』, 서울역사편찬원, 2017.

박철수, 『박철수의 거주 박물지』, 집, 2017.

박해천, 『콘크리트 유토피아』, 자음과모음, 2011.

베네딕트 앤더슨, 『상상의 공동체』, 나남출판, 2004.

비온티노 유리안, 「일제하 서울 남산 지역의 일본 신도·불교 시설 운영과 의례 연구」, 서울 대학교 사회 교육과 역사 전공 박사 학위 논문, 2016년 2월.

서울 역사 박물관, 『대경성부대관』, 서울 역사 박물관, 2015.

서울 역사 박물관, 『서울 발굴 유물 특별전 V: 은평 발굴, 그 특별한 이야기』, 서울 역사 박물관, 2009.

서울 역사 박물관, 『시흥 행궁』, 2009.

서울 역사 박물관, 『안녕! 고가도로』, 서울 역사 박물관, 2014.

서울특별시, 『청계천: 인간을 위한 도시로 가는 길』, 서울특별시, 2006.

서울특별시, 『한강 이야기 자료집』, 2013.

손정목, 『서울 도시계획 이야기』 1~5, 한울, 2016~2017.

손정목, 『손정목이 쓴 한국 근대화 100년』, 한울, 2015.

손정목, 『한국 도시 60년의 이야기』 1~2, 한울, 2010.

신경숙, 『외딴방』, 문학동네, 2014.

신순애, 『열세 살 여공의 삶: 한 여성 노동자의 자기역사 쓰기』, 한겨레출판, 2014년.

아카마 기후, 『대지를 보라: 1920년대 경성의 밑바닥 탐방』, 서호철 옮김, 아모르문디, 2016년.

안재성, 『한국 노동 운동사』 1~2, 삶이보이는창, 2008.

앤 미정 킴, 「과거 만들기: 여행 관련 문헌에서 북촌은 어떤 식으로 표현되는가Marketing the Past: Rhetorical Presentation of Bukchon in Tourist Literature」, *Korea Journal* Vol.56 No.3, 2016.

에릭 홉스봄, 『만들어진 전통』, 박지향 외 옮김, 휴머니스트, 2004.

염복규, 『서울의 기원 경성의 탄생: 1910~1945 도시 계획으로 본 경성의 역사』, 이데아, 2016.

오가타 다카히로, 『비밀기지 만들기』, 임윤정·한누리 옮김, 프로파간다, 2014.

오키 하루조(大木春三), 『취미의 조선 여행(趣味の朝鮮の旅)』, 조선 인쇄 주식회사, 1927, 김시덕 소장.

윌리엄 데니번, 『청정한 대지라는 신화: 1492년 아메리카 대륙의 경관The Pristine

Myth: The Landscape of the Americas in 1492』, AAAG, 1992.

유본예,『한경지략』, 권태익 옮김, 탐구당, 2016.

유정숙 외,『나, 여성노동자 1권: 1970~80년대 민주노조와 함께한 삶을 말한다』,
그린비, 2011.

이영재,『공장과 신화』, 학민사, 2016.

이종묵,『조선 시대 경강의 별서: 동호편』, 경인문화사, 2016.

이형구,「서울 백제 고분의 보존과 발굴: 석촌동 고분군을 중심으로」,『한국고대사탐연』
23, 2016년 8월.

이홍종·안형기,「삼성동 토성 위치 추정 연구」,『야외고고학』 27,
한국문화재조사연구기관협회, 2016.

이화 여자 대학교 지리 전공 3, 4학년 일동,「소사 지역 조사 보고」,『녹우연구논집』 8,
1966.

정광,『한글의 발명』, 김영사, 2015.

정동익,『도시빈민연구』, 아침, 1985.

정헌목,『가치 있는 아파트 만들기: 재건축 열풍에서 아파트 민주주의까지, 인류학자의
아파트 탐사기』, 반비, 2017.

제인 제이콥스,『미국 대도시의 죽음과 삶』, 그린비, 2010.

조선 총독부,『대정십사년 조선의 홍수(大正一四年朝鮮ノ洪水)』, 1926, 국립 중앙
도서관·일본 국회 도서관 소장.

조유전,『발굴 이야기: 왕의 무덤에서 쓰레기장까지, 한국 고고학 발굴의 여정』, 대원사,
1996.

진양교,『청량리의 공간과 일상』, 서울 시립 대학교 부설 서울학 연구소, 1998.

최인기,『가난의 시대: 대한민국 도시빈민은 어떻게 살았는가?』, 동녘, 2012.

최인기,『떠나지 못하는 사람들』, 동녘, 2014.

K-water연구원,『수리수문학적 분석을 통한 과거 주요 홍수 사상 재현 연구』, 2012.

한강문화재연구소,『서울 초안산 유적』, 2012.

한강문화재연구원,『은평 뉴타운 도시 개발 사업 지구 3지구 (A·B·C·D공구) 내
문화재 발굴 조사 약보고서』, 2008.

한종수·강희용,『강남의 탄생: 대한민국의 심장 도시는 어떻게 태어났는가』, 미지북스,
2016.

홍성철,『유곽의 역사』, 페이퍼로드, 2007.

황두진,『가장 도시적인 삶: 무지개떡 건축 탐사 프로젝트』, 반비, 2017.

황두진,『당신의 서울은 어디입니까』, 해냄, 2005.

황두진,『무지개떡 건축: 회색 도시의 미래』, 메디치미디어, 2015.

신문·방송·잡지 기사

「YH 공장 현장서 24년만에 원혼굿판」, 『경향신문』, 2003년 9월 28일.

「우리 손으로 되찾은 노조 빼앗길 수 없다」, 『만석신문』, 2001년 9월 26일.

고경석·연다혜, 「[현대사의 현장을 가다] (9) ― 서울 평화 시장」, 『한국일보』, 2014년 11월 7일.

금천구 시흥 1동 주민 센터, 「동 유래」, 2017년 11월 20일 열람.

길윤형, 「두 개의 길, 전철협과 전철연」, 『한겨레21』, 2005년 5월 3일.

김승태, 「헌금으로 구입한 비행기 〈조선 장로호〉[개신교 친일 행위] 장로교회 편(03)」, 『에큐메니안』, 2008년 6월 23일.

김유경, 「〈100세 시대 100년 아파트〉…… 이미 여의도에 있네」, 『머니투데이』, 2013년 3월 30일.

김은애, 「주기철 목사, 신사 참배 거부하고 〈일사각오〉 외쳤던 인물」, 『크리스천투데이』, 2015년 12월 25일.

김진우, 「〈인프라 투어〉에 빠진 일본…… 거대 구조물의 SF 같은 〈박진감〉과 〈비일상성〉에 인기」, 『경향신문』, 2017년 9월 27일.

김진철, 「복음자리 마을은 어떤 곳?」, 『한겨레신문』, 2004년 6월 9일.

김창금, 「〈51년 역사〉 태릉 선수촌, 동대문 운동장처럼 흔적 없이 사라질까」, 『한겨레신문』, 2017년 8월 11일.

김태식, 「을축년 대홍수 직후 풍납 토성 탐방기 발굴」, 『연합뉴스』, 2002년 7월 30일.

나카하라 미치코, 「광복회의 반대, 믿기지 않는다」, 『한겨레신문』, 2008년 11월 4일.

문양효숙, 「여호와의 증인, 왜 병역을 거부하냐고요?」, 이웃 종교의 향기 ― 16. 『가톨릭뉴스 지금여기』, 2013년 11월 28일.

박상현, 「다산이 정조의 명으로 첨삭한 사전 〈어정규장전운〉 첫 공개」, 『연합뉴스』, 2017년 3월 13일.

박상현, 「풍납토성 서성벽 실체 드러났다 ……문지 위치도 첫 확인」, 『연합뉴스』, 2017년 10월 20일.

박성우, 「같은 이름 때문에 커거 ―〈그 팰리스〉 아닌데 팰리스 산다고 장학금 못준다니……」, 『일간스포츠』, 2003년 7월 20일.

박정호, 「미라 인골에 빠진 신동훈 서울대 의대 교수 〈뼈는 과거 엿보는 타임머신…… 유골 200분 넘게 모셨죠〉」, 『중앙일보』, 2016년 6월 18일.

박초롱, 「서울시, 미세먼지 심할 때 〈대중교통 무료〉 정책 중단」, 『연합뉴스』, 2018년 2월 27일.

백승찬, 「한국 문학은 한국에만 있지 않다 ― 일본학자 오무라 마스오 인터뷰」, 『경향신문』 2017년 10월 17일.

서울특별시 역사문화재과, 「〈서울 2천년사〉로 서울 역사 2000년으로 재정립」,

서울특별시, 2014년 2월 25일.

서지연, 「서울의 지하 비밀 벙커에는 무슨 일이 있었나」, 『아이즈』, 2017년 11월 9일.

Sullivan, Emily, "Californian Archaeologists Unearth A Not-So-Ancient Egyptian Sphinx", NPR, 2017년 12월 2일.

성승환, 「일제가 허문 〈종묘 창경궁 담장〉 83년 만에 복원」, 『연합뉴스』, 2013년 4월 4일.

손희식, 「〈주유소 탐방〉 방배역 함지박 사거리 〈S-Oil 대양 주유소〉」, 『한국경제』, 2001년 4월 9일.

신진균, 「평등 담은 형평 운동 기념탑 이전은 21세기 백정 차별이다 — 진주 대첩 기념 광장은 진주성 전투, 농민 항쟁, 형평 운동 등 진주 정신을 담은 〈진주 역사 광장〉이어야 한다」, 『단디뉴스』, 2016년 3월 1일.

심준용, 「1925년 대홍수 이전에 북한산성 내 최대 500여 가구 거주」, 『경기신문』, 2015년 10월 20일.

쌈지, 「헐려 버린 경성 제국 대학 예과 건물」, 쌈지 블로그, 2016년 3월 1일.

안치용, 「김형욱 전 중앙 정보부장, YH 사건 장용호 사장과 미국 남부 큰 목장 공동 소유」, 『프리미엄조선』, 2014년 1월 9일.

양현철, 「〈35년간 수고했어〉······ 추억 속으로 사라지는 노량진 육교」, MBN, 2015년 10월 10일.

어고은, 「내시와 궁녀들 집단 무덤, 이렇게 방치되다니······」, 『오마이뉴스』, 2014년 12월 26일.

우고운, 「서울시, 여의도 지하 벙커, 신설동 유령역 등 지하 공간 3곳 개방」, 『조선비즈』, 2017년 10월 19일.

이기백, 「족보와 현대 사회」, 『한국사시민강좌』 24, 일조각, 1999년.

이만균, 「현존하는 〈아시아 최초의 사회 주택〉 은행동 목화 연립」, 『시흥자치신문』, 2016년 3월 21일.

이민영, 「〈5300년 전 미라 27년째 연구하는 유럽······ 화장시킨 한국」, 『중앙일보』, 2017년 9월 16일.

이병두, 「지암종욱과 〈조선 불교호〉 — 삼보정재로 가공할 살상 무기 헌납」, 『법보신문』, 2017년 8월 14일.

이상섭, 「포토 에세이 — 금천구청역 인근 연탄 공장 (주)고명산업을 찾아서······」, 『헤럴드경제』, 2016년 10월 21일.

이정현, 「〈노천 방치〉 청계천 유구 1천400점 보존 고심」, 『매일경제』, 2014년 1월 2일.

이총각 구술, 박민나 정리, 「아무리 가난해도 똥을 먹고 살진 않았다」, 『한겨레신문』, 2013년 7월 18일.

임아영, 「청담사 터 〈말로만 보존〉······ 7년 전 발굴 때보다 참담」, 『경향신문』, 2015년

5월 21일.

전병역, 「기업 본사 이전으로 수도권〈들썩〉」, 『경향비즈』, 2015년 10월 31일.

정용일, 「〈이발소 그림〉이 당신의 저녁을 위로합니다」, 『한겨레신문』, 2015년 10월 14일.

정택은, 「일본 신사에 세운 성산 교회의 마지막 부활절, 홈커밍데이」, 『기독교타임즈』, 2008년 3월 26일.

조종엽, 「다산 정약용, 산수화도 그렸다 — 한중연 시문·서화 등 40점 공개」, 『동아일보』, 2017년 3월 14일.

지명훈, 「老교수의 집념, 사라졌던 근대건축물 살려냈다」, 『동아일보』, 2013년 3월 26일.

최영지, 「칼부림 사건까지…… 노량진 수산 시장 현대화 건물 이전 둘러싼 갈등 내막」, 『일요신문』, 2016년 4월 9일.

최재원·김강래, 「평창가는 첫 길목〈부끄러운 민낯〉」, 『매일경제』, 2018년 1월 16일.

최중현, 「박태선 약전」, 『말씀과 신학』 5, 1998년.

한종수, 「제정구의 도시를 가다」, 민주화운동기념사업회, 2014년 2월 11일.

한홍구, 「10·26의 서곡, YH 사건」, 『한겨레신문』 2013년 4월 5일.

허남설, 「버려진 등록 문화재〈용산 철도 병원〉」, 『경향신문』, 2013년 11월 7일.

황진호, 「문화 해설사와 함께하는 경북의 재발견 — 33. 문경 조령 산불됴심 표석」, 『경북일보』, 2010년 8월 13일.

황태연, 「병력 3만 명, 대한 제국은 아시아 2위 군사 강국이었다」, 『중앙선데이』, 2017년 10월 15일.

한국 도시 아카이브 1 서울 선언

발행일   2018년 6월 10일 초판 1쇄
         2022년 1월 10일 초판 9쇄
         2024년 7월 1일 신판 1쇄

지은이   김시덕
발행인   홍예빈 · 홍유진
발행처   주식회사 열린책들

경기도 파주시 문발로 253 파주출판도시
전화 031-955-4000 팩스 031-955-4004
홈페이지 www.openbooks.co.kr 이메일 humanity@openbooks.co.kr

Copyright (C) 김시덕, 2018, 2024, *Printed in Korea.*
ISBN 978-89-329-2448-9 04300
ISBN 978-89-329-2447-2 (세트)